ビジネス・キャリア検定試験® 標準テキスト

ロジスティクス オペレーション

苦瀬 博仁・坂 直登・
岩尾 詠一郎 監修
中央職業能力開発協会 編

2級

第4版

発売元 社会保険研究所

ビジネス・キャリア検定試験
標準テキストについて

　企業の目的は、社会的ルールの遵守を前提に、社会的責任について配慮しつつ、公正な競争を通じて利潤を追求し永続的な発展を図ることにあります。その目的を達成する原動力となるのが人材であり、人材こそが付加価値や企業競争力の源泉となるという意味で最大の経営資源と言えます。企業においては、その貴重な経営資源である個々の従業員の職務遂行能力を高めるとともに、その職務遂行能力を適正に評価して活用することが最も重要な課題の一つです。

　中央職業能力開発協会では、「仕事ができる人材（幅広い専門知識や職務遂行能力を活用して、期待される成果や目標を達成できる人材）」に求められる専門知識の習得と実務能力を評価するための「ビジネス・キャリア検定試験」を実施しております。このビジネス・キャリア検定試験は、厚生労働省の定める職業能力評価基準に準拠しており、ビジネス・パーソンに必要とされる事務系職種を幅広く網羅した唯一の包括的な公的資格試験です。

　２級試験では、課長、マネージャー等を目指す方を対象とし、担当職務に関する幅広い専門知識を基に、グループやチームの中心メンバーとして、創意工夫を凝らし、自主的な判断・改善・提案を行うことができる人材の育成と能力評価を目指しています。

　中央職業能力開発協会では、ビジネス・キャリア検定試験の実施とともに、学習環境を整備することを目的として、標準テキストを発刊しております。

　本書は、２級試験の受験対策だけでなく、その職務のグループやチームの中心メンバーとして特定の企業だけでなくあらゆる企業で通用する実務能力の習得にも活用することができます。また、企業の要として現在活躍され、あるいは将来活躍されようとする方々が、自らのエンプロイアビリティをさらに高め、名実ともにビジネス・プロフェッショナルになることを目標にし

ています。

　標準テキストは、読者が学習しやすく、また効果的に学習を進めていただくために次のような構成としています。

　現在、学習している章がテキスト全体の中でどのような位置付けにあり、どのようなねらいがあるのかをまず理解し、その上で節ごとに学習する重要ポイントを押さえながら学習することにより、全体像を俯瞰しつつより効果的に学習を進めることができます。さらに、章ごとの確認問題を用いて理解度を確認することにより、理解の促進を図ることができます。

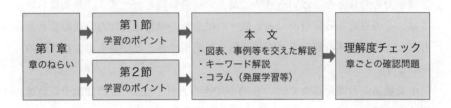

　本書が企業の人材力の向上、ビジネス・パーソンのキャリア形成の一助となれば幸いです。

　最後に、本書の刊行に当たり、多大なご協力をいただきました監修者、執筆者、社会保険研究所編集部の皆様に対し、厚く御礼申し上げます。

中央職業能力開発協会
（職業能力開発促進法に基づき国の認可を受けて設立された職業能力開発の中核的専門機関）

ロジスティクスと物流

　近年、物流に代わりロジスティクスと呼ぶケースが増えている。物流という用語は1960年代に、流通のうちモノに関する各種機能を総称した物的流通（Physical Distribution）という言葉の短縮語として誕生した。それがモノの流れという意味で用いられるようになったのは周知のとおりである。一部では、物資流動（Freight Transport）の略語としても用いている。

　ロジスティクスという用語は、在庫をコントロールする目的で、物的流通に加え、調達・生産・販売も含めた概念として、同じく1960年代に米国で誕生した。現在、米国ではPhysical Distributionという用語はすでに使われておらず、日本でいう物流事業者もロジスティクス・サービス・プロバイダー（LSP）と呼んでいる。

　このような現状を鑑み、ビジネス・キャリア制度では試験基準の改訂に伴い、従来「物流」と呼んでいた試験単位を「ロジスティクス」に改名した。また、より広範な知識が求められる現状に対応すべく、試験単位の統合も行った。

　一方、日本においては物流という用語は現時点でも各所で使用されている。むしろロジスティクスというより物流という用語のほうがなじみのある場合も多い。そのようなことから、各単元については、従来の物流に加え、調達・生産・販売も含める場合にロジスティクス、それ以外の場合は物流という用語を継続して使用することとした。

※1992年の計量法改正に伴い、質量と重量の混合を排除するため重量単位系を廃止し、絶対単位系で統一することとなった。これによって、本テキストではkgやtについて、従来の「重量」という表現をやめて、「質量」という表現に統一した。

目次

ビジネス・キャリア検定試験 標準テキスト
ロジスティクス・オペレーション 2級 〔第4版〕

第1部 ロジスティクス・オペレーションの内容 ……………1

第1章 ロジスティクス・オペレーションの概念と役割 ……3

第1節 ロジスティクスと物流 ………………………………4
- **1** ロジスティクスの重要性と定義 ― 4
- **2** ロジスティクスとサプライチェーン ― 6
- **3** 物流と物流機能 ― 11
- **4** ロジスティクス・オペレーションのテキストの構成 ― 19

第2節 ロジスティクス・オペレーションの目的と注意点 …………21
- **1** ロジスティクス・オペレーションの目的 ― 21
- **2** 荷主の企業経営におけるロジスティクス・オペレーション ― 22
- **3** ロジスティクス・オペレーションにおける注意点 ― 23

理解度チェック ……………………………………………26

第2章 輸送包装の適正化・標準化 …………………………27

第1節 輸送包装の適正化 …………………………………28
- **1** 適正包装の定義 ― 28
- **2** 輸送包装における適正包装と適正荷役 ― 30

第2節 輸送機器と包装モジュール ………………………34
- **1** 包装の標準化 ― 34　　**2** 包装のモジュール化 ― 37

第3節 データキャリア ……………………………………41
- **1** 1次元シンボルと2次元シンボル ― 41
- **2** RFタグ（電子タグ） ― 46

理解度チェック ……………………………………………49

目次

第3章 パレチゼーションとコンテナリゼーション ········ 53

第1節 一貫パレチゼーション ················· 54
1 ユニットロードシステム — 54　　**2** パレチゼーションの概要 — 55
3 一貫パレチゼーションの経済効果の考え方 — 58
4 一貫パレチゼーション推進のための検討事項 — 61

第2節 コンテナリゼーション ·················· 64
1 コンテナリゼーションの概要 — 64
2 コンテナリゼーションの輸送の流れと契約の特徴 — 67
3 コンテナリゼーションにおける積付け上の留意点 — 68
4 コンテナの運用効率 — 71
5 コンテナリゼーション推進のための検討事項 — 72

理解度チェック ···························· 74

第2部 物流センターの計画と管理・運営 ·············· 77

第4章 物流センターの計画 ···················· 79

第1節 物流センター計画の進め方 ················ 80
1 物流拠点と物流センター — 80　　**2** 物流センターの種類と特徴 — 81
3 物流センター計画推進の必要性と目的の明確化 — 84
4 物流センターの計画手順(概略設計、基本設計、詳細設計)— 86

第2節 物流センター計画の分析手法 ··············· 93
1 取り扱うモノ(商品や物資)の分析—P(Product)分析 — 93
2 物量の分析—Q(Quantity)分析 — 98
3 経路の分析—R(Route)分析 — 101
4 物流サービスの分析—S(Service)分析 — 103
5 時間の分析—T(Time)分析 — 105
6 レイアウトプランニング手法(SLP)の説明 — 108

第3節 物流センターの立地計画とレイアウト計画 ········ 111
1 物流センターの立地計画 — 111　　**2** 物流センターのレイアウト計画 — 113

第4節 物流センターのマテハンシステムの計画 ········· 118
1 マテハンシステムの重要性と留意点 — 118

vii

2 出庫方式の選択：ピッキングと仕分けの計画 — 119

3 保管方式の選択：スペース効率と作業の計画 — 126

4 搬送方式の選択とマテハン設備 — 127

第5節 物流センターのオペレーション計画 ……………………… 133
1 物流センターのオペレーション計画の作成 — 133

2 クロスドッキングの検討 — 138　　**3** 流通加工 — 139

第6節 物流センターの機械化・自動化計画 ………………………… 142
1 機械化・自動化の目的 — 142　　**2** 機械化・自動化の進め方 — 143

3 機械化・自動化にあたっての効果・留意点 — 146

第7節 物流センターにおける情報システム ……………………… 147
1 物流センターにおける情報システムの考え方 — 147

2 在庫管理システム — 149　　**3** 作業管理システム — 150

4 倉庫管理システム — 151

理解度チェック …………………………………………………………… 153

第5章　物流センターの管理と運営 …………………… 157

第1節 オペレーションとオペレーションミスの防止対策 ………… 158
1 物流センターでのオペレーション — 158

2 オペレーションミスの原因と対策 — 159

3 オペレーションミスを防ぐための調査と管理上の対策 — 161

第2節 品質管理手法 ……………………………………………… 163
1 小集団活動 — 163　　**2** QC7つ道具 — 165

3 ISO9001 — 169

第3節 作業改善の分析手法 ……………………………………… 174
1 作業改善の手順 — 174　　**2** 分析手法の概要 — 175

3 ワークサンプリング — 178　　**4** タイムスタディ — 181

5 時間研究（MOST） — 183　　**6** 動作分析（サーブリック分析） — 185

7 工程分析 — 186

第4節 コスト分析手法 …………………………………………… 190
1 活動基準原価計算（物流ABC） — 190

2 物流センターの設備投資計画に対する経済性計算 — 193

第5節 荷役作業の安全性 ………………………………………… 199

1 ハインリッヒの法則（1・29・300）― 199

2 危険予知訓練（KYT）― 199　　**3** 現場のリスクアセスメント ― 200

4 荷役作業における事故の実態 ― 202

5 作業資格 ― 202　　**6** 技能講習 ― 204

理解度チェック ･･････････････････････････････････････ **208**

第3部　輸送機関の選択と輸配送システムの計画 ･･････ 211

第6章　輸送機関の特性と選択方法 ･････････････････ 213

第1節　輸送機関の特性 ･･･････････････････････････ 214

1 輸　送 ― 214　　**2** 自動車貨物輸送 ― 218

3 鉄道貨物輸送 ― 222　　**4** 船舶貨物輸送 ― 226

5 航空貨物輸送 ― 229

6 近年の話題となっている新しい輸送機関と技術開発 ― 231

第2節　輸送機関の選択方法 ･･･････････････････････ 234

1 輸送機関選択の考え方 ― 234　　**2** 輸送時間と輸送コストの関係 ― 238

理解度チェック ･･････････････････････････････････････ **241**

第7章　輸配送システムの計画 ･･･････････････････ 245

第1節　輸配送システムの基本設計 ･････････････････ 246

1 物流センターの数の設定 ― 246

2 物流センターの配送エリアの決定 ― 250

3 配送手段の選択と組み合わせ ― 256

4 多様な方法の事例 ― 260　　**5** トラックの原価計算 ― 265

第2節　輸配送計画のためのツール ･････････････････ 272

1 輸配送計画の考え方 ― 272　　**2** 配車システム ― 273

3 道路情報システム ― 275　　**4** 貨物追跡システム ― 276

5 求車求貨システム ― 278

第3節　物流の共同化（共同輸送、共同配送）･･････････ 280

1 共同輸送の特徴と種類 ― 280　　**2** 共同配送の特徴と種類 ― 282

3 在庫管理を含めた物流の共同化 ― 286

目次

4 物流共同化の検討項目と進め方 ― 288

第4節 特殊輸送 ･･ 293

1 かつ大品と重量品の輸送 ― 293 　 **2** 要冷品の輸配送 ― 295

3 危険物等の輸送 ― 296 　 **4** 廃棄物輸送 ― 298

5 その他の特殊輸送 ― 299

理解度チェック ･･ 302

第4部 **国際化と社会への適応** ･･････････････････････････ 305

第8章 **国際輸送** ･･ 307

第1節 国際輸送に関する諸条約・諸規定 ･･････････････････････････ 308

1 諸外国における物流事情 ― 308 　 **2** 国際輸送に関する国際条約 ― 315

3 国際輸送と取引条件 ― 318 　 **4** 貿易管理制度 ― 320

第2節 海上輸送 ･･ 326

1 海上運賃 ― 326 　 **2** 船荷証券 ― 330

3 コンテナ貨物の船積み ― 334

第3節 航空輸送 ･･ 338

1 国際航空輸送制度 ― 338

2 航空貨物代理店と利用運送事業者 ― 340

3 航空運送状 ― 342 　 **4** 航空貨物運賃 ― 343

第4節 国際複合輸送 ･･･ 346

1 国際複合輸送の現状 ― 346 　 **2** NVOCCとフォワーダー ― 348

3 フォワーダーの国際物流サービス ― 350

理解度チェック ･･ 353

第9章 **ロジスティクスの社会への適応** ･･････････････････ 355

第1節 環境問題とモーダルシフト ･･････････････････････････････ 356

1 輸送にかかわる環境問題 ― 356 　 **2** モーダルシフトへの取り組み ― 362

3 企業の環境対応の取り組み ― 364

第2節 企業の社会的な責任と貢献 ･･････････････････････････････ 366

1 企業の社会的責任 ― 366 　 **2** コンプライアンス ― 376

x

3 SDGs — 381

第3節　労働力問題と自然災害 ……………………………………………… 388
1 労働力問題 — 388　　　　**2** 災害問題 — 396
3 企業の防災対策（BCP） — 398

理解度チェック ………………………………………………………………… 405

※関係法令、会計基準、JIS等の各種規格等に基づく出題については、原則として、前期試
　験は試験実施年度の5月1日時点、後期試験は試験実施年度の11月1日時点で施行され
　ている内容に基づいて出題されますので、学習に際し、テキスト発刊後に行われた関係法
　令、会計基準、JIS等の各種規格等改正の有無につきましては、適宜ご確認いただくよう、
　お願い致します。

第1部

ロジスティクス・オペレーションの内容

第1章

ロジスティクス・オペレーションの概念と役割

この章のねらい

　第1章では、ロジスティクス・オペレーションの概念と役割について学習する。

　第1節では、ロジスティクスの基礎を学ぶ。このために、ロジスティクスの考え方、サプライチェーンとロジスティクスの関係、物流機能を理解する。

　第2節では、ロジスティクス・オペレーションの目的と注意点について学ぶ。ロジスティクス・オペレーションの目的は、顧客の求めに応じてモノ（商品や物資）を届けることである。そして、注意点については、ロジスティクスの範囲、輸送における自社と委託の比較、物流業務の外部委託、労働災害回避などの注意点を理解する。

第1章●ロジスティクス・オペレーションの概念と役割

第 1 節 ロジスティクスと物流

学習のポイント

◆企業は経営環境の変化に適応し、従来の物流の管理範囲を拡大してきている。たとえば、ロジスティクスとして、調達・生産・販売を含めて管理することが多くなっている。さらには、調達先から販売先までの供給網（サプライチェーン）を前提に考えることや、資源回収や廃棄物流などを管理することも増えている。

◆物流は、モノ（商品や物資）の輸送（空間的移動）や保管（時間的移動）などを統合した概念である。物流機能は、輸送・保管・荷役・包装・流通加工・情報の6つから構成されている。

---

1 ロジスティクスの重要性と定義

（1）ロジスティクスの重要性

　近年、物流に代わりロジスティクスという言葉が用いられるようになってきた。ロジスティクスは軍事用語の兵站という用語とその意味をビジネスの世界に適用したものである。

　ビジネスの世界では、市場の必要とするモノ（商品や物資）を受注してから過不足なく供給するためには、モノを保管や輸送だけではなく、市場ニーズに合わせて、包装や品ぞろえをする必要がある。さらには、売れているモノを提供し、売れないモノを市場から引き上げることも必要になる。

　このようなビジネスにおいて、ロジスティクスの重要性は、商品の多

第1節 ● ロジスティクスと物流

品種化の進展とともに認知されるようになってきた。なぜならば、市場にモノ（商品や物資）が行き渡り、売れるモノと売れないモノの差が大きくなるにつれ、販売先のニーズ変化（販売物流）への対応、在庫管理（社内物流）の重要性、生産計画や仕入計画（調達物流）などが重要になっているからである。

（2）ロジスティクスの定義

　ロジスティクス（Logistics）とは、「商品や物資を顧客の要求に合わせて届けるとき、物的流通（物流：受注から出荷を経て入荷まで）を中心に、ときには受発注を含めて、効率的かつ効果的に、計画、実施、管理すること」である。

　また、世界で最も大きなロジスティクス団体である米国SCMプロフェッショナル協議会（CSCMP：Council of Supply Chain Management Professionals）（旧CLM：Council of Logistics Management）では、サプライチェーンと関連づけて、ロジスティクス管理を以下のように定義している。

　「ロジスティクス管理とは、サプライチェーン・マネジメント（SCM）の一部であり、顧客の要求に適合させるために、商品、サービスとそれに関連する情報の、発生地点から消費地点に至るまでの動脈および静脈のフローと保管を、効率的、効果的に計画、実施、統制することである」

　ロジスティクスを実践するのは、荷主（メーカー、卸・小売業者、消費者など）と物流事業者（輸送業者、保管業者など）であり、主に民間部門ということになる。このとき、港湾や流通業務団地や道路などの交通施設を利用し、関連する法制度のもとで物流活動を行っている。このため、公共部門が適切な施設や法制度を整備することにより、民間部門のロジスティクスがより円滑になる。

5

第1章●ロジスティクス・オペレーションの概念と役割

（3）ロジスティクスの多様化

現在は、ロジスティクスというと「ビジネス・ロジスティクス」を指すことが多いが、以前はインダストリアル・ロジスティクス（Industrial Logistics＝産業のためのロジスティクス）という言い方もあった。

また近年では、ロジスティクスにおいて多様な概念も生まれている。たとえば、サステナブル・ロジスティクス（Sustainable Logistics＝持続可能なロジスティクス）、グリーン・ロジスティクス（Green Logistics＝環境にやさしいロジスティクス）、リバース・ロジスティクス（Reverse Logistics＝資源回収や廃棄のロジスティクス）などの言葉もある。また、ヒューマニタリアン・ロジスティクス（Humanitarian Logistics＝人道上のロジスティクス）や、ソーシャル・ロジスティクス（Social Logistics＝社会のためのロジスティクス）などもある。

2　ロジスティクスとサプライチェーン

（1）サプライチェーンとSCMの内容

サプライチェーン（Supply Chain）とは、一般的には、原材料調達から消費までを結ぶ供給網である。たとえば、ハンバーガーを考えてみると、農場で収穫された小麦が小麦粉になり、工場でパン（バンズ）となって店舗に運ばれる。同じように牧場で育成された牛からハンバーグとなり、最終的に店舗でハンバーガーとなる。このとき、パンは店舗からパンメーカーに発注され、受注したパンメーカーは工場からパンを出荷し、店舗に入荷する。このように、「発注・受注・出荷・入荷のサイクル」が繰り返されている。→図表1-1-1

このように考えると、サプライチェーンとは、「原材料の調達と商品の生産から、顧客への販売に至るまでのプロセスにおいて、『企業間と企業内』で繰り返し生じる商品や物資の『発注・受注・出荷・入荷』のサイクルを『複数の鎖（チェーン）』に見立てたもの」と考えることができる。

図表1-1-1 ● ハンバーガーのサプライチェーン

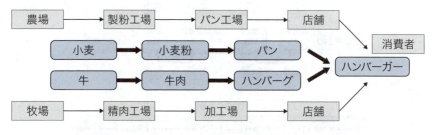

図表1-1-2 ● サプライチェーンと物流の内容

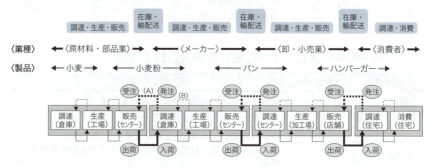

　荷主（メーカー、卸・小売業者）にとってのロジスティクスは、「受発注活動（発注→受注）」と、「物流活動（受注→入荷）」となる。物流事業者にとっては、「倉庫などの施設内での在庫や生産などの活動（受注→出荷）」と、「施設間での輸送活動（出荷→入荷）」となる。

　なお、サプライチェーン・マネジメント（Supply Chain Management：SCM）とは、「商品や物資の最適な供給を実現できるように、サプライチェーン全体を管理すること」である。→図表1-1-2

（2）「調達・社内・販売」と「発注から入荷」のロジスティクス

　メーカーや卸・小売業などの荷主の立場で考えてみると、ロジスティ

図表1-1-3 ●調達・社内・販売のロジスティクスと物流活動

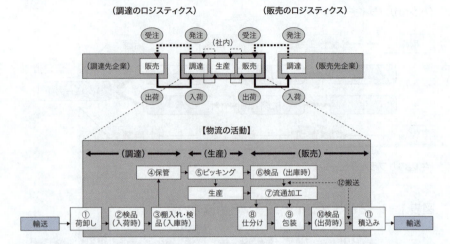

図表1-1-4 ●物流センターにおける物流活動の内容

物流活動	物流機能	内　容
①荷卸し	荷役機能	貨物自動車から商品や物資をおろす作業
②検品（入荷時）	荷役機能	入荷された商品や物資の数量や品質を確認する作業
③棚入れ・検品（入庫時）	荷役機能	検品（入荷時）した商品や物資を所定の位置に収める作業、および入庫された商品や物資の数量や品質を確認する作業
④保管	保管機能	入庫された商品や物資を保管する
⑤ピッキング	荷役機能	保管位置から必要な商品や物資を注文に合わせて取り出す作業
⑥検品（出庫時）	荷役機能	ピッキングされた商品や物資の数量や品質を確認する作業
⑦流通加工	流通加工機能	商品や物資をセット化したり値札を付ける作業
⑧仕分け	流通加工機能	商品や物資を温度帯や顧客別に分ける作業
⑨包装	包装機能	商品や物資の品質を維持するために材料で包んだり容器に入れる作業
⑩検品（出荷時）	荷役機能	出荷する商品や物資の数量や品質を確認する作業
⑪積込み	荷役機能	貨物自動車へ商品や物資を積み込む作業
⑫搬送	荷役機能	商品や物資を比較的短い距離移動させる作業 　横持ち搬送：水平方向に移動する作業 　縦持ち搬送：垂直方向に移動する作業

第1節 ● ロジスティクスと物流

図表1-1-5 ●「発注・受注・出荷・入荷」のサイクルとロジスティクス

```
                          ┌─────(商取引流通)─────┐
   ┌──────────┐   ┌────┐   ┌──────────┐   ┌────┐
   │倉庫管理  │   │受注│◀╌╌│受発注システム│╌╌│発注│
   │システム  │═══└────┘   └──────────┘   └────┘
   │(在庫)   │
   │(生産)   │   ┌────┐   ┌──────────┐   ┌────┐
   │(作業)   │──▶│出荷│──▶│貨物管理システム│──▶│入荷│
   └──────────┘   └────┘   │輸送管理システム│   └────┘
                  (物的流通)  └──────────┘
```

クスは、調達・社内・販売の3つに分けることができる。→図表1-1-3・4

さらに、荷主（メーカー、卸・小売業など）からロジスティクスを見ると、「発注→受注」の商取引流通と、「受注→出荷→入荷（納品）」の物的流通で構成されることになる。物流事業者から見ると、荷主の受発注処理が行われた後に、荷主企業から物流業務（入出荷業務、輸送業務など）を委託されることになる（→図表1-1-5）。そして、「発注から入荷」のロジスティクスのサイクルが、企業間のサプライチェーンを結びつけている。

（3）ロジスティクスのネットワーク（商流・物流・輸送ネットワーク）

ロジスティクスのネットワークには、「商流ネットワーク」と「物流ネットワーク」と「輸送ネットワーク」の3つがある。→図表1-1-6

商流ネットワークとは、企業間での受発注による商取引流通（商流）のネットワークである。発注者と受注者を結ぶネットワークなので、企業の本社や営業所などの間を結ぶことが多い。商流ネットワークを物流ネットワークということもある。

物流ネットワークとは、企業間における受発注の後で、モノ（商品や物資）に着目したものである。物流拠点で荷ぞろえをしてから出荷して、輸配送を経て納品するまでのネットワークである。

物流ネットワークは、3つの見方（企業間、地域間、施設間）がある。企業間とは、どの企業からどの企業にモノが移動するかに着目したもの

9

図表1-1-6●商流・物流ネットワークと輸送ネットワーク（例）

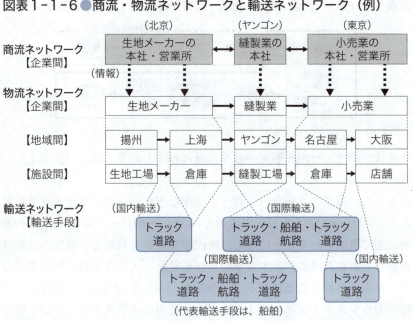

である。地域間とは、東京から大阪など、どの地域からどの地域に移動するかに着目したものである。施設間とは、どの施設からどの施設に移動するかに着目したものである。

なお、物流ネットワークが、ノード（施設：工場、倉庫、店舗など）とリンク（経路：道路、航路など）で構成されると考えるときのネットワークは、施設間ネットワークになる。

輸送ネットワークとは、施設間を結ぶ輸送手段に着目したネットワークである。このとき、施設間のネットワークにおいて、複数の輸送手段で輸送されることもある。たとえば、工場から倉庫に輸送されるときは、工場・港湾間でのトラック輸送、港湾間での船舶輸送、港湾・倉庫間のトラック輸送がある。このような場合は、代表的な輸送手段に着目して、船舶輸送と称することが多い。

第1節 ● ロジスティクスと物流

3　物流と物流機能

（1）物流の定義と種類

　物流という用語は、業界や使用する人によって、多様な意味がある。

　代表的な例として、第1は、「物的流通」の略語としての物流であり、輸送・保管・荷役・包装・流通加工・情報の6つの機能を対象にしている。第2は、「物資流動」の略語としての物流であり、輸送や荷役など、モノ（商品や物資）の移動現象を対象にしている。第3は、貨物自動車交通や鉄道貨車の運行や船舶航行など、モノを運ぶ「輸送手段（貨物自動車、鉄道貨車、船舶など）」を指すことがある。

　本テキストでは、第1の「物的流通」の意味で、物流としている。

　物流の語源となったPhysical Distribution（物的流通）は、米国における大陸横断鉄道の開通に伴う広域な市場への販売が行われるようになった1920年代に誕生した言葉である。流通の一分野として、広域への流通を実現するためには、輸送と保管のそれぞれを独立した機能と考えるのではなく、それらを統合した物流としてとらえる必要があった。

　物流を統合的にとらえる必要性は、輸送コストと保管コストのトレードオフ問題が端的に表している。たとえば、保管の拠点となる倉庫を増やすことにより配送コストは低減するが、保管コスト、特に在庫関連のコストは増加する。逆に倉庫の数が少ないと、配送コストが増加する。よって、物流コストの和が小さくなる。このようにトレードオフを踏まえて、物流を考える必要がある。

（2）物流の重要性

　物流の重要性は、次のようにまとめることができる。

　第1は、企業の販売活動に不可欠ということである。一般に企業は、モノ（有形財：商品や物資）やサービス（無形財：技術、ソフトウェアなど）を顧客に提供し、売上げを計上し、利益を得ることで成り立っている。特にモノ（商品や物資）を販売する企業（メーカー、卸・小売業

など）は、モノが顧客の元に届かなければ提供したことにならない。よって、これらの企業にとって、物流はなくてはならない活動なのである。

第2に、企業における物流にかかるコストは、企業活動に大きな影響を与えている。（公社）日本ロジスティクスシステム協会の2023年度の調査によれば、GDPに対するマクロ物流コストの比率は約9％と大きな値を占めている。また、個々の企業の物流コストは、売上高に対して平均で5～6％とされており、これは売上げ全体に比較すれば小さいと考えることもできるが、企業の営業利益率と比較すれば大きい。以上のことから、国家の経済活動という観点でも、個々の企業活動においても、物流は経済活動の根幹ともいうべき活動である。

第3に、物流がこのように重要な活動であることからこそ、業種（業界）や企業によって、物流には多くのバリエーションがある。このため、企業が扱うモノ（商品や物資）が異なれば、理想とされる物流のあり方も変わってくる。

第4に、物流は常に経済環境に適応し続けることが求められていることである。近年の傾向としては、企業の海外取引が増えていること、**EC** **Key Word** （Electronic Commerce＝電子商取引）の進展により小口貨物が増える傾向にあること、トラックのドライバーに不足が見られることなどが挙げられる。

物流を管理するためには、扱うモノの特性や市場構造を把握し、経済

Key Word

EC（Electronic Commerce）──電子的な手段を介して行う商取引の総称である。電子商取引やEコマースと呼ばれることもある。インターネット通販などがこれに当たる。

物流インフラ──物流のためのインフラストラクチャー（社会基盤施設、あるいは社会資本）の略。狭義には、鉄道、道路、港湾、空港などの輸送基盤施設を指す。広義には、電力、水道、人材や労働力などの技術基盤、法制度・慣行を含む場合もある。

第1節●ロジスティクスと物流

環境の変化を機敏にとらえ、それに適合させるように計画・実施・統制することが必要になる。

第5に、公共部門による企業の物流活動の支援である。公共部門の支援が、社会経済の発展に結びつくことは多いため、各国とも効率的な物流を行うための道路や港湾などの**物流インフラ** Key Word 整備に注力している。また、円滑な物流を確保するために、各種規制や税制を含めた法制度の整備を行っている。この一方で、企業も物流を円滑に管理するためには、物流インフラや法制度の知識が必要になる。

（3）物流の機能

物流は、次の6つの機能から構成されている。→図表1-1-7

① 輸送機能

輸送とは、自動車、鉄道、船舶、航空機などの輸送手段によってモノ（商品や物資）を場所的に移動（空間的移動）させることである。日本では事例が少ないが、海外ではこれらに加え気体・液体や粉粒体を輸送するパイプラインも輸送手段の重要な一部を担っている。輸送機能については、輸送、集荷、配送などの用語も使用されている。

② 保管機能

保管とは、モノ（商品や物資）を物理的に保存し（時間的移動）、管理することである。保管には、保管設備である倉庫および棚などの機器の運用と保存しているモノの管理だけでなく、在庫管理として、入出庫と保管時におけるモノの数量・品質・位置の管理が行われている。なお、貯蔵とは長期間の保管や、有事のための備蓄などに当たる。

③ 荷役機能

荷役とは、輸送や保管を行うときにモノ（商品や物資）を取り扱う活動である。荷役には、輸送されてきたモノの荷卸しから格納までの「各種作業」、保管されている物品の出荷指示に基づいた「ピッキング、仕分け、積込み作業」などが含まれる。

④ 包装機能

13

第1章●ロジスティクス・オペレーションの概念と役割

図表1-1-7●物流機能の内容

分　類		項　目	内　容
リンクの物流機能	①輸送機能	輸送	輸送手段によるモノの移動（長距離が多い）
		集荷	モノを取りに行くこと（短距離が多い）
		配送	モノを届けること（短距離が多い）
	③荷役機能（リンクとノードの接続機能）	積込み	物流施設から交通機関へ
		荷卸し	交通機関から物流施設へ
		施設内作業	検品・仕分け・棚入れ、ピッキングなど
ノードの物流機能	②保管機能	貯蔵	長時間、貯蔵型保管
		保管	短時間、流通型保管
	④包装機能	工業包装	輸送・保管用、品質保護主体
		商業包装	販売用、マーケティング主体
	⑤流通加工機能	生産加工	組み立て・スライス・切断など
		販売促進加工	値札付け・詰め合わせなど
	⑥情報機能	数量管理情報	入出庫、在庫
		品質管理情報	温湿度管理、振動管理など
		位置管理情報	自動仕分け、貨物追跡など

　包装とは、物品の輸送と保管などにあたって、モノ（商品や物資）の品質および状態を維持ないし保護するために、適切な材料や容器などをモノに施す技術、および施した状態である。

　包装には、工業包装と商業包装の2種類がある。工業包装とは、輸送や保管のための包装であり、品質保護が目的である。商業包装とは、販売用のための包装であり、マーケティングが目的である。

　もう1つの包装の分類に、個装、内装、外装がある。個装とは、消費者が商品を購入する際の包装をいう。内装とは、個装を決められた数にまとめたものの包装をいう。外装とは、輸送、保管にあたって状態保護を目的とした包装をいう。

　個装、内装は多くの場合、工場の生産ラインの中で施される。物流の対象となるのは、主に外装である。物品を箱・袋・樽・缶などの容器に

第1節●ロジスティクスと物流

入れ、もしくは無容器のまま結束し、記号・荷印などを施す。→第2章

⑤　流通加工機能

　流通加工とは、倉庫、車両、店舗などにおいて、モノ（商品や物資）に付加価値を与える各種作業である。流通加工には、生産加工と販売促進加工がある。

　生産加工には、アパレル業でのアイロンがけ、ハンガー掛けなど、生鮮品でのカッティングやパック詰め、機械製品でのセッティングなど、従来は工場あるいは店頭で行ってきたさまざまな作業が倉庫内で行われるようになってきている。販売促進加工には、値札付けやシール付け、商品の詰め合わせなどがある。

　このように、物流の高度化に伴い、流通加工の作業は増加している。

⑥　情報機能

　情報機能とは、「輸送や荷役だけでなく、保管などの他の物流機能も含めて、物流を効率的に行うための情報の収集・伝達・表示などのこと」である。この物流情報は、「数量管理情報」「品質管理情報」「位置管理情報」に大別できる。

　数量管理情報とは、入庫・在庫・出庫管理情報などである。これらはいずれも、モノの数量を適切に把握しようとするものである。

　品質管理情報とは、品質の劣化や安全を保つための情報であり、輸送中の振動にかかわる情報や、温湿度管理や製造日などの情報などである。

　位置管理情報には、トラックや貨物の位置、倉庫などでの商品の位置がある。位置情報により、貨物追跡システムや自動仕分けシステムが可能となる。

　これらの数量・品質・位置の情報を有効に用いることで、輸送情報システムや倉庫管理システムなど、多様な物流情報システムを構築・活用することができる。

（4）原材料から資材までの物流（動脈物流）

　企業における物流は、動脈物流と静脈物流に分けて考えることができ

15

図表1-1-8 ●動脈物流と静脈物流

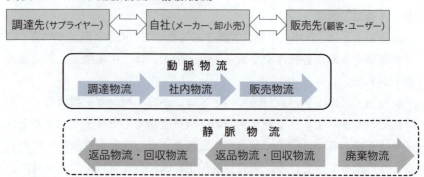

る。このうち**動脈物流**とは、原材料から製品となって、顧客（納品先あるいは最終消費者）に届くまでの物流である。→図表1-1-8

この動脈物流は、調達物流、社内物流、販売物流の3つがある。

第1の**調達物流**とは、メーカーにおいて原材料や部品を調達するときの物流や、流通業において仕入れのときの物流である。日本の商慣行では店着価格制（物流コストを含めて取引価格とすること）が大半であるため、調達物流は調達先（仕入れ先）の業務と考えて、自社の管理の対象外としている企業が多い。しかしながら、調達（仕入れ）に伴い発生する業務は煩雑であり、また、少量かつ多頻度の調達は、高コストとなることが多い。このため、調達先から自社を経て販売先までを視野に入れながら、調達物流の効率化に取り組む事例が増えている。

スーパーマーケットやコンビニエンスストアなどチェーン展開を行っている小売業では、みずからが調達物流を構築している例が多く見られる。また、組み立て型の製造を行うメーカーでは、自社で調達先から集荷を行うミルクランと呼ばれる例や、調達先が組み立てメーカーの工場内の製造ラインに至るまで必要なだけの部品をそろえて納品する例が見られる。

第2の**社内物流**とは、工場から社内の倉庫、倉庫から支店までというような、社内の拠点間の輸送や保管などのことである。社内物流は、同

じ社内の部門間（調達部門、生産部門、販売部門など）における物流だからこそ調整も容易であり、効率性を重視して構築されることが多い。

第3の販売物流とは、販売先（顧客）にモノ（商品や物資）を納品するための物流である。販売物流で重要なことは、販売先（顧客）とあらかじめ取り決めた物流サービスを実現できるように、物流システムを構築することである。このように、物流サービスは販売先に提供する商品に付随するものなので、物流サービスにかかるコストとそれにより得られる利益を勘案しながら、販売先（顧客）との間で、販売物流における物流サービスの水準を決めていく必要がある。

（5）返品・回収・廃棄の物流（静脈物流）

静脈物流（リバース・ロジスティクスともいう）とは、販売先から戻ってくる物流や、使用後の物流である。静脈物流には、返品物流、回収物流、廃棄物流の3つがある。

第1の返品物流とは、売れ残りや不良品などでモノ（商品や物資）が、販売元に返されるときの物流である。このうち物流に起因する返品には、配送した物品が発注された物品と異なることや、あるいは届ける過程で発生する破損や汚損がある。生産に起因する返品には、製品の不具合がある。

また、アパレル業界では、売れ残ったものは返品として受け付けるという商慣行に伴い、返品物流が発生することがある。さらには、契約上は売れ残り品の返品を受け付けないことになっているにもかかわらず、企業間の力関係により返品されることもある。

返品物流は、ケースなど単位当たりのコストが、販売物流の約3倍かかるといわれている。返品そのものを減らすことが、返品物流のコスト削減になる。

第2の回収物流とは、納品時に使用したパレットや通い箱など輸送用具を回収するような物流と、製品の不具合に伴う回収（リコール）の物流である。

第1章●ロジスティクス・オペレーションの概念と役割

　特に、不具合が発生したときに、不具合の発生箇所や該当する製品・商品の使用先を速やかに特定するためのしくみとして、トレーサビリティがある。トレーサビリティのシステムは、不具合などで回収物流が発生した場合に、回収にかかるコストや回収を予防するためにかかるコストを総合的に判断し、構築し運用することが重要である。

　近年では循環型社会に向けた３R Key Word が注目されており、製品のリユースやリサイクルを、円滑かつローコストで行う回収物流のしくみづくりが注目されている。

　第３の廃棄物流とは、廃棄物の輸送や処分を行う際の物流である。循環型社会の形成に向け注目されている分野であり、効率化の余地は多く残っているが、みずからが手がけている企業は少ない。この理由の１つには、安全性の確保や資源のリサイクルという視点から、廃棄物流に対してさまざまな法制度や規則が存在するからである。

　たとえば、家庭などから排出される一般廃棄物は市町村に処理責任があるのに対し、業務系一般廃棄物と産業廃棄物は排出業者に処理責任がある。また、許可を持っている事業者に収集運搬や処理を委託する場合でも、廃棄物の処理および清掃に関する法律（廃掃法）に則した手続をとる必要がある。

Key Word

　輸送、配送、集荷──本テキストでは、広義の輸送はモノ（商品や物資）の空間的な移動を指しており、輸送、配送、集荷などを含めた概念としている。輸送を細かく分けたとき、狭義の輸送とは、長距離で１対１（１カ所から１カ所＝one to one）の移動を指すことが多い。配送は、比較的短距離で１対多（１カ所から多カ所＝one to many）の移動を指すことが多い。また、集荷は比較的短距離で多対１（多カ所から１カ所＝many to one）の移動を指すことが多い。ただし、これはあくまでも原則であり、業界や企業それぞれで、所有権、距離、発地と着地の数などによって使い分けているのが実態である。なお、貨物自動車運送事業法などの法律では「運送」という言葉が使われている。

　３R──Reduce（発生抑制）、Reuse（再利用）、Recycle（再資源化）を指す。

18

第1節 ● ロジスティクスと物流

4 ロジスティクス・オペレーションのテキストの構成

　ロジスティクス・オペレーションの3級と2級のテキストは、図表1-1-9のような構成となっている。

　ロジスティクス・オペレーション3級のテキストは、ロジスティクス・オペレーションの基本的な考え方を中心にまとめられている。ロジスティクス・オペレーション2級のテキストは、3級の基本的な考え方の延長として、ロジスティクス・オペレーションの具体的な構築方法や管理方法に重点が置かれている。

　3級と2級のテキストは相互に関連しているので、必要に応じて参考にすることが望ましい。

図表1-1-9 ● ロジスティクス・オペレーションのテキスト（3級と2級）の構成

	【オペレーション3級】	【オペレーション2級】
第1部	ロジスティクス・オペレーションの内容	
	1. ロジスティクス・オペレーションの概念と役割	
	2. 包装の種類と役割	2. 輸送包装の適正化・標準化
	3. パレットとコンテナ	3. パレチゼーションとコンテナリゼーション
第2部	物流拠点の業務内容	物流拠点の計画と物流センター
	4. 荷役とMH	4. 物流センターの計画
	5. 保管と倉庫	
	6. 荷役機器と保管機器	5. 物流センターの管理と運営
	7. 物流拠点と物流センター	
第3部	輸配送の業務内容	輸送機関の選択と輸配送システム
	8. 輸送	6. 輸送機関の特性と選択方法
	9. 輸配送システム	7. 輸配送システムの計画
第4部	国際輸送と約款・保険・法制度	国際化と社会への適応
	10. 国際輸送の業務内容と特徴	8. 国際輸送
	11. 約款・保険と関連法制度	
		9. ロジスティクスの社会への適応

19

また、参考までにロジスティクス管理のテキスト（3級・2級）の構成も示す。→図表1-1-10

図表1-1-10 ●ロジスティクス管理のテキスト（3級と2級）の構成

	【管理3級】	【管理2級】
第1部	**ロジスティクス管理の概念と目的**	
	1. ロジスティクス管理の概念と役割	1. 企業経営とロジスティクス管理
	2. 物流に関する人材労働・環境資源・安全安心問題	2. ロジスティクスに関する環境・資源・労働力問題
	3. 物流政策と関連法制度	3. わが国と海外の物流政策
第2部	**物流サービスと物流システムの内容**	**物流サービスと物流システムの構築**
		4. ロジスティクスの評価と改善
	4. 物流サービス管理	5. 物流サービスの種類と管理
	5. 物流システム管理	6. 物流システムの開発と管理
第3部	**ロジスティクス管理の内容**	**ロジスティクス管理の計画**
	6. 在庫管理	7. 在庫管理の計画
	7. 輸配送管理	8. 輸配送管理の計画
	8. 物流コスト管理	9. 物流コスト管理の計画
第4部	**業務管理システムと情報システム**	**ロジスティクス情報システムと国際物流**
	9. ロジスティクス情報システムの基礎	10. ロジスティクス情報システムと情報通信技術
	10. 実行系ロジスティクス情報システム	11. 業務別ロジスティクス情報システムの構築開発
		12. 国際物流における業務内容と情報システム

第2節●ロジスティクス・オペレーションの目的と注意点

第 **2** 節 ## ロジスティクス・オペレーションの目的と注意点

学習のポイント

◆ロジスティクス・オペレーションの目的を学ぶ。
◆企業経営におけるロジスティクス・オペレーションを学ぶ。
◆ロジスティクス・オペレーションの注意点について学ぶ。

1 ロジスティクス・オペレーションの目的

（1）ロジスティクスという用語とオペレーション

　物流がロジスティクスという言葉に代わった経緯は次のとおりである。

　1960年ごろから日本ではPhysical Distribution（PD＝物的流通）が使われていたが、欧米ではPDからビジネス・ロジスティックスに代わり、さらに1980年ごろから日本では単にロジスティクスというようになった。

　ロジスティクスの定義は、米国のSUPPLY CHAIN MAHEGENENT TERMS and CLOSSARYによれば、「顧客の要請に応じてモノやサービスや関連する情報を生産地点から顧客に指定された消費地点まで、効率的で効果的な輸送と保管を計画して実行し統制するプロセスである。この定義には輸入・輸出や国内・国外の活動を含む」であり、ロジスティクスはサプライチェーンの一部となっている。

　この定義では、ロジスティクスの主な分野は輸送と保管であり、生産や販売は含まれていない。JISのロジスティクスの定義（JIS Z 0111）では生産や販売分野も含めているが、一般的には生産や販売活動はロジスティクスに含まれない。

21

第1章●ロジスティクス・オペレーションの概念と役割

（2）ロジスティクス・オペレーションの内容と目的

オペレーションとは、実際に物流業務を行うとき、「作業を行う人と作業に使用する機器などを運用すること」である。

たとえば倉庫内作業では、顧客からの出荷依頼に基づき保管棚から当該製品の指定数量分をピッキングして、納品先別に仕分けし、最後に検数・検品して梱包するなどの業務がある。これらの一連の業務を決められた時刻までに完了できるように、ピッキング作業者などの必要人数の手配や配置をする運用計画の作成と実行とコントロールを行うことが、オペレーション事例の1つである。

これらの運用に失敗すると、所定時刻に顧客に納品できなかったり、逆に作業者手配が過剰で収支が赤字になったりするので、ロジスティクス・オペレーションは荷主企業にとっても物流事業者にとっても非常に重要な仕事である。

ロジスティクス・オペレーションの目的とは、「顧客が求めるモノなどを正しい数量で、正しい場所に、正しい納期で、品質を維持しながら、適切な料金で、よい印象でお届けすること」であるともいえる。

このオペレーションのテキストでは、その目的を達成するために必要で、かつロジスティクスの物流現場における実務の実行に必要な「知識や技術や改善手法など」に重点を置いている。

---

2 荷主の企業経営における ロジスティクス・オペレーション

荷主企業などでは、ロジスティクス戦略からロジスティクス予算統制であったり、物流拠点のオペレーションから輸配送のオペレーションなど、実行する範囲は企業によって異なる。

たとえば、荷主企業が本社でロジスティクスの統括管理組織をつくること、実務を物流子会社に委託すること、各事業部に権限を委譲すること、3PL企業に外注することなど、ロジスティクスを扱う組織はさまざ

第2節 ● ロジスティクス・オペレーションの目的と注意点

まである。一時、多くの大企業の物流子会社が誕生したが、現在は減少し、一部は3PL企業になっている。

　荷主企業がロジスティクス・オペレーションとして行うべきことは、製品の輸送包装設計、ユニットロードやモーダルシフトや物流拠点での日々の在庫量などを判断することであり、その権限は物流事業者にはない。そのため、荷主企業は、物流拠点を持つことや、自家用トラックなどを持ちみずから輸送するか物流事業者に委託すべきかなどについて、その長所と短所や、コスト計算などを学ぶ必要がある。

3 ロジスティクス・オペレーションにおける注意点

（1）ロジスティクスの範囲の設定での注意点

　荷主企業自身が、どこまでロジスティクス・オペレーションを行うかについては、いろいろな観点から判断する必要がある。

　第1に、物流コストとして、物流事業者に委託する場合と比べてどちらが低コストかで判断したい。

　第2に、生産量については、物流コストだけでなく、モノの需要量には季節波動があるからこそ、生産量をなるべく平準化したい。

　第3に、生産設備能力については、自家所有の場合、需要のピークに対応するためにどの程度の能力の設備を保有するかによって、固定費と変動費の関係が大きく影響する。

（2）輸送における自社と委託の比較での注意点

　荷主が製品を輸送するとき、自社と委託の選択も難しいことが多い。

　たとえば、A点から200km先のB点に4トン（t）トラックで輸送する際に、自家用トラックと営業用トラックで比較した場合、単純に考えれば自家用トラックのほうが運賃の支払いが不要な分だけ安く思えるかもしれない。しかし、他の要素も考えておく必要がある。

　第1に、自家用トラックは配達した帰りに営業活動をして復荷を集荷

して積むことができないが、営業用トラックの場合は復荷を積めば帰路の収入も期待できる。

第2に、営業用トラックは他の荷主の貨物を積み合せて輸送すれば、輸送トン数当たりのコストが自家用トラックよりも低下するので、運賃が安くなる可能性が高い。

第3に、経営者はコスト追求よりも企業の宣伝効果を考えて大型物流センターや自家用トラックを持ちたいと考えている場合もあるから、ロジスティクスの視点だけで判断してはいけない。

第4に、荷主企業は営業用トラックをチャーターしたときにバラ積みしたほうが、パレタイズド貨物にして運ぶよりも多く積載できると判断して、トラックドライバーにバラ積みをさせることが多い。その場合は、確かに運賃だけで比較すると輸送トン当たりの輸送コストは安くなる。しかしその分、トラックドライバーは貨物の積込みに2時間も要し、着荷主での数時間の待機待ちをしたうえに2時間の荷卸し時間がかかり、合計5時間以上も余分な時間がかかりながら無償が多かった。また、労働時間の制約を受けることで、輸送できる距離も短くなる可能性がある。

（3）物流業務を委託するときの注意点

荷主が物流事業者に物流業務を委託するとき、注意すべき点がある。

働き方改革やドライバー不足の問題から2019年に貨物自動車運送事業法が一部改正されて、対価を伴わない役務の発生を防ぐために、標準貨物自動車運送約款の基準を明確化して運賃と貨物の積卸し料金や長い荷待ち時間や高速道路料金、フェリー料金などを分別して料金を収受することが決まった。

そして、荷主の配慮義務化とともに、荷主勧告制度の強化や荷主の行為が独占禁止法違反の疑いがある場合は、公正取引委員会への通知も行うことになった。

このように、荷主との関係で立場の弱いトラックドライバーへのしわ寄せ行為が許されなくなってきた。その際には、元請け物流事業者も荷

主に含まれるから要注意である。

（4）荷主企業による労働災害回避のための注意点

物流業務を物流事業者に委託したとしても、荷主企業の責任の範囲で労働災害が起きてしまうことは多い。現実に、荷主の事業場でのトラックドライバーの死傷災害の約7割が、人力での荷役作業中に起こっている。特に、荷台からの墜落・転落事故が多い。このため、労働災害回避のための注意が必要である。

第1に、荷主の事業場の現場管理者は、トラックドライバーと雇用関係がなくても安全配慮義務がある。そこで労働安全衛生法等の観点から、荷主の自社以外の者に荷役作業を行わせる場合の安全対策や、それらの人が混在して作業する場合の安全対策が求められている。

たとえば、トラックの荷台でドライバーに荷役作業を行わせる場合は、荷台の周辺に落下防止柵、作業床など落下や転落防止のための設備を設置することなどがある。

第2に、荷主の事業場で社外のトラックドライバーにフォークリフト作業をさせる場合は、必要な資格を持っているかを確認するとともに、荷主の労働安全管理者に作業指揮者教育が実施されていることをその陸運事業者に確認する必要がある。

┃ **参考文献** ┃

苦瀬博仁編著『ロジスティクス概論〔増補改訂版〕』白桃書房、2021年
苦瀬博仁編著『サプライチェーン・マネジメント概論』白桃書房、2017年

第1章　理解度チェック

次の設問に、○×で解答しなさい（解答・解説は後段参照）。

1. 物流機能には、輸送・保管・荷役・流通加工・包装・情報の6つの機能がある。

2. ロジスティクス・オペレーションには、ピッキングや包装作業が含まれている。

3. 荷主企業が輸送を物流事業者に委託する場合には、積載率向上のために、パレットを使用せずにバラ積みをさせることが効率的である。

解答・解説

1. ○

2. ○
ロジスティクス・オペレーションには、いわゆる荷役作業だけでなく、ピッキングや包装作業も含まれる。

3. ×
パレットなどを使用せず、バラ積みとすれば積載率は向上するが、貨物の積込みや荷卸しに長時間（1～2時間）かかってしまう。この結果、労働時間の制約を受けたり、効率性を悪化させることが多い。

第 2 章

輸送包装の適正化・標準化

この章のねらい

　第2章では、輸送包装の適正化・標準化について、基本
的な知識を整理する。

　第1節では、輸送包装の適正化について、概念や、適正
包装と適正荷役の関係を学ぶ。

　第2節では、包装の標準化、モジュール化について学ぶ。

　第3節では、包装情報のデータキャリアについて、1次
元シンボル、2次元シンボル、RFIDについて学ぶ。

第2章●輸送包装の適正化・標準化

第 **1** 節

輸送包装の適正化

学習のポイント

- ◆適正包装の定義と輸送包装と消費者包装の違いを理解する。
- ◆輸送包装における適正な包装と荷役の重要さを学ぶ。

1 適正包装の定義

（1）輸送包装の役割

　輸送包装の最も重要な役割は、外力からの内容品の保護と、包装に関係するコスト削減である。

　輸送、保管等の物流過程では多くの外力が内容品に加わることが予測される。これら外力から内容品を守る包装を設計することが最低限必要である。

　また、製造工程での包装設計では、包装材使用量の削減、安価な包装材料使用によるコスト削減が検討されているが、流通過程での輸送積載効率、保管効率等を考慮した包装寸法の設計は、物流コスト低減効果に大きな影響を与える。

（2）適正包装の定義と考え方

　適正包装は、JIS Z 0108で次のように定義されている。

> #### 適正包装（Appropriate Packaging）
> 　省資源、省エネルギー及び廃棄物処理性を考慮し、合理的で、かつ、公正な包装。

> 　輸送包装では、流通過程での振動、衝撃、圧縮、水、温度、湿度などによって物品の価値、状態の低下を来さないような流通の実態に対応した包装。
>
> 　消費者包装では、過剰包装・過大包装、ごまかし包装などを是正し、同時に欠陥包装を排除するため、保護性、安全性、単位、表示、容積、包装費などについても適切である包装。

　この定義でも明らかなように、適正包装の定義は、輸送包装と消費者包装で大きく異なっている。

　輸送包装は、輸送中に内容品が受けるいろいろな外力から、内容品を保護することを目的とした包装である。さらに、輸送機器（コンテナ、パレット、ロールボックスパレットなど）や輸送機関（貨物自動車、貨車、船舶など）への積載率向上による輸送コストの低減や、物流作業者の作業のしやすさなどに考慮した包装である。

　消費者包装は、内容品の品質保護が重要な役割であり、最終消費者の目を引き、購買意欲を高めることを考慮した包装である。法定表示を遵守したうえで、包装容積比（内容品の容積と包装の外寸容積の比率）を適正値に保つことや、最終消費者の使い勝手および環境への影響を極力少なくすることに留意して開発されている。

　このように、輸送包装と消費者包装のコンセプトは大きく異なっている。

　消費者包装された物品を、そのまま輸送・保管すると、包装箱表面のこすれなどによって包装外観が劣化したり、内容品に影響が出たりする可能性が大きいため、外側にさらに輸送のための包装を施されることが通常である。作業者が荷扱いするのは輸送包装した物品であり、消費者包装のままで輸送や保管されることはほとんどない。

　したがって、物流過程に持ち込まれる物資や製品の包装は、すべて輸送包装である。

第2章 ● 輸送包装の適正化・標準化

（3）輸送包装と消費者包装における適正包装の特徴

JISの定義は、内容の一部を簡略化して表現している部分があるので、適正包装の定義の文章を整理し直すと、次のように表現できる。

① 輸送包装における適正包装

○物流過程で包装品が受ける振動、衝撃、圧縮などの外力による影響から内容品を保護する機能を有する包装

○物流過程で包装品が遭遇する、水分や温度、湿度などの環境変化によって内容品が影響を受け、内容品の価値や状態に変化をきたすことがないよう、十分なバリア性を有する包装

○物流過程における積載効率、荷役効率を考慮し、物流コスト削減を可能とする包装

○省資源、省エネルギーおよび廃棄物処理を考慮した包装

○物流過程における輸送、保管、荷役作業の安全に配慮した包装

○法律などで規定された、表示などの条件が適切に守られた包装

② 消費者包装における適正包装

○過剰包装・過大包装、ごまかし包装など、消費者の不利になるような条件をなくした包装

○内容品の保護性、安全性に十分配慮した包装

○製品と包装の容積比率や、包装費などが適切である包装

○法律などで規定された単位、表示等が適切に守られた包装

2 輸送包装における適正包装と適正荷役

（1）輸送包装における外力からの適正包装の考え方

輸送包装では、物流過程で受ける外力に対して適切な保護を目的に設計されるが、想定されるすべての外力に対して内容品を保護することは困難であり、包装が耐えられる外力の限界値が存在する。この限界値は内容品の種類や包装設計者の考え方によって異なるが、一般に包装設計者が想定している外力の条件は、JIS Z 0200に記載された試験条件に代

図表2-1-1 ● 包装貨物試験の落下高さ　JIS Z 0200

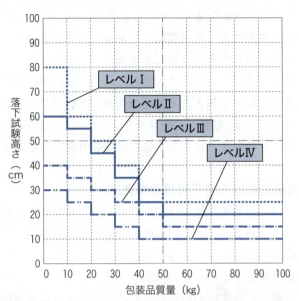

表される。したがって、内容品に異常を発生させず、消費者の手元に完全な状態で届けるためには、この試験条件を超える荷扱いを行ってはならない。

　たとえば落下試験の条件は、図表2-1-1のように規定されている。一般的な荷扱いを想定した場合、試験レベルとしてはレベルⅡを選ぶことが基本であるから、10kg未満の包装品である場合、試験落下高さは60cmとなる。

　これ以上の高さからの落下が生じた場合、内容品が破損する可能性は、非常に大きくなる。しかもこの落下高さは、破損しないことを保証している高さではなく、メーカーで実施した内容品保護の確認のための落下試験では破損が生じなかったという試験結果にすぎない。またこの試験は、1つの方向について1回だけ実施されるため、複数回の落下が生じた場合は、さらに包装品が耐えられる可能性は低くなる。

第2章 ● 輸送包装の適正化・標準化

もちろん、包装の保護機能を高めることによって、より高いところからの落下に耐えられる包装を施すことは可能である。しかし、消費者の手元に届いた時点で廃棄物となる包装に、余分なコストをかけることにより消費者にムダな費用負担をかけることとなる。このために、適切と考えられる試験条件が設定されている。そして、この試験条件を超えた荷扱いは、適正荷役の範囲を超えた不適切な荷扱いということになる。包装品の荷扱いに際しては、包装品に衝撃を与えないことが基本であり、落下や衝突などが生じないよう注意して包装品を取り扱うことが重要である。

（2）輸送包装における適正荷役の考え方

輸送包装における適正荷役とは、内容品や内容品に施された包装に対し異常を生じさせることなく、出荷時の状態のまま内容品を着荷主や消費者の手元に届けることができる荷役作業のことである。

荷扱いにより発生する内容品の異常は、落下衝撃によって発生するだけではなく、荷扱い作業中のいろいろな状況で発生する可能性がある。

Column　コーヒーブレイク

《包装と梱包》

「包装」と「梱包」は似た意味を持つ言葉であるが、実は定義としてはっきりとした違いがある。

「包装」とは物品の輸送、保管、取引、使用などにおいて、その価値および状態を維持するための適切な材料、容器、それらに物品を収納する作業ならびにそれらを施す技術または施した状態である。

「梱包」とは、輸送時の内容品の保護を目的とした木製容器、鋼製容器、段ボール製容器などによる包装である。荷造りと呼ぶこともある（JIS Z 0108）。

梱包の代表的事例として大型機械設備や海外工場向け生産部品の輸出業務において、荷主（製造業）が輸出入貨物を取り扱う物流事業者に梱包作業を委託し、木枠梱包、金属梱包、段ボール梱包等、輸出品の特性に合わせて梱包し輸出されているという事例がある。

第1節 ● 輸送包装の適正化

　また、内容品によってその内容品と包装の弱点は異なっており、適正な
荷扱いの方法もやや異なる部分はあるが、適正包装された内容品を安全
に届けることが荷扱い作業者の使命であることを十分認識し、作業を遂
行することが重要である。
　たとえば、包装箱の取っ手は、包装品を1個だけ運ぶことを想定して
設けられている。ところが実際の作業では、数個の包装品を重ね、最下
段の包装箱の取っ手を使って荷扱いをする例が、よく見られる。
　また実際の作業現場では、パレットや荷台の上に段積みされた包装品
を、最下段の包装品の取っ手に手を掛けて引き寄せるなどの作業も行わ
れることが多い。しかし、包装箱の取っ手は上向きに持ち上げる際の強
さを基準にして設計されており、横方向への引っ張りに関しては、取っ
手は十分な強さを持っていないため、外装箱の破れなどの包装異常が生
じやすい。このような作業も、不適切な荷扱いということになる。

33

第2章●輸送包装の適正化・標準化

第**2**節 **輸送機器と包装モジュール**

学習のポイント

◆包装の標準化のメリットについて理解する。
◆包装のモジュール化について理解する。特にユニットロード
　化のためには、包装のモジュール化が重要である。

1　包装の標準化

（1）包装の標準化のメリット

　ほとんどのメーカーでは、包装の標準化を実施している。標準化を行
う目的として、次の2つが挙げられる。

　①　包装を標準化することにより、包装材料の発注ロットが大きくな
　　るため、コストダウンが可能になる。
　②　トラックなどの輸送機関やコンテナなどの輸送機器のサイズと対
　　応した包装サイズに標準化することにより、積載効率が向上し、物
　　流コストが低下する。

　メリット①については、段ボールシートや段ボール箱の製造コストは
材料費と加工費で構成されており、そのうち加工費はシートや箱を作る
ための時間に左右される。たとえば、外装用段ボール箱として代表的
な0201形段ボール箱はスリッタースロッターという機械で製造されるが、
製造ロットが小さいと機械のセッティングに時間がかかり、段ボール箱
そのものの製造時間よりもはるかに多くの時間が必要になる。そして、
加工費は、機械調整と製造作業の合計時間に比例するので、ロットが少

34

第2節 ● 輸送機器と包装モジュール

ない場合は割高になってしまう。実際の例では、発注量が100枚以下の場合と1,000枚以上の場合を比較すると、箱単価は2倍以上の違いとなってしまう。このような事態を避けるためには、包装の標準化は欠かすことができない。

また、包装材料を標準化すると、資材管理の面でもメリットがある。

メリット②については、日本で使用されているトラックの幅方向の内法はトラックの種類、用途によって異なるが、一般的に大型10 t トラックでは2,200〜2,490mmであり、国際コンテナでは2,350mmが標準とされている。輸送機関に効率的に積み込むためには、このサイズから作業余裕スペースを引いたサイズを整数分割して得られる数値が最大になるように、包装の外法を設定しておくことが積載効率の向上と、物流コスト低減につながる。

JIS Z 0105ではこのような状況を考慮して、包装の標準モジュールのサイズを決めている。いくつかの業界団体では、モジュールサイズと一致した包装容器を標準包装容器として規定しており、多くのメーカーがこの規定に合わせて包装を標準化しているのが現状である。

（2）包装の標準化の範囲

包装の標準化を検討する場合、すべての製品の包装が標準化できるわけではないこと、および包装を標準化することによるメリットがない製品もあるということに留意する必要がある。

一般に、包装を標準化してメリットがあるのは、小型で大量に取り扱われる製品（食品、菓子、雑貨、トイレタリー商品など）で、ある程度以上の大型の製品についてはそのメリットはないと考えるべきである。

たとえば、冷蔵庫や洗濯機の包装は、その製品に対し最適な緩衝設計を行ったうえで決められているが、この数値はJISのモジュールサイズとは異なったサイズになっている。たとえば、A社の420 ℓ 冷蔵庫の包装箱の外寸は、769×639×1,847mmで、包装モジュールサイズとはまったく異なった数値が採用されている。この包装品をトラックに積載した場

35

第2章 ● 輸送包装の適正化・標準化

図表2-2-1 ● 冷蔵庫包装品のトラックへの積載効率

11t　　トラック車輌サイズ…9,400 × 2,340 × 2,330（mm）
製品名と型式　　冷蔵庫　　1
製品サイズ…769 × 639 × 1,847(mm)　製品質量…92(Kg)
1段当たりの積み台数＝42(台)　　積み段数＝1
実積載台数　　＝42(台)　　積載質量＝3,864(Kg)　〝(10,750KG)
床面利用効率＝93.8(%)　　容積利用効率＝74.4(%)

合の積載効率を確認してみると、図表2-2-1に示すとおり、床面の利用効率が93.8％となり、非常に高い積載効率で積むことができる。

　このようなサイズ設定が行われている第1の理由は、冷蔵庫や洗濯機は製品サイズが大きく、包装モジュールサイズに合うような設計は不可能なためである。第2の理由は、倉庫での保管効率よりもトラックの積載効率のほうが物流コストに与える影響が大きいことから、輸送機器の床面を最大効率で利用できるよう十分な検討がなされており、積載効率を高くするため作業余裕をとらずに、ギリギリのサイズが設定されているためである。

（3）輸送包装と消費者包装の標準化

　輸送包装と消費者包装では、標準化の考え方に違いがある。
　輸送包装される製品については、前述のとおり、包装サイズの標準化に適した製品と不適当な製品がある。
　一方で、消費者包装では大型製品が対象から外れるため、すべての製品が包装サイズの標準化に適していることが多い。そして、消費者包装される製品については、いろいろな商品のサイズの標準化がなされており、標準化が進みやすい面がある。
　その意味では、輸送包装のほうが、標準化が難しい製品ということになる。もっとも輸送包装される製品についても、小型で多量に取り扱われる製品は、消費者包装される製品と同じように、入り数や組み合わせ

第2節●輸送機器と包装モジュール

を変えることによって、包装サイズ選択の自由度が大きくなり、標準化が進んでいる例が多い。

　たとえば（一社）日本配線システム工業会では、配線器具用の包装箱のサイズを標準化することによって、輸送や保管の効率を高める取り組みを実施しており、輸送効率の向上や保管スペースの削減など、いろいろな面で標準化の効果がある。

2　包装のモジュール化

（1）包装モジュールと包装モジュールサイズ

　包装サイズの指標としては、JISのモジュールサイズを採用することが合理的であり、実際にモジュールサイズに合わせた包装の事例が多い。

　輸送、保管などの効率化のためには、トラックや貨車などの荷台サイズ、パレットやコンテナなどの輸送機器、および包装貨物の外法サイズを同一の基準数値に基づいて決定することが望ましい。ユニットロードシステムによる物流合理化を目的として規定する4種類の平面サイズ（1,219×1,016mm、1,200×1,000mm、1,200×800mmおよび1,100×1,100mm）に対し、この基準数値を包装モジュールと呼び、JIS Z 0105「包装貨物−包装モジュール寸法」では600×400、600×500、550×366という3通りの基準数値が定められている。

　550×366という包装モジュールは、JISのT11型パレット（1,100×1,100mm）を基準にしたもので、T11型パレットの一方を2分割、他方を3分割した数値であり、600×400という包装モジュールは、欧州で標準パレットとして利用されているユーロパレット（1,200×800mm、ISO3394に規定されている）を基準にしたもので、パレットサイズを縦横ともに2分割した数値であり、600×500という包装モジュールは、インチが基準となっている米国の標準パレット（48インチ×40インチ）（1,219×1,016mm）を縦横ともに2分割した数値を基準としたものである。

　輸送、保管の効率化のために包装モジュールから導き出した（整数を

乗じるか、整数で除すことによって得られる数値、もしくはそれらの組み合わせで得られる）数値をmm単位で表し、小数点以下を切り捨てたサイズが包装モジュールサイズである。小さすぎるサイズは実用的ではないため、包装モジュールサイズは100mm以上と決められている。

3つの包装モジュールから導かれる包装モジュールサイズは、図表2-2-2のとおりである。

前記から明らかなように、包装モジュールと包装モジュールサイズとは別のものなので、注意が必要である。このモジュールサイズを採用した包装品は、倉庫での保管時に100％近い積載効率を確保できるため、いろいろな業界で基準サイズとして採用されている。

（2）輸送包装サイズ

輸送、保管の効率化を考慮したパレットの基本のサイズは、一辺を1,100mmとする1,100×800mm、1,100×900mm、1,100×1,100mm（T11型パレット）、1,300×1,100mm、1,400×1,100mmと、一辺を1,200mmとする1,200×800mm（ユーロパレット）、1,200×1,000mmの7種類である。この中の1,100×1,100mmパレット（T11型パレット）は、一貫輸送用パレットまたはプールパレットとして使われる。これらのパレットの各辺のサイズを整数分割した値および複数の包装を組み合わせることによって、パレット積載に適合する値となるサイズを輸送包装サイズという。

輸送包装サイズを整数分割したものは、高い積載効率が得られる。それ以外のサイズの包装品については、ピンホイール積み、スプリット積みなど各種の積載パターンが想定される。輸送包装サイズの基礎数値として1,200×1,000mmおよび1,100×1,100mmの2種類に対し、すべての積載パターンがJISに記載されているので、この積載パターンを採用することによって、平面利用効率のよいパレット上への積載が可能である。

サイズの組み合わせは、必要に応じてJIS Z 0105を参照いただきたい。

輸送包装の系列サイズを採用した包装品をユニットロード化した例を、図表2-2-3と図表2-2-4に示しておく。

第2節 ● 輸送機器と包装モジュール

図表２−２−２ ●包装モジュールから導かれる包装モジュールサイズ

単位 mm

モジュール				
600×400		600×500		550×366
各モジュールに対する推奨パレット寸法				
1,200×800	1,219×1,016	1,219×1,016	1,100×1,100	1,100×1,100
	1,200×1,000	1,200×1,000		
倍数系列				
1,200×800	1,200×1,000	1,200×1,000	1,100×1,100	1,100×1,100
1,200×400	—	1,200×500	—	1,100×550
800×600	—	1,000×600	—	1,100×366
分割系列				
600×400		600×500		550×366
300×400		300×500		275×366
200×400		200×500		183×366
150×400		150×500		137×366
120×400		600×250		110×366
600×200		300×250		550×183
300×200		200×250		275×183
200×200		150×250		183×183
150×200		600×166		137×183
120×200		300×166		110×183
600×133		200×166		550×122
300×133		150×166		275×122
200×133		600×125		183×122
150×133		300×125		137×122
120×133		200×125		110×122
600×100		150×125		—
300×100		—		—
200×100		—		—
150×100		—		—
120×100		—		—

注１）倍数系列および分割系列は、モジュール600×400mm、600×500mmおよび550×366
mmから計算した例である。

注２）100mm未満の寸法は、小さくかつ実用的ではないため推奨しない。

出所：JIS Z 0105：2015より

図表2-2-3●モジュールサイズの貨物積載例（T11型パレット）

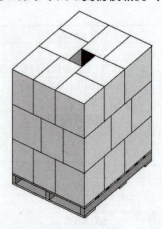

図表2-2-4●モジュールサイズの貨物積載例（ユーロパレット）

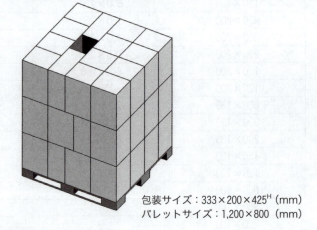

包装サイズ：333×200×425^H（mm）
パレットサイズ：1,200×800（mm）

第3節 ● データキャリア

第 3 節 データキャリア

学習のポイント

◆データキャリアとは、１次元シンボルと２次元シンボルと
RFタグ（電子タグ）の総称である。
◆日本で最も普及している２次元シンボルはQRコードである。
◆RFタグに関する基礎知識を整理する。

データキャリアの標準化について規定している国際流通コード標準化
組織はGS１（Global Standard One）といわれ、本部はベルギーにある。
識別コード（Identify）、データキャリア（Capture）、情報の共有手段
（Share）を定め、ビジネスプロセス、特にサプライチェーンの効率化を
目指している。日本でのこれらの管理は、（一財）流通システム開発セン
ターが行っている。

1 １次元シンボルと２次元シンボル

（１）１次元シンボルの主な種類

１次元シンボルとは、従来からバーコードと呼ばれているものである。
２次元シンボルにもバーコードタイプが含まれているので、それらを区
別するために一般のバーコードを１次元シンボルと呼ぶようにしている。
以下に説明する各１次元シンボルには、商品コードの読み取りミスを
防止するためのチェックディジット（CD）として１桁の数値が付いてい
る。その値は各シンボルにより、モジュラス10など種々の計算方式が決
められている。

41

① JANシンボル

　商品の個体を識別するために、日本では**JANシンボル**が一般的に用いられている。頭の2桁が「49」もしくは「45」であれば、日本国であることがわかる。JANシンボルには13桁と8桁があるが、国際的にはGTIN－13、GTIN－8と呼ばれる。

　この**GTIN**（Global Trade Item Number）は、国際標準商品コードのことである。米国やカナダで使用されている統一商品コードUPC（Universal Product Code）の12桁コードはGTIN－12、集合包装用商品コードはGTIN－14と呼ばれる。

② ITFシンボル

　国際標準商品コードの桁数が複数あると困るので、経済産業省は、最長桁のGTIN－14にそろえるように推奨している。そこで日本では、段ボール箱の集合包装用商品コードとして利用している**ITF**（Inter Two of Five）14桁を国際標準商品コードとして使うことになった。→図表2－3－1

　ITFはJANシンボルの13桁の頭に1桁付加して、入り数等の識別子としたコードであるので、段ボール箱内の単品の商品コードと一致している。ところが国際標準のGTIN－14は、中身の単品とのコードとは一致していないので、日本は2007年3月から国際標準に準拠するために、「不一致型」のGTIN－14についても容認した。

図表2－3－1 ● ITFシンボル

③　GS1-128シンボル

　GS1-128は、数量やロットナンバーの桁数に制約はあるが可変長であり、英数字・記号・制御文字など128種の文字が使える。このGS1-128は、食肉業界、公共料金などの代理収納取扱票、SCMラベル、医療機器業界、医療用医薬品業界などで利用されている。→図表2-3-2

図表2-3-2●SCMラベルとGS1-128

商品識別コード（GTIN）のAI　　有効期限日のAI　　ロット番号のAI

出所：（一財）流通システム開発センター

④　GS1データバー

　GS1データバーは、2007年2月にRSS（Reduce Space Symbology）という呼称から改称された最も新しい1次元シンボルである。旧呼称からわかるように、データを圧縮して符号化することで、一般消費財の口紅などの小さな商品や青果などの球状な商品にも貼ることができる。

　商品コードのほか、製造年月日、ロット番号、質量、有効期限、価格などの属性も付加できるので、JAN（EAN）、UPC、ITFシンボルをすべて包括することが可能である。ヘルスケア分野や医療用医薬品にも利用されている。→図表2-3-3

図表2-3-3●GS1データバー

出所：（一財）流通システム開発センター

(2) 2次元シンボルの種類

1次元シンボルは表示できる文字数が少ないため、表示できる文字数を増加させて、いろいろな2次元シンボルが作成されている。

2次元シンボルには、1次元シンボルを積み重ねたスタック式コードと、白黒のマス目を縦横に配置したマトリックス式コードがある。

① QRコード

日本で最も普及しているのは、マトリックス式コードで作られたQRコードである。QRコードは、日本で開発された2次元シンボルのうち、唯一、ISOおよびAIM（自動認識工業会）に認定されている。

QRコードは、英数字の場合、最大で4,296データ、漢字でも、最大1,817文字を記録することができる。

図表2-3-4にQRコードの例を示しておく。

図表2-3-4●QRコード

(株)デンソー（1994年）

② Data Matrix

Data Matrixは、極小シンボルも作れる特徴があり、GS1では、医療用医薬品、医療用機器や材料にはData Matrixの使用しか認めていない。マトリックス式は、360度どの方向からでも読み取り可能であり、シンボルの破汚損面積が20〜30％程度なら読み取り可能である。→図表2-3-5

③ PDF417

PDF417は、スタック式の2次元シンボルで、英数字で最大1,850桁の

図表2-3-5●Data Matrix

出所：(一財)流通システム開発センター

データを表示可能であり米国で普及している。シンボルの汚れに強く、バーコードなのでレーザースキャンが可能であるなどの特徴を持つ。→図表2-3-6

図表2-3-6●PDF417

出所：(一財)流通システム開発センター

（3）シンボルの活用方法

　1次元シンボルは、いろいろな業界で利用が拡大している。特に医療業界では、1次元シンボル利用が進んでいる。医薬品には同一名称で薬用成分の含有量のみが異なる薬剤や、類似名称の薬剤が多いため、誤った薬剤を投与する可能性が大きいので、医療過誤防止のため早くから1次元シンボルが利用されてきたという経緯がある。

　そのほかの業界では、スーパーマーケットやコンビニエンスストアなどの要請を受けて、食品業界では大半の包装に1次元シンボルが表示される状況になっている。書籍やCD、家電品や精密機器類にも、1次元シンボルが表示されるのが一般的な状況になっている。

　物流業界でも1次元シンボルの利用が進んでおり、倉庫での仕分け作

第2章 ● 輸送包装の適正化・標準化

業や在庫管理など、各種の作業や管理のために利用されている。また、出荷ラベルや納品伝票、宅配便の配達記録の集計などにも利用されており、2次元シンボルも含めて今後とも利用の用途は拡大するものと考えられる。

2 RFタグ（電子タグ）

（1）RFタグの種類

RFタグ（Radio Frequencyタグ）は、ICチップとアンテナを一体化したものである。

RFID（Radio Frequency Identification）を、ISOでは、モノに付けるタグをRFタグと呼び、人が携帯するタグをICカードと呼ぶ。

RFタグの形状は、ICチップとアンテナを組み込むことができれば、どのような形状にでも作成することができる。最もポピュラーなのがJR東日本（東日本旅客鉄道(株)）のSuica、関東圏を中心にした鉄道や路線バスのPASMOなどの乗車カードや、銀行のICカードなどのカードタイプのものである。業務用に実用化されているものは、もっと小型のものや厚さが薄いものである。

1次元シンボルや2次元シンボルもRFIDも、最初は軍事用として開発されたものだが、RFIDの歴史も意外と古く1940年代に開発され、その後民事用として家畜やペットの識別に利用された。

1次元シンボルや2次元シンボルは、バーコードリーダーでスキャンするだけで、内容品の情報を得ることができるというメリットがあるが、3つの大きなデメリットがある。1点目は、外から見える位置にシンボルを表示しなければなければならないということ、2点目は、すべての品物の情報を知るためには1つひとつの商品のシンボルを読み取らねばならないので手間がかかること、3点目は、汚れた場合に読み取れなくなることがある。

このようなバーコードのデメリットをなくし、情報取得の高効率化を

46

目指して開発されたものが、RFタグである。RFタグの大きさはほとんど無視できる程度で、全体の大きさは使用する無線周波数と、使用目的によって決まる。

（2）RFタグの電送周波数による特性

　JRコンテナ（日本貨物鉄道（株）、通称JR貨物のコンテナ）で利用しているRFタグは、135KHzの長波（LF）で、ICカードのSuicaは13.56MHzの短波（HF）である。そして、RFタグとして最も利用されている極超短波UHF帯の一部（860〜960MHz）がある。GS1では、UHF帯については、各国に異なる周波数を割り当てている。日本は916.7〜923.5MHzであり、欧州は865〜868MHz、米国は902〜928MHz、中国は920.5〜924.5MHzである。これらをGEN2（UHF Generation 2）規格と呼んでいる。

　RFタグには電池を内蔵した「アクティブタイプ」と、電波を受けてその電力でデータを送信する「パッシブタイプ」がある。アクティブタイプのデータ送信可能距離は30m程度であるが、パッシブタイプでは周波数とアンテナ寸法、アンテナの位置、障害の有無によって異なり、最大でも135KHzでは数十cm、13.56MHzでは1m程度、2.45GHzで数m程度である。短波になるほど通信距離が長くなる。

（3）RFタグの活用事例

　RFタグの活用例としては、前記のSuicaなどが典型であるが、欧米では動物の体に埋め込んで、迷子の動物の確認用に使われている例や、肉牛の飼育管理に使用している例がある。

　2005年に開催された「愛・地球博」では入場券に（株）日立製作所が開発したμチップが搭載されており、事前予約を行っておけばパビリオンの入場の際、行列に並ぶことなく入場券をかざすだけで入場可能になっていた。2.45GHzのμチップは当初0.4mm角であったが、現在では0.15mm角とさらに小型化され、通信距離も倍の70cmまで可能となって本に貼り付けられ、図書館の蔵書の貸出管理に広く使われている。

流通業界では、米国のウォルマート・ストアーズ社が2005年に開始した、納入商品容器または搬送用パレットへのRFタグ添付による管理システムが有名である。現在では、仕入先の特定商品にはGEN 2規格のRFタグが貼られている。これによって、物流センターや店舗のバックルームなどでの入出荷検品工数の削減と在庫の可視化と欠品防止に取り組んでいる。

（4）RFタグの将来

前述のようにRFタグは多くのメリットを備えているが、未解決の問題点も残っている。

第1の問題点は、読み取り可能距離である。流通業界では、買い物かごの中身が検出できればよいと考えれば現状でも実用化が可能である。しかし物流業界では、パレット単位、トラック単位の入出庫情報の一括処理がねらいであり、現在のRFタグの能力ではまだ不十分である。

第2の問題点は、輻輳識別（アンチコリジョン：Anticollision＝多数のRFタグの情報を整理して、漏れなく、重複することもなく読み取る技術）である。一括読み取りを行う場合、この技術開発が課題になる。

第3の問題点は、バーコードラベルに比べRFタグが高価であることである。ユニクロなど一部アパレル業界では使われ始めたが、一般消費財などの全商品に使われるようになるためにはまだ価格が高い。今後RFタグが普及し、大量に生産されることによって、価格が安くなることが期待されている。

そのほかにも問題点としては、RFタグは非常に高い認識精度が要求されるということ、金属や液体の近傍では感度が低下すること、などがある。特に、RFタグの利用にあたっては、セキュリティとプライバシーにかかわる問題がある。購入した商品の情報を、他人が勝手に読み取ることができるとしたら、安心して買い物もできない。

ただし、これらの問題点については、世界中のいろいろな機関で研究が進められている。1日も早い解決が期待される。

第2章　理解度チェック

次の設問に、○×で解答しなさい（解答・解説は後段参照）。

1　輸送包装では、物流過程での振動、衝撃、圧縮、水、温度、湿度などによる物品の価値、状態の低下をきたさないことが目的であり、積載効率、荷役効率等による物流コスト削減は考慮する必要がない。

2　輸送包装の包装設計者は、JIS Z 0200に記載された試験条件のもとで設計しているので、物流作業者が適正荷役の範囲内で包装品を取り扱えば、破損することはない。

3　包装サイズに包装モジュールサイズを採用すれば、パレットへの積載効率が高まり、輸送効率、倉庫保管効率の向上を確保できる。

4　JISのT11型パレット（1,100×1,100mm）、ユーロパレット（1,200×800mm）、米国標準パレット（1,219×1,016mm）に対応した基準数値（550×366mm、600×400mm、600×500mm）を包装モジュールといい、包装モジュールに整数を乗じるか、徐して得られた数値の組み合わせを包装モジュールサイズという。

5　バーコードに比べてRFタグには、多くのメリットがあり一般消費財への適用が検討されているが、すべての製品に適用されるまでには至っていない。その最大の課題は価格が高いことである。

第2章 理解度チェック

解答・解説

1 ×
輸送包装では、物流過程で包装が受ける衝撃や振動などの外力および温湿度などからの影響から内容品を保護することが最大の目的であるが、積載効率、荷役効率による物流コスト削減、省資源、省エネルギーおよび廃棄物処理等を考慮することも重要である。

2 ×
メーカーでの輸送包装設計のための試験結果は、破損しないことを保証するものではない。輸送過程での荷扱いについては、落下、衝突などが生じないよう注意して取り扱うことが重要である。

3 ○
包装モジュールサイズの包装品は、JISの標準パレットを利用した一貫パレチゼーションを採用した場合、輸送機器への高い積載効率が保証され、倉庫保管時にも高い保管効率が確保される。

4 ○
図表2-2-2「包装モジュールから導かれる包装モジュールサイズ」を参照。

5 ○
スーパーマーケット、コンビニエンスストア等の商品のすべてに適用することも検討されているが、RFタグが高価であることから実現されていない。大量生産、技術革新で価格が安くなり、RFタグが広く使われるようになることが期待されている。

第2章 ● 理解度チェック・参考文献

参考文献

JIS Z 0108：2012　包装－用語

JIS Z 0200：2020　包装貨物－評価試験方法一般通則

JIS Z 0105：2015　包装貨物－包装モジュール寸法

JIS X 0502：1994　物流商品用バーコードシンボル

第 3 章

パレチゼーションと
コンテナリゼーション

この章のねらい

　第3章では、一貫パレチゼーションとコンテナリゼーションについて、基本的な知識を理解する。

　第1節では、ユニットロードシステムを理解したうえで、一貫パレチゼーションの効果や検討事項を学ぶ。

　第2節では、コンテナリゼーションの概要や留意点を学ぶ。

第3章●パレチゼーションとコンテナリゼーション

| 第 1 節 | **一貫パレチゼーション** |

学習のポイント

◆一貫パレチゼーションを採用した場合のメリットとデメリットを理解する。
◆一貫パレチゼーションを採用する場合、検討しなければならない事項を理解する。

1 ユニットロードシステム

　ユニットロードシステムとは、パレットやコンテナを利用して、貨物を1つのユニット（単位）にまとめて輸送するシステムのことである。従来は多くが手荷役で貨物をバラ積みして運んでいたのに対し、ユニットロードシステムの荷役は、フォークリフトやクレーンなどの機械作業が前提であるため、一度に扱える質量がきわめて大きくなり、荷役作業時間が著しく短縮された。

　ユニットロードを実現する方式として、一貫パレチゼーションやコンテナリゼーションが採用されている。これらは、パレットやコンテナでユニット化された貨物を発地から着地までユニットのままで、直接、貨物に手を触れずに輸送する方式である。荷役作業の効率が高い、作業時間が短い、盗難発生の可能性が小さいなどのメリットがあるため、急激に普及した。

54

第1節 ● 一貫パレチゼーション

2 パレチゼーションの概要

（1）パレチゼーションの定義と現状

　パレチゼーションとは、JIS Z 0111「物流用語」では、「物品又は包装貨物をパレットに積み、パレット単位で物流を行うこと。パレットによるユニットロードで荷役を機械化し、物流の効率化を図る手段である」とされている。

　一貫パレチゼーションとは、貨物を出荷地点から目的地まで、同一のパレットに積み付けたままで輸送するシステムをいう。この場合、貨物の積込み、積み替え、取卸しなどは、フォークリフトを利用して、パレットのままで行われる。そして、工業製品の場合は、工場で生産された商品を、工場から配送センターや商品センター、大型量販店の店舗などの目的地まで、パレットのままで輸送することになる。したがって、一貫パレチゼーションを工場倉庫の発地から行うかどうかの決定権は荷主が握っている。

　一貫パレチゼーションという概念はかなり以前から存在し、（一社）日本パレット協会や（公社）日本ロジスティクスシステム協会（JILS）が中心となって、普及と拡大に努めてきた。しかし、一貫パレチゼーションが物流の主流を占めているわけではなく、トラック輸送においては、手荷役により荷台に直接段ボール箱や紙袋などのままでバラ積みされ、輸送されることが多いのが現状である。

　輸送の現状がパレタイズ貨物主体となっていない理由としては、積載効率低下による輸送コストのアップなどが挙げられている。一方、大型トラックに満載したバラ貨物の積込みと取卸し作業では、それぞれ2時間程度もかかるが、ドライバーが無償で行っている場合が多いので、パレタイズが進まない。

　そのために、2019年に貨物自動車運送事業法の一部改正（法律第96号）によって、標準貨物自動車運送約款の認可基準の明確化が求められ、原則として運賃と料金とを分別して収受するとともに、荷主勧告制度が強

化された。標準貨物自動車運送約款の第17条では貨物の車上渡しが原則となっており、積卸し作業は運賃とは別料金となっている。

また、一貫パレチゼーションを採用することにメリットとデメリットは、以下のようなものである。

（2）一貫パレチゼーションのメリット

一貫パレチゼーションを採用することによるメリットは、次の2つがある。

① 荷役人件費の削減

パレタイズされた貨物は、バラ積みの場合とは異なり、フォークリフトの操縦者だけで積卸し作業を完了させることができるので、ドライバーの作業負担は軽くなり人件費も削減できる。また、工場内でもパレタイズできれば、ロボットなどを利用した自動化を推進でき、場内作業においても人力を使わない作業も可能である。

② 作業時間の短縮

パレタイズド貨物の積卸し作業に要する時間は、人力での作業時間に比べて大幅な短縮が可能である。この時間短縮により、積卸し時間だけでなくトラックの待ち時間の短縮や運行効率の向上にも効果があるので、荷主だけでなく物流事業者からも歓迎されることになる。

（3）一貫パレチゼーションのデメリット

一方、デメリットとしては、次の3つがある。

① 積載効率の低下

パレットは通常144mm程度の厚さがあるが、この厚さのためにトラックへのパレタイズド貨物の積載段数が1段低下すれば、積載量当たりの輸送コストは大幅にアップすることになる。また、日本の一貫パレチゼーション用のT11型（1,100×1,100mm）標準パレットを使用する場合であっても積付けロスが発生して、バラ積みと比べて側面および後部に空間ができ、積付け高さも低くなれば積載効率が大きく低下する。

② パレットの回収と紛失

パレットを利用すると、その回収に予想外に手間とコストがかかることや、相手先でのパレットの保管・管理が確実でなく返却されない場合もある。

③ 初期投資の増大

一貫パレチゼーションを開始するときには、パレットの回収サイクルを考慮して十分に余裕のある枚数を準備しておく必要があるため、膨大な初期投資が必要となる。この初期投資は、商品の流通状況に伴うパレットの回収サイクルによって状況は異なるが、一貫パレチゼーション採用の障害になっている。また運用開始後も、パレットの紛失や不良パレットの修理などにより、新規のパレットの投入が常に必要になるのでその費用もかかる。

（4）一貫パレチゼーションの留意点

一貫パレチゼーションのデメリットを解決する方法が、いくつかある。

第1に、レンタルパレットを使用する方法がある。パレット使用料は自社パレット仕様に比べて割高であるが、パレットの回収や補修などの手間がかからないというメリットを生かして、一貫パレチゼーションシステムの構築を検討する必要がある。パレット回収については、レンタル会社が配送センターなどを巡回して定期的にパレット回収を行っている方式やパレットが不要になった時点でターミナル近くのデポに搬入すればよいという方式で運用されている。

第2に、木製やプラスチック製のパレットの代わりに、シートパレットを使用する方法がある。この場合、積載効率は、バラ積みとほとんど変わらないが、出荷ごとにスリップシートが必要となるため、ランニングコストが高くなる。さらに、荷役時にプッシュプルフォークリフトが必要になるため、余分な投資が必要となること、着地側にもプッシュプルフォークリフトが必要であるため、送り先に制限を受けるという問題がある。

以上述べたように、シートパレットは一般のパレットに比較してデメ

第3章●パレチゼーションとコンテナリゼーション

リットが多いが、取り扱い商品の種類によっては、十分な事前検討を行ったうえで、運用方法を工夫することにより、大きな効果を得られる場合があるのも事実であり、その事例も多い。

3 一貫パレチゼーションの経済効果の考え方

（1）対象商品の特性に基づく検討

　一貫パレチゼーションを実施しようとする場合、自社が扱う貨物の特性（サイズ、質量、体積など）を前提にしたうえで、メリットとデメリットに関する事前検討と相手先との十分な調整が不可欠である。この事前準備が不十分であれば、異なる会社間での一貫パレチゼーションは成立しない。

　一貫パレチゼーションには、単体商品のサイズが小型で輸送包装のサイズを変更しやすく、包装質量の数値が大きい（つまり、比重が大きい）貨物が適している。なぜならば、重量品をバラ積みする場合、満積載すると質量オーバーになるので、空間を空けて輸送することになる。このため積載率の低下を考慮する必要がないからである。

　このように、一貫パレチゼーションを採用しようとする場合、対象の貨物が一貫パレチゼーションに向いているか否かを検討することが非常に重要である。

　たとえば、家電製品の例として電子レンジでは、梱包サイズが519×459×368mmの包装品を大型トラック（荷台内側サイズが9,400×2,350×2,350mmのとき）に積んだ場合、1段当たり90台（5×18）積むことができることから床面の利用効率は97.1％である。さらに高さ方向には6段積めるので、大型トラック1車に540台、トラック荷台の空間利用効率は91.2％となる。このように、この電子レンジの包装は、バラ積みに適合するように特別なサイズを選んで設計されている。

　しかし、この電子レンジを対象にT11型パレットを用いて一貫パレチゼーションを行う場合、パレット上に電子レンジは1段当たり4台しか

58

第1節 ● 一貫パレチゼーション

積むことができず、パレットの平面利用効率は78.8%である。次に、このパレットを大型トラックに積み込むと16枚のパレットが載ることになるので、パレット面積のトラック床面利用効率は87.6%となる。よって、包装品のトラック床面利用効率は、両者の積で69.0%にしかすぎないことになる。さらに高さ方向にも、パレット厚さの影響で5段しか積むことができないため、トラックに積み込むことができる台数は320台、トラック荷台の空間利用効率は54.0%となってしまう。この結果、電子レンジ1台当たりの輸送コストは、バラ積みの場合に比べて約1.7倍（＝540/320）となる。

　電子レンジは、性能面での要求から製品サイズに制限があり、製品サイズを大幅に変更することはできない。つまり家電品のように、比重が小さく大型の貨物は、基本的に一貫パレチゼーションには向いていない。

（2）一貫パレチゼーションの費用の考え方

　対象の製品が一貫パレチゼーションに適合した貨物であると判断できた場合には、一貫パレチゼーションを採用した場合の「費用」と「効果」について検討する必要がある。

　一貫パレチゼーションの費用については、次の4つが考えられる。

　第1に、初期投資費用である。自社パレット使用の場合は、パレットの回収サイクル期間がどの程度になるかを検討し（経験則）、この期間に出荷用として使用される総パレット枚数の少なくとも50%増し、回収率が悪いなどの回収条件によっては2～3倍の枚数のパレットを準備しておく必要がある。安定的に回転し始めれば、1日当たりの最大出荷枚数の数十%増しで運営できる。必要パレット枚数の算出は、パレット不足で物流が停滞することがないように、繁忙期のデータをもとにして数値を設定することが重要である。レンタルパレットを利用する場合は、パレットのレンタル条件を十分確認しておく必要がある。

　第2は、パレットの回収費用である。特に、回収トラックの積載効率と回収間隔の間には、トレードオフの関係があるので、十分検討する必

要がある。たとえば、100％の積載効率での回収は、回収サイクルが長くなり、必要パレット枚数が増大する。逆に、回収サイクルが短すぎると回収トラックの積載効率が低くなり、回収のための費用のみがかさむ。この点については、レンタルパレットを利用すれば、レンタル会社がコントロールしてくれるので、回収の問題は解決される。

第3は、パレットの紛失と破損による費用である。これについては、実際に運営してみないとわからない点が多い。工場から関連物流企業の配送センターまでのように、荷主側で管理可能であれば紛失や破損は生じにくく、紛失や破損に応じて追加するパレットの必要枚数も少ない。しかし、自社管理範囲外の出荷先にパレット出荷を行う場合は、ある程度の紛失と破損を見込んでおかなければならない。JILSの調査でも、一貫パレチゼーション普及の阻害要因の第1位に挙げられている。このように、紛失と破損については運用段階で状況を確認するしかない。

第4は、シートパレットを利用する場合の費用である。シートパレットが使い捨てであるため、ランニングコストが最大の問題となる。さらに、プッシュプルフォークリフトの新規購入などの費用も考慮する必要がある。

（3）一貫パレチゼーションの効果の考え方

一貫パレチゼーションの効果については、次の2つが考えられる。

第1の効果は、人力による荷役が不要になることである。

第2の効果は、コストダウンである。

日本では、特別積合せ貨物輸送の場合は軒先渡しが一般的になっているが、貸切貨物輸送の運賃は車上受け渡しが原則であり、荷役料などは実費となっている。トラックへの積込み作業は、倉庫の作業者も協力することが多いが、トラックからの取卸し作業は、実態としてはトラックのドライバーが1人で行うことが多い。このため積卸しの作業が短くなったからといって、荷主側のメリットはあまり大きくないと思いがちである。しかし、一貫パレチゼーションによる積卸し時間の短縮で、作業

終了時刻が早くなり、残業を含めた勤務時間を少なくできる。このため、ドライバー不足への対応とともに、荷主にも作業時間が短縮された分コストダウンの効果がある。

（4）一貫パレチゼーションの留意点

荷主や輸送先の構内でトラックドライバーにフォークリフト荷役をさせ、万一人身事故などを起こした場合、労働安全衛生法などによりその安全管理責任は、荷主や輸送先の安全管理者や経営者にある。構内で自社以外の者にフォークリフトを使用させる場合、労働基準監督署による荷主などへの指導は次のように行われている。

① 構内の安全管理者は、トラックドライバーがフォークリフトの運転資格を持っているかどうかの確認を行う。持っていない場合は、資格を持った自社の作業員にさせる。

② フォークリフトを貸与する場合は、定期自主検査を実施し、安全性を確認したものを貸与する。

③ 物流事業者との協議の場を設置し、安全作業連絡書を通知して作業手順書や安全設備の設置や連絡調整を図る。

以上のように、一貫パレチゼーションを推進するためには、対象の製品がこのシステムに適合した貨物であるか否かを判断した後、前述したメリット・デメリットを考慮して、経費のプラス・マイナスを十分に確認したうえで実施することが重要である。

4 一貫パレチゼーション推進のための検討事項

一貫パレチゼーションは、対象の製品のサイズや質量や形状がパレットへの積載に適合していないと、物流コストが高くなってしまう。このため、一貫パレチゼーションの採用によるコストアップの可能性を検討しておく必要がある。

そこで、ここでは検討すべき4つの事項について説明する。

（1）標準化

　一貫パレチゼーションシステムでは、T11型などの標準パレットの使用が望ましい。しかし、T11型以外のパレットを使用して効率化できた例もあるので、標準パレットにとらわれない検討も必要である。ただし、T11型パレット以外の寸法のパレットを採用するときは、拡大の方向にあるT11型による一貫パレチゼーションの流れを混乱させることにもなるので、自社と系列会社など、限定された範囲内での運用にとどめることが望ましい。

（2）パレット管理

　次に重要なことは、荷受け側でのパレット管理の問題である。荷受け側でパレットを別の貨物の保管用に流用しているため、パレットの返却が滞り、出荷側でパレット不足という事態が生じる例が見られる。一貫パレチゼーション用のパレットは別の用途に流用することなく、常に空きパレットの返送が可能な体制を保持するように、荷受け側と調整しておく必要がある。

（3）パレットの回収

　パレットプールシステムが整備されている欧州では、標準規格のユーロパレットを使用しさえすれば、荷受け側が保管しているパレットの中から、納入者が持ち込んだパレットと同じ枚数のパレットを引き取ることができる。これによって、パレット不足といった事態は生じないようになっている。

　しかし日本では、納入時や配送時に毎回のパレット引き取りは行われておらず、定期的に引き取る方式をとっている。このため、回収方式をきちんと定めておかないと、荷主側のパレットが不足する事態が生じやすい。この問題を解決するため、複数荷主とパレットプール会社と物流事業者の3社共同で、パレット回収システムを運営している場合もある。

（4）費用負担

　フォークリフトなどの荷役機械やパレタイズド貨物の荷崩れ防止対策とその費用の問題もある。

　一貫パレチゼーションシステムを構築する際、荷主側、荷受け側、物流事業者の三者で十分に協議し、経費等に関する検討を行って、運用中に生じる経費の分担方式を事前に決めておくことが重要である。

第3章●パレチゼーションとコンテナリゼーション

第 **2** 節 | # コンテナリゼーション

学習のポイント

◆コンテナリゼーションとは、コンテナを利用したドア・ツ
ー・ドアの輸送であるということを理解する。
◆コンテナリゼーションのメリットとデメリットを理解する。

1 コンテナリゼーションの概要

（1）コンテナリゼーションの定義と現状

　JISの「物流用語」に記載されている**コンテナリゼーション**の定義を見
ると、「物資をコンテナに積んでユニット化し、荷役機械によってトラッ
ク、船舶、鉄道車両、航空機などへの積込み、取卸しを行い、物流の効
率化を図る手段」と記載されている。もう少し平易な言葉で記述すると、
「さまざまな形状の個別の貨物を、標準化された寸法のコンテナに収納し
て、発地から着地までコンテナのままで輸送することにより、物流作業
の効率化と、内容品の品質劣化や破損を避けながら輸送を行うことを目
的としたシステム」と表現することができる。

　コンテナは金属製の堅牢な大きな箱であり、この中に収納された貨物
は輸送や荷役において人手に触れることなく、発地から着地まで運ばれ
る。荷役は**ガントリークレーン**（コンテナクレーン）、トランスファーク
レーン、**ストラドルキャリア**などのクレーンやフォークリフトなどの荷
役機械を利用して行われるため、予定外の外力を受けることなく、温湿
度もある程度の範囲に保たれ、盗難のおそれも少ないため、安全な輸送
が保証されている。

64

第2節●コンテナリゼーション

　現在、世界の海上輸送量の50％弱がコンテナ貨物を含むその他貨物である。

　コンテナ輸送は、さまざまな輸送機関で採用されている。わが国では、コンテナ輸送といえばコンテナ船による海上コンテナ輸送を最初に思い浮かべるが、海外では、コンテナ輸送といえばトレーラによるコンテナ輸送を指す国も多い。日本でも、JRコンテナや航空コンテナも利用されている。日本の鉄道を利用したコンテナ輸送は、JR貨物の12ftコンテナ（通称ゴトコン）が圧倒的に多い。

（2）コンテナリゼーションのメリット

　コンテナを利用した輸送はさまざまなメリットとデメリットがあるが、メリットとしては、次の5点がある。

① 包装コストの削減

　コンテナは丈夫な箱であり、輸送機関の間での積み替えはコンテナのままで行われるため、個別の包装品が人手による荷扱いを受けることはなく、内部に収納する貨物は、簡略化した包装でも輸送ができるため、包装コスト削減の効果がある。

② 盗難の減少

　FCL（Full Container Load）コンテナは、発地から着地まで封印されたままで運ばれていれば、途中で開封されなかったことが証明される。そのため、バラ積みで船舶輸送を行っていた時代に横行した盗難が少なくなった。

③ 濡損の減少

　コンテナは密閉構造であるため、物流過程で包装品が水濡れなどの被害を受けることがない。

④ 作業時間の短縮と時刻表に沿った運行

　荷役がコンテナ単位で行われるため、荷役作業の時間が短くて済み、作業時間の予定が立てられる。また、時刻表に沿った運行が行われるため、計画どおりの日程で納品が可能になる。

65

⑤　野積みが可能

　コンテナは堅牢な箱であるため、待機時に倉庫や上屋に入れることなく、コンテナターミナルなどに野積みすることができる。

（3）コンテナリゼーションのデメリット

　デメリットとしては、次の4点がある。

① 設備投資や専用埠頭の必要性

　海上コンテナ輸送の場合は、ガントリークレーンやストラドルキャリアなど、専用の大型設備を備えたコンテナ専用埠頭が必要となる。ただし、現在各港が競ってコンテナ設備を増強し、コンテナ船の誘致に努めているため、デメリットと考える必要はなくなっている。

　また、鉄道や航空のコンテナ輸送では、キャリア各社が設備投資を行っているため、基本的には利用者側の準備は不要である。

② 費用が割高の可能性

　鉄道コンテナも海上コンテナも、コンテナ質量が貨物の質量にプラスして計算される場合があるため、条件によっては割高になる。

③ 相積み貨物の必要性

　海上コンテナ輸送で小さなロットの貨物を送る場合は、フォワーダーは積合せ貨物（コンテナに一緒に積み込む貨物）を探す必要がある。

　国内の鉄道コンテナ輸送では、積載効率のよい輸送のみで利用するか、自社で積載効率のよい輸送にして利用する必要がある。

④ 盗難の際の被害額の増大

　盗難が生じる場合は、コンテナ単位で盗まれるため、被害が生じたときの被害額が大きくなる。

（4）コンテナリゼーションの留意点

　以上のように、コンテナリゼーションについてメリットとデメリットを比較してみると、海上コンテナでは圧倒的にメリットのほうが大きい。特に運行時間が確実であることと、荷抜き（貨物の盗難）の被害が少な

くなったという点が大きい。このため現在では、国際輸送はコンテナ輸送が主要な輸送方法となっている。

JRコンテナについては、主として国内輸送用であることから、荷崩れ防止やT11型パレットの利用など、基本的にはトラック積載と同じ考え方で対処できる。

航空コンテナは、国際輸送に使われるものが多く、寸法・形状も特殊なものが使われているので、包装貨物の形状やコンテナの積込みにも配慮が必要である。航空コンテナは、輸送や荷役時に内容品に大きな衝撃が加わる場合があるので、衝撃によるダメージを最小限にとどめられるように積載貨物の包装には十分な配慮が必要である。

2 コンテナリゼーションの輸送の流れと契約の特徴

(1) 国際コンテナ輸送の流れ

コンテナリゼーションを採用する場合、荷主は自社拠点から相手先拠点までコンテナのままで輸送するのが基本である。日本国内で生産された量産品の輸出の場合を想定すると、海上コンテナ輸送の流れは以下のようになる。

① 荷主はフォワーダーに連絡して海運会社などからコンテナを借りる
② 自社の倉庫でバンニングを行う
③ バンニングが完了したコンテナをトレーラなどでコンテナ埠頭へ搬入する
④ コンテナをコンテナ船へ積み込む
⑤ 相手国の港まで輸送する
⑥ 相手国の港でコンテナをコンテナ船から荷卸しする
⑦ 相手先までトレーラなどで輸送する
⑧ 相手先でデバンニングする

もちろん、相手先が港から遠い内陸にあり、鉄道を利用する場合は、途中に列車で輸送するなど、いくつかのバリエーションはあり得る。し

かし、基本的な流れに差はない。

（2）国際コンテナ輸送の契約

　国際コンテナ輸送の契約方法のうち、荷主にとって最も単純な契約方法は、自社倉庫でのバンニングおよび相手先でのデバンニング以外の一切の作業をフォワーダーに任せて、輸送にかかる一切の経費を含めたコンテナ1本当たりの料金で契約する方法である。

　この場合、包装貨物1個当たりの基本コストは、フォワーダーとの契約価格を積み込んだ個数で割った値である。このため、船便による輸送と航空便による輸送では大きな差が出るのは当然であるが、同じ船便であっても包装品のサイズ設定と積付け方法がコストを左右することになる。

（3）国内コンテナ輸送の契約

　国内での輸送にコンテナリゼーションを採用する場合は、コンテナをトレーラで運ぶ方法、鉄道コンテナで輸送する方法、航空便で輸送する方法など、いくつかの方法が存在する。

　包装寸法がおのおののコンテナに適合していることを前提としても、どの方法を選ぶかによって、物流コストの差が発生する。実際には、国内輸送ではトラック輸送が主体であるため、このような問題はあまり議論されることはないが、物流コストという面で検討する必要がある。

3　コンテナリゼーションにおける積付け上の留意点

（1）コンテナの偏荷重・高重心

　コンテナが陸上輸送される区間では、コンテナはトラックの荷台と同じと考えればよいので、トラック積込みと同じように荷崩れ防止などの配慮が必要である。また、コンテナ船への積込み・取卸しやコンテナデッキでの搬送時には、船の積み荷の1つとして取り扱われるので、それに対応した偏荷重（前後左右の質量差が大きすぎることで現場では偏荷

第2節 ● コンテナリゼーション

（かたに）ともいう）や高重心を避けるなどの配慮も必要になる。

（2）積載効率

　コンテナ内部に同一サイズの包装品を多数積み込む場合は、トラックへの積付けと同じように、積載効率を重視して積み込めばよい。この場合、コンテナ積載効率検討用のソフトウェアを使えば、簡単に適切な積載方法を求めることが可能である。

（3）貨物の固定

　海上輸送や鉄道輸送がある場合は、陸上輸送とは異なった揺れ・振動が加わるおそれがあるので、コンテナと積み荷の空間にダンネージ（Dunnage＝緩衝材）を入れるなど、荷崩れ防止処理を行うことが重要である。空気を入れて使用するエアダンネージは、荷崩れ防止の効果だけではなく、輸送中のこすれ防止の効果もあるので、うまく利用すると包装品への影響を最小限にとどめることができる。

　また、1つのコンテナにさまざまな種類の貨物を積み合わせる場合、コンテナ内に積み込んだ貨物が動かないように固定することが重要である。

　コンテナに機械設備、鋼管、コイル、部品類、各種の包装品などを積み込む場合に、貨物の固定が不十分であると、コンテナ船の揺動やコンテナ移載時の衝撃などの外力によって、貨物が移動して壁面に衝突したり、製品損傷を招く危険がある。これらの事故の発生を防止するためには、ラッシング（ロープ、ワイヤー、帯鉄、ゲージワイヤー、鎖などを使用して貨物を固縛し、位置を固定する作業）やショアリング（木材またはパイプなどを使用して貨物の位置を固定し、また区画する、根止めという作業）を確実に行っておく必要がある。

（4）木材の輸入規制

　もう1つ重要なことは、梱包およびショアリングに使用する木材の輸入規制への対応である。

69

かなり以前から、各国で梱包用木材の輸入規制は実施されていたのだが、あまり厳密には運用されていなかった。ところが1999年11月、中国が発表した梱包用木材の輸入規制に端を発した梱包用木材の輸入規制は、年々世界各国に広がった。そして、現在では世界の主要国のほとんどが、有害昆虫類の侵入防止のために梱包用木材の輸入規制を実施している状況になっており、木製パレットも対象となっている。

現在、規制の実施が確認されている国は、図表3-2-1に示すとおりである。

梱包用木材に関しては、ISPM（International Standards for Phytosani-

図表3-2-1●梱包用木材輸入規制実施国

2023年9月現在

欧州		オセアニア	
EU（27カ国）	ウクライナ	オーストラリア	ニュージーランド
グルジア	スイス	北アメリカ	
モンテネグロ	ノルウェー	アメリカ合衆国	ドミニカ
ロシア	イギリス	カナダ	トリニダード・トバゴ
アフリカ		キューバ	ニカラグア
エジプト	ナイジェリア	グアテマラ	パナマ
ケニア	南アフリカ	コスタリカ	ホンジュラス
セーシェル		ジャマイカ	メキシコ
アジア		南アメリカ	
イスラエル	中華人民共和国	アルゼンチン	ブラジル
インド	トルコ	エクアドル	ベネズエラ
インドネシア	フィリピン	コロンビア	ペルー
大韓民国	香港	チリ	ボリビア
シリア	マレーシア	パラグアイ	
シンガポール	ヨルダン		
スリランカ	オマーン		
タイ	レバノン		
台湾	ベトナム		

出所：農林水産省植物防疫所Webサイト

tary Measure＝植物検疫措置に関する国際標準）No. 15「国際貿易における木材こん包材の規制」という国際基準があるため、これに準拠して対応している限り問題となることはない。しかし、この規定に合致しない木材を梱包材やショアリング材として使用した場合には、輸入禁止措置や、現地入管時の強制燻蒸などの措置がとられる場合があるので（実際に実施された例がある）、規定の内容を守ることが重要である。なお、ISPM No. 15については、農林水産省植物防疫所のWebサイトに日本語訳が掲載されているので、そこで内容を確認することができる。

4 コンテナの運用効率

　コンテナは、金属でできたただの大きな箱であり、エンジンも操縦装置も備わっていない。このため、トラックなどと比較して製造コストが安価であり、コンテナの最大のメリットといえる。

　RORO船（トラックを直接船内に乗り入れて貨物を輸送する船）の場合、船舶航行中に積載している大型トラックなどの車両は走行しないので、車両としての稼働率が低いという問題がある。これに比べてコンテナ輸送は、船舶航行中でも高額なセミトレーラー用トラクタを別の場所で使用できるため、車両としての稼働率は高くなる。

　コンテナ自身の運用効率は、コンテナプールを出てから相手先のコンテナプールに置かれている期間を考えればよい。最近では高速コンテナ船の就航などでこの期間が短縮されており、しかも大規模コンテナ埠頭の増加が著しい状況下では、荷役作業の待ち時間も短縮されており、全体的な効率は非常に良好な状況になっている。

第3章●パレチゼーションとコンテナリゼーション

5 コンテナリゼーション推進のための検討事項

コンテナリゼーションは、すべての貨物や輸送に適用できるものではない。そこで、コンテナリゼーション推進のための検討事項を示す。

（1）輸送方法

コンテナリゼーションを進めるにあたっては、積載している貨物の特性と輸送の緊急度を考慮して、適切な輸送手段を選ぶことが重要である。

たとえば、緊急度が低い貨物を航空コンテナを利用して輸送するのは、経費のムダ遣いであるし、航空コンテナに適合しない寸法の貨物の航空便輸送は、割高になってしまう。脆弱製品の航空コンテナ輸送も、安全性確保のために包装の費用もかさむことから、コスト高となる可能性がある。

（2）輸出相手国の施設・設備

相手先の物流事情（荷役設備、インフラなど）に関する状況の把握は、重要である。先進諸国では、港湾での荷役や設備などが整備されており、内陸部での道路や鉄道網も整備されているので、特別な配慮は必要ないが、発展途上国では、これらに注意が必要である。コンテナは複合一貫輸送であるから、最終的に相手先に貨物が到着するまでの各種の状況を把握しておくことが必要である。

米国のように、西海岸に到着したコンテナ貨物をダブルスタックトレインで東海岸の諸都市まで一気に運ぶシステムが完備している国では、あまり問題ない。しかし、鉄道が完備しておらず、道路の整備水準も低い国では、輸送日程と製品ダメージという二面からの検討が必要となる。

コンテナ船は、高速運行・定時運行が行われているため、納期に間に合うと判断して納期間際に出荷した製品が、相手国の港までは予定どおり到着したが、港から相手先までの輸送体制が整っておらず、内陸輸送に手間取って、結局契約納期に間に合わなかった例がある。これなどは、

72

相手国の物流事情の確認不足によるものである。

　また、相手国の道路事情を十分確認せず、コンテナ輸送だからということで簡易包装を施して送った貨物が、悪路走行の影響で内容品に破損を生じ、結局、再輸出を行うことになった事例もある。

（3）積付け

　コンテナへの積付けについては、本節**3**に記載したとおりである。

　コンテナは、運送会社や航空貨物会社から借用するのが基本であるから、コンテナの回転率を考慮する必要はない。

　一方で、飲料や薬品類など、専用のタンクコンテナを使う輸送では、自社保有のコンテナを使用することが多い。このような場合、輸送と返送のスケジュールがうまく調整されていないと、コンテナの回転率が悪くなり、コンテナ不足による出荷不能などの事態が生じることもある。タンクコンテナを利用する輸送では、必要コンテナ数を十分検討するとともに、コンテナ移送（ないし回送）のスケジュールについても十分チェックする必要がある。

┃ **参考文献** ┃

（公社）日本ロジスティクスシステム協会「業界別一貫パレチゼーション普及調
　　査結果」2001年

ISPM No. 15「国際貿易における木材こん包材の規制」2018年

日本パレットレンタル（株）　Webサイト

日本パレットプール（株）　Webサイト

農林水産省植物防疫所　Webサイト

JIS Z 0111：2006　物流用語

第3章 理解度チェック

次の設問に、○×で解答しなさい（解答・解説は後段参照）。

1 一貫パレチゼーションでは、包装貨物に加わる衝撃が小さくて済むので、製品を安全に輸送することができる。

2 わが国で一貫パレチゼーションの拡大が進まない原因の1つは、パレタイズ状態で輸送を行うと、トラックなどの積載効率が低下するためといわれている。

3 コンテナリゼーションの普及により、コンテナ船での人手作業は一切なくなった。

4 コンテナの内部で貨物を固定するためのショアリング材は、梱包材ではないので、梱包用木材輸入規制の対象外である。

5 コンテナリゼーションを実施しようとする場合、相手国の物流事情を調べておくことも重要である。

第3章 理解度チェック

解答・解説

1 ○
荷役作業は機械荷役が前提のため、大きな衝撃が加わる可能性は小さい。

2 ○
パレタイズ状態での貨物輸送を行えば、輸送時の積載効率低下は避けられず、一貫パレチゼーション普及の阻害要因の１つとなっている。

3 ×
オンデッキ保管のコンテナのラッシング作業など、人手でないとできない作業は多い。

4 ×
梱包用木材輸入規制では、「貨物の保持、保護又は運搬に用いる木材又は木製品」となっており、ショアリング材は当然対象となる。

5 ○
輸送スケジュールや、製品事故防止などいろいろの観点から、相手国の物流事情に関する情報は重要である。

第2部

物流センターの計画と
管理・運営

第4章

物流センターの計画

この章のねらい

　第4章では、物流センターを新設または改築する場合の、計画の進め方について手順を追って説明する。

　第1節では、ロジスティクスにおける物流拠点と物流センターの位置づけを明確にし、物流センターの種類と特徴を学ぶ。次に、物流センターの新設または改築における計画手順を学ぶ。

　第2節では、概略設計、基本設計段階で物流センター計画の前提条件となる各種項目、数値情報の整理の仕方、分析手法を学ぶ。

　第3節では、物流センターの立地計画とレイアウト計画を学ぶ。

　第4節では、物流センターのマテハンシステムの計画を学ぶ。

　第5節では、物流センターのオペレーション計画を学ぶ。
　第6節では、物流センターの機械化・自動化計画を学ぶ。
　第7節では、物流センターにおける情報システムを学ぶ。

第4章●物流センターの計画

| 第 1 節 | 物流センター計画の進め方 |

学習のポイント

◆物流拠点と物流センターの概念を学ぶ。
◆次に、物流センターの種類と特徴を学ぶ。
◆物流センターの新設または改造の計画を進めるための手順、
　考え方を学ぶ。

　本節では、ロジスティクスにおける物流拠点と物流センターの位置づけ、物流センターの種類と特徴を明確にし、物流センター計画の進め方について説明する。

1　物流拠点と物流センター

　物流拠点は、発荷主（生産者）から着荷主（流通、小売り、消費者、次工程生産者）までのロジスティクスにおいて、輸送手段（航空、船舶、鉄道、トラック）とともに、輸送手段の切り替え、貨物の保管・仕分け・包装・流通加工などの重要な役割を果たしている。特にグローバルな生産と販売、JIT（ジャストインタイム）生産方式、少量多品種多頻度物流、極端なリードタイム短縮などの社会変化に対し、輸送手段（リンク）と物流拠点（ノード）で構成するロジスティクスは、現代社会においてビジネス成功の重要な要素となっている。ロジスティクスにおける物流拠点の位置づけを図表4-1-1に示す。

　物流拠点はロジスティクスにおける結節点（ノード）であり、業種や

80

図表４-１-１ ロジスティクスにおける物流拠点の位置づけ

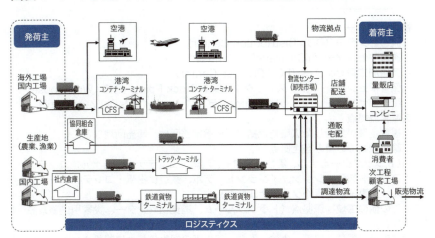

業態によって施設の名称、機能は異なる。そこで、本テキストでは、物流拠点を次の４つの種類（物流センター、広域物流拠点、卸売市場、生産拠点・消費拠点内物流施設）に分類することとする。物流拠点の種類と分類を図表４-１-２に示す。

本節では、製造業、流通業、小売業がロジスティクス戦略として検討することが多い物流センター（DC、TC、PC、SP、DP）を取り上げ、それぞれの特徴を明確にしたうえで、物流センター新設または改築の計画の進め方について説明する。

なお、ここで紹介する物流拠点の名称は代表的なものであり、企業によって名称、機能などが異なる場合があることに注意が必要である。また、本章では物流センター計画の進め方としているが、考え方、計画の手順などは他の物流拠点計画を進めるうえでも参考となる。

2　物流センターの種類と特徴

（１）流通センター（DC：Distribution Center）

第4章●物流センターの計画

図表4-1-2●物流拠点の種類と分類

物流センター
　　流通センター（DC：Distribution Center）
　　通過型センター（TC：Transfer Center）
　　流通加工型センター（PC：Process Center）
　　保管型センター（SP：ストックポイント Stock Point、倉庫：Warehouse）
　　配送型センター（DP：デポ Depot、デリバリーポイント Delivery Point）
広域物流拠点
　　複数企業が集合した広域物流拠点（流通業務団地、卸売団地など）
　　輸送機関での積み替え拠点
　　（トラックターミナル、集配センター、港湾・コンテナターミナル、コンテナ
　　フレートステーション、インランド・デポ、鉄道貨物駅・コンテナターミナ
　　ル、空港・航空貨物ターミナルなど）
　　その他の広域物流拠点（トランクルーム、廃棄物センター、災害用備蓄倉庫
　　など）
卸売市場（野菜、果実、魚類、肉類、花き等の卸売のために開設される市場）
　　中央卸売市場（農林水産大臣の認定）
　　地方卸売市場（都道府県知事の認定）
生産拠点・消費拠点内の物流施設：
　　工場内（資材センター、中間仕掛センター、製品センター、治具センターなど）
　　メンテナンス用（サービスパーツセンター、修理品センターなど）
　　資機材（書類センター、備品センター、病院内の資機材センターなど）

　流通センター（DC：Distribution Center**）**は、迅速な物流サービスに必要な最小限の在庫品を保管し、受注・出荷依頼に対応した配送を行う物流センターで、ロジスティクス・センターと呼ばれることもある。

　DCでは、発荷主の貨物を一時保管し、配送先の出荷オーダーに従い対象貨物をタイムリーに出荷・配送している。DCで実施される主な作業は荷受け、保管、ピッキング、包装、仕分け、出荷荷ぞろえ、流通加工などである。配送先への配送もDCの作業として行われる。

（2）通過型センター（TC：Transfer Center）

　通過型センター（TC：Transfer Center**）**は、納品先ごとの納品品目と数量がすでに決まった入荷商品を在庫保管せずに、即座に納品先ごと

82

に振り分け（仕分け）て一括出荷・配送する物流センターである。

TCは、小売業者などサプライチェーンの川下側で採用されることが多い。

TCでは、仕分け作業を主体として、原則として製品在庫（保管機能）は持たない点で、配送型センター（DC）と区別される。食品スーパーマーケットやコンビニエンスストアに日配品を配送する物流センターが代表例である。

（3）流通加工型センター（PC：Process Center）

流通加工型センター（PC：Process Center）は、流通加工を中核とする物流センターである。具体的事例は、アパレル商品の値札付け作業、反物や建材のカット作業、パソコンの組み立て作業、精肉や野菜のカット作業や包装作業・ラベリングなどを行う物流センターである。流通型センター（DC）や通過型センター（TC）の建屋の中に流通加工作業を行う作業場を持つ場合もある。

（4）保管型センター（SP：Stock Point、倉庫Warehouse）

保管型センター（SPないし倉庫）は、主に原材料や製品を需要の動向を見て一定期間保管することを目的とする物流センターである。SPでは、米、穀物などの備蓄品、飲料等の季節商品の備蓄、アパレル商品の来期までの備蓄など、一定期間保管し、需要動向に応じて出荷作業が行われる。

（5）配送型センター（DepotまたはDelivery Point）

配送型センター（デポ）は、集配のための小規模な中継拠点や一時保管場・配送拠点をいう。一般的に狭いエリア内を担当する小規模な拠点を指す。

図表4‐1‐3に、物流センターの分類と特徴を示す。

第4章●物流センターの計画

図表4-1-3●物流センターの分類と特徴

分類 主な特徴	DC 流通センター	TC 通過型センター	PC 流通加工型 センター	SP 保管型 センター、倉庫	DP 配送型 センター
物流センターの概要	製品供給のために、在庫を持ちながら品ぞろえや配送を行う	仕分け、出荷を主とする物流センター	流通加工、値付け、セット化などを主とする物流センター	一定期間の保管機能を優先する物流センター	配送を主とする小規模な物流センター
保管	◎		○	◎	○
一時保管		○			○
積み替え	○	○			—
引き取り対応	○		○	○	◎
他拠点への在庫補充	◎				—
流通加工、組み立て	○		◎	○	○
仕分け	◎	◎	○		○
配送	◎	◎	○	◎	◎

◎：センターの重点的機能　○：付加されるであろう機能　—：対応する機能不要　無印は付加される場合もあるであろう機能

3　物流センター計画推進の必要性と目的の明確化

　物流センターは、その企業の経営方針や事業計画に対し、ロジスティクスにおける中核的な物流機能（輸送、保管、荷役、包装、流通加工）として、事業推進の重要な役割を果たしている。

　物流センターは対象とする事業の環境変化により、必要とする機能、規模、能力などが変化する。物流センター運営では、顧客ニーズに対応できているか、取り扱い貨物に対し無理のない作業が行えているか、新規顧客の取り扱い貨物に対応できているか、そのほか問題が発生していないかなど、常に問題意識を持ち作業改善に取り組まなければならない。しかし、新規顧客への対応、取り扱い貨物の増大、物流センターの老朽化などの多くの要因により、改善レベルでは解決しない問題が発生する。そのような場合には、物流センターの新設、大幅な改築が必要となる。

第1節 ● 物流センター計画の進め方

本項では、一般的な物流センター計画着手の理由、目的の明確化について説明する。

（1）物流センター計画着手の理由

一般的に、計画に着手する理由には次のような事項がある。

① 顧客に対する物流サービスレベルの向上

② 物流センターの能力不足：保管、ピッキング、入出荷などの能力不足、スペースあるいは人手の不足

③ 物流センター運営経費の過剰：人件費の高騰、賃借倉庫費の増加

④ 分散している物流センターの統合化：分散によるロス、集中による混乱

⑤ 経年劣化による物流センターの老朽化：設備の老朽化、システムの陳腐化

⑥ 物流センター運営上の環境の変化：物量の変化、多品種少量化、物流サービスレベルの追究

⑦ 物流センターの新設計画：新規事業、多角経営化　など

これらの理由により、物流センターの新築、または改築が必要となる。

（2）目的の明確化

物流センター計画に着手する前に、計画の目的と到達すべき目標を明らかにする必要がある。つまり、どのような物流センターを計画するのか、そのねらいは何かなどを関係者が議論し、できる限り具体的に示す必要がある。

この計画目的を明らかにする過程では、「こうありたい、このようにしたい」という理想（あるべき姿）から発想し、構想案を検討することが大切である。ただし、具体的に物流センター計画に着手し、概略設計、基本設計と検討が進むにつれて、投資額の制限、投資対効果の検討結果により、現実可能な計画案となることが多い。

物流センターの具体的な目的の例としては、以下がある。

85

○施設や設備の更新

・将来の取り扱い量増加に対応できる入出荷能力を持つ

・作業要員採用難に対応するため、機械化・無人化を進める

・取り扱い商品の変化に対応できる設備を導入する

○顧客への対応

・新規顧客への対応ができる

・リードタイムの短縮を図る

・欠品率の削減を図る

○在庫管理の高度化

・在庫量の削減を図る

・在庫管理システムを構築し、在庫量把握の明確化を図る

○物流センター内の作業の効率化

・物流センター庫内物流作業の効率化、効果的運用を図る

・物流センター内作業をWMS（Warehouse Management System）の構築等の導入により情報化を図る

・ピッキングのミス率を削減する。

・EDI（Electronic Data Interchange）化を進める。ペーパーレス化を図る

・入出荷場、保管場などのスペース効率を高める

以上の検討により物流センターの新築または改築の必要性について、関係者間で十分に議論し意思統一が図れたら、具体的計画を進めることとなる。次に、物流センターの進め方として計画手順（概略設計、基本設計、詳細設計）を説明する。

4 物流センターの計画手順（概略設計、基本設計、詳細設計）

物流センターの新設または改築を進めるための計画手順は、業種や企業規模、企業の経営方針などにより異なることもあるが、一般的に、概

略設計、基本設計、詳細設計の順に進められる。

本節では、概略設計、基本設計、詳細設計の進め方の概要について説明する。

物流センターの計画手順を図表4-1-4に示す。

（1）概略設計

概略設計の目的は、顧客および経営者に対し物流センターを新設（または改築）することの必要性を理解してもらい、計画を進めるための提案書を作成することである。

製造業、流通業、小売業、物流業などにおいて、事業環境の変化、顧客の要望、現状物流センターの問題（処理能力不足、要員不足等）などの要因により、物流センターを新設したい、または既存の物流センターを改築したい、などの要望が発生した場合、これを実現するためには、まずは顧客および経営者に提案書を提出し承認を得る必要がある。

提案書に記載すべき項目は、

・事業を取り巻く経営環境の変化、物流センター新設（または改築）
　の必要性、目的
・検討の範囲（物流センターの入荷から出荷までか、または物流セン
　ターの前後の輸配送を含むのか）
・新物流センターの具体的概要：立地、規模、レイアウト、導入設備、
　システム概要など
・必要投資額積算：土地・建物、導入設備、導入システム
・概略投資分析：売上予測、コスト計算（設備減価償却費、要員人件
　費、消耗品等経費など）の今後の予測
・基本設計スケジュール、基本設計検討プロジェクト組織案
などであり、まとめて提案書に記載する必要がある。

また、提案書の中には、提案先顧客、経営者が正しい判断ができるよう、物流センター新築（または改築）による作業性・能力面での効果と、投資による経済効果を定量的に記載することが重要である。

第4章●物流センターの計画

図表4-1-4●物流センターの計画手順

設計手順	計画の目的、成果物および実施事項	主な手法
概略設計 **1～2カ月**	**概略設計の目的** 顧客または経営者に対する物流センター計画推進の提案書を作成する ・必要性、目的の明確化 ・検討範囲の明確化 **概略案の作成** ・立地／規模 ・物流センター概略案（レイアウト、導入設備、システム概要等） ・投資可能金額 ・スケジュール／プロジェクト組織案 ・経営方針との対比 ・経営メリットの検討 経営判断	・現場調査／アンケート ・問題点抽出／原因分析 ・需要予測 ・基本条件の整理 ・アイデア創出 ・概略投資分析 ・投資可能金額予測
基本設計 **3～6カ月**	**基本設計の目的** 承認された提案書に基づき、具体的計画書を作成する。 ・現状調査／将来予測 ・調査データ分析 ・設計条件の整理 ・設計基本条件の確定 **基本案の作成** ・立地／規模設計 ・レイアウト設計 ・導入設備計画 ・オペレーション計画 ・機械化、自動化計画 ・情報システム計画 ・投資額の算定 ・経済性計算 経営判断	・物流基本データ分析 　（PQRST分析） ・PQ分析 ・作業分析 ・運搬分析 ・統計データ解析・予測 ・レイアウト設計 ・ピッキング方式 ・保管方式 ・マテハン機器 ・要員計画 ・作業マニュアル作成 ・倉庫管理システム ・シミュレーション ・必要投資額積算 ・採算分析 ・案の評価
詳細設計 **6カ月** **～1年**	**詳細設計の目的** 基本計画書に基づき、細部設計・開発・建設・設備・調達・設置・据付を行う。 ・プロジェクト編成 ・建築設計事務所、システム開発会社、マテハン機器メーカーの選定／委託 **・詳細設計、開発／プロジェクト開始**	・プロジェクト・マネジメント ・システム（広義）設計 ・開発進捗管理 ・移行計画 ・要員採用、教育 ・新システム立上げ計画 ・立上げ後アフターフォロー

第1節 ● 物流センター計画の進め方

　提案書作成は計画の規模にもよるが、通常１～２カ月で作成し、提出することが望ましい。

　提案書に記載する新規物流センターの建物、設備、システムなどの提案内容は、詳細までの記載は不要であり、構想段階のものでよい。ビジュアル化し、わかりやすい資料とすることが重要である。また、作成期間は先述したとおり１～２カ月とし、時間をかけすぎずスピード感を持って作成することが重要である。

　検討要員は業務に精通し、企画提案などの知識を持つ数名の要員で進めることが多い。提案書を作成できる要員が社内に見当たらない場合には、社外コンサルタント、物流の専門技術者などに相談することも方法の１つである。

　顧客ニーズに対する対応不足、作業現場からの不満、改善要求など、現状の問題に気がついているが、改善・改革に取り組めず放置し、対処が遅れ経営が悪化するという事例が多く見受けられる。概略設計段階で検討を進め、改善・改革に積極的に取り組むことが、激しい経営環境変化の中、企業の生き残り戦略として重要である。

（２）基本設計

　基本設計の目的は、顧客および経営者に承認された概略設計の提案書に基づき、具体的計画書を作成することである。

　基本設計では、物流センター計画の前提条件となる数値情報を収集分析し、まとめる必要がある。必要に応じて、外部公開情報の収集、現状調査、現場での実態調査、過去の実績調査を実施し、情報を収集する必要がある。収集した情報、データに対し各種手法を使い、データ解析、見える化（グラフ化、図表化）を行い、設計基本条件としてまとめる。物流センター計画の分析手法については、本章第２節で詳細に説明する。

　ただし、調査分析に時間をかけすぎて基本案作成への着手が遅くなることは避けなければならない。データ収集、調査分析は、基本計画開始前に最低限必要なデータの抽出、収集の方法、期間などの計画（Plan）を

作成し進めることが重要である。基本計画途上で不足する情報・データが判明した場合は、その時点で収集作業を行えばよい。

設計基本条件が確定したら、次の工程として基本案の作成を開始する。

基本案として必要な項目は、

○物流センターを建設する予定地（立地計画）、規模の確定（理論的理由づけが必要）

○新設物流センターの場合、敷地レイアウト、建物構造（階層、フロア面積）

○物流センターレイアウト設計：必要機能の抽出、機能ごとの必要面積、物流フローなど

（→物流センターの立地計画とレイアウト計画は、本章第3節で説明する）

○導入設備計画：物流センターの機能、導入予定のマテハン設備、および配置計画

（→物流センターのマテハンシステム計画は、本章第4節で説明する）

○物流センターのオペレーション計画として、事業計画、要員配置計画、採用計画、教育計画、作業マニュアル、作業標準書、安全衛生計画書、設備管理計画書など、操業が開始された後の、現場運営に必要な計画書を作成する必要がある。ただしオペレーション計画は、基本計画段階では概要のみ作成し、実運用で必要となる書類（計画書等）は、詳細設計段階で、運用チームが作成すればよい。

（→物流センターのオペレーション計画は、本章第5節で説明する）

○物流センターの機械化、自動化計画について、取り扱い貨物特性・量の変化、作業要員不足、物流の多品種少量化の進展、出荷リードタイムの短縮などの事業環境変化により、機械化・自動化の推進がますます必要となっている。現在、多くの機械化・自動化設備が開発され商品化されている。投資効果と経済性の観点から現実可能な範囲での導入計画を作成する。

（→物流センターの機械化・自動化計画については、本章第6節で
説明する）

○物流センターにおける情報システム計画の作成について、物流セン
ター運営には情報システムが不可欠である。関連する情報システム
には、顧客との受発注情報などのデータ交換システムや、会社の基
幹システムとの情報交換インターフェース、物流管理において必要
な在庫管理システム、入出庫管理システム、出荷管理システム、実
績管理システムおよび物流センターに導入した各種機械化・自動化
設備の制御システムなどがある。基本設計段階では、必要システム
の洗い出し、システム間のインターフェース、顧客との情報交換
（EDI）の方法などをまとめる必要がある。詳細については、詳細設
計時にプロジェクトに参加するシステム会社のサポートを受けて詳
細計画書を作成し具体化することとなる。

（→物流センターにおける情報システムについては、本章第7節で説
明する）

　以上の項目に対し計画案が完成したら、次は投資対効果の検証が必要
となる。建物、設備、システム投資、要員人件費、日々の運用に必要な
経費（水道光熱費、通信費、資材費、消耗品費、廃棄物処理費など）を
積算し、稼働した後のコスト試算を行う。また投資に対し、売上げ拡大、
省力による人件費削減などの期待効果を積算し、経済性計算を行い、投
資に対する効果を定量的に検証する必要がある。コスト分析手法は第5
章第4節で説明する。

　これら投資対効果の検討結果（年度ごとの売上げ、経費累計、利益、
投資回収年など）をまとめ、基本計画書として作成し、経営者および関
係役員、財務担当役員に事前説明する。

　経営会議など会社の意思決定機関にて、基本計画書を説明し計画続行
可否の最終経営判断を求める。

　基本計画段階は、計画する物流センターの規模および範囲にもよるが、
通常、基本設計推進責任者のもと数名のプロジェクト・メンバー（プロ

ジェクトリーダー、業務に精通した管理者、企画・システム担当、その他必要業務担当者など）で、3～6カ月の期間で実施することが多い。

（3）詳細設計

詳細設計の目的は、基本計画書が承認された後、開発プロジェクトを編成し、細部設計、開発、建設、設備調達、設置・据付など、具体的に物流センター新設（または改築）計画を進めることである。

詳細設計段階では、基本計画承認後に社内プロジェクト体制を編成しプロジェクトとして推進する。通常は基本計画プロジェクトのリーダーが中心となり、対象業務に精通した要員、システム関連などの必要要員を集め、プロジェクトを編成する。また、プロジェクト推進パートナーとして建築設計事務所、マテハン機器メーカー、情報システム会社などの選定を行い、委託契約を締結し、詳細設計工程、建設、設計、設備据え付けなどを実施していく。

詳細設計工程では、プロジェクト・マネジメント、システム設計、開発進捗管理、設備建設・据付など、プロジェクト・マネジメント業務が多く、プロジェクトリーダーの役割が大きい。

詳細設計の終盤では、現状システムから新システムへの移行計画、作業要員計画、採用計画、教育スケジュールなどの計画書を作成し、スケジュールに従って進める必要がある。

新物流センターを計画し実稼働させるためには、多くの困難があるが、各工程に携わったリーダーや計画担当者、基本設計、詳細設計のプロジェクト要員は貴重な体験をすることができ、人材育成の絶好の機会となる。

第2節●物流センター計画の分析手法

第**2**節 | # 物流センター計画の 分析手法

学習のポイント

◆物流センター計画の基本分析の考え方と、その活用方法を理解する。

◆あるべき姿から発想し計画案を作成する手法として、レイアウトプランニング手法（SLP）を紹介する。

---

1 | ### 取り扱うモノ（商品や物資）の分析 ─P（Product）分析

　物流センターの計画における、基本設計では**取り扱い対象物の分析**として、製品別・質量別・形態別に区分して、その特性を見極めることが大切である。

（1）製品別分析

① 一般的製品

　一般的製品とは、流通業が商品として扱う一般消費財や製造業の製品や半製品などであり、代表的製品として、衣料品、加工食品、家庭用雑貨、日用雑貨、家電製品、医薬・化粧品など多くの製品がある。

② 冷凍・冷蔵製品

　冷凍・冷蔵製品は、一般的に生鮮食品類が対象となるが、可燃性物質や引火性液体など特殊な保管対象物もある。

　営業冷凍倉庫では、C3・C2・C1・F1・F2・F3・F4級に分かれ

る。冷凍倉庫はC3級以下で10℃以下である。通常F1級（－20℃以下）から冷凍倉庫と呼んでいる。F4級は－50℃以下で冷凍マグロの保管が代表的である。温度領域では、クーリング（10〜5℃）、チルド（5〜－5℃）、フローズン（－18℃以下）がある。

③ 鉄鋼製品

鉄鋼製品は、製鉄所や鋼材加工工場などで生産・加工された鉄鋼製品であり、次の工程での原材料として製造工場、建設現場などに供給される。質量的には重量物が多く500〜20,000kgである。形態は、コイル（薄板鋼板、自動車、家電など製造業）、切板、線材、長尺物（H型鋼、シートパイルなど建設土木資材、レール材など）などが取り扱い対象物となる。

④ 紙類製品

紙類製品は、書籍、その他紙製品と紙製品の原材料となる紙ロールに分類される。原材料となる紙ロールの形状は直径1.5m、幅1.5m程度の円筒形である。紙製品は、紙包装、段ボール包装されている場合が多い。質量的には鉄鋼製品と比べると軽いが（比重では0.3〜1.2）、人が荷役するのは困難な重量物である。また、嵩（かさ）が大きいため、荷役には専用のアタッチメントを付けた専用のフォークリフトが必要となる。

⑤ 危険物対象製品

危険物対象製品とは、可燃性物質や引火性液体など爆発事故を起因させるような保管対象物であり、代表的な製品に、石油製品、塗料関係製品などがある。

危険物対象製品に関しては、防爆仕様にする必要がある。特に保管については、設備関係のみでなく建屋関係でも、法令で定められた基準を守らなければならない。

⑥ 粉体製品・粒体製品

粉体製品・粒体製品とは、袋詰めのもの、フレキシブルコンテナに入れたもの、ホッパーやタンクパレット詰めのものなど、その保管形態に違いがあるのが特徴である。しかしながら、これらの粉体・粒体を入れた容器をパレット保管することが多い。

代表的製品にはプラスチック製品の原料となるポリエチレン、ポリプロピレンなどの石油化学製品、建設資材のセメント、食品原料の小麦粉、米など多くの製品がある。通常袋詰めの場合、袋の素材は紙袋、ポリ袋であり、質量は25kgが多い。これは人手で荷役できる重量であることと、充填機、搬送機器、パレタイズにおいて標準化しやすい質量、サイズ、荷姿としている。荷役・保管効率向上のため、ほとんどの場合1tのパレタイズされている。フレコンバックの場合は充填後の質量が1tとなるサイズが多い。

（2）質量別分析

質量別分析は、取り扱い対象物を質量で区分する場合であり、取り扱い対象物の基本的質量は、パレット保管対象製品で1,000kg、ケース保管対象製品で20〜50kgである。1,000kgを超える保管対象製品については、超重量級対象製品として取り扱い可能となる特有な保管方法で対応する。

① 超重量級対象製品

超重量級対象製品とは、鉄鋼製品などであり、コイルなどは10,000kgもある。そのほか、丸鋼・型鋼・平板鋼などの定尺物の3,000kgなども超重量求保管の対象となる。また、ロール紙も超重量級である。

超重量級対象製品については、保管設備だけでなくこれを取り扱う荷役機械の配慮が重要となる。

② 重量級対象製品

重量級対象製品とは、一般的にはパレット保管対象製品で質量は1,000kg程度の製品である。適用業界は、食品業界、日用雑貨業界、化粧品業界、医薬品業界、飲料水業界など、あらゆる業界の物流センターに保管されている製品のほとんどがこの類である。

③ 軽量級対象製品

軽量級対象製品*とは、一般的には、ケース（プラスチックコンテナ、段ボールケースなど）保管対象製品で質量は20〜50kg程度の製品である。適用業界は②と同様で、その利用範囲は広い。

＊軽量級対象製品…対象製品でも、それが人手の繰り返し作業となるような製品では、ケース質量は10kg以下が適正であることが実験検証で確認されている。この人手の繰り返し作業の代表的作業にピッキング作業がある。

④　その他超軽量対象製品

　その他超軽量対象製品には、半導体業界のウエハー製品、貴金属アクセサリー製品、小物製品などが対象となる。

（3）形態別分析

　形態別の分析として、一般的に定型製品と異型製品とに区分することが多い。

　定型製品は、取り扱いが容易な製品であるが、なかには長尺物・丸物などのように、荷役機械、保管設備、保管場所などの配慮が必要となる対象製品がある。

　異型製品は、荷役がしにくい製品である。たとえば、ゴルフバッグ、配管ダクト製品、パレットに積載できない大型家具製品などがある。

（4）取り扱い特性分析

　物流センターでの荷役、保管対象物には、取り扱いに注意しなければならない対象物もある。たとえば賞味期限・消費期限管理が必要、非常に壊れやすい、水濡れ禁止、においがある、危険品などは、取り扱い・保管上の注意点を把握しておくことが重要である。

（5）荷姿の分析

　荷姿とは、荷物を輸送や保管する際の外観を示す言葉であり、梱包の状態でもある。ダンボール箱、パレット、コンテナなどが代表的である。

　取り扱い対象物の荷姿を分析する場合は、取り扱い対象物単品の分析と、ユニットロード化され輸送、保管の荷役単位となるパレット・プラスチックコンテナなどの荷姿分析が必要である。

　荷姿の分析は、物流センターでの荷役方法、保管方法、そして荷役機

械と、保管の設備の選定が重要な要素となる。これは物流センター計画時だけでなく、物流センターを運営するうえでも、荷役方法、保管方法の変更等が必要となるため、常日ごろから荷姿データとして収集・管理しておく必要がある。

① 単品荷姿データ

単品荷姿データとして、最終的に保管対象物の寸法、質量、出庫数などのデータをもとに、大きさの分布、質量分布、縦横寸法と出庫数、特

図表4-2-1●パレットサイズの分析

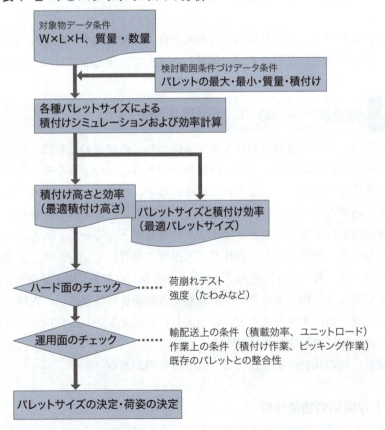

第4章●物流センターの計画

異寸法の有無などによって対象物を区分しておくことが重要である。

また、単品の荷姿で荷役、保管されるしくみであれば、最大質量と最小質量、最大個数と最小個数などの条件設定は、設備仕様を決定するうえでの大きな要因となる。

② 荷姿サイズの分析

荷姿サイズの分析は、いろいろなサイズの取り扱い対象物をパレットに積み付けた場合、「どのようなサイズのパレットが最適か、また現在使用しているパレットは適正か」などが対象となる。コンテナサイズやコンテナ数などをもとに積付け効率を求め、荷姿を決定する。→図表4－2－1

この分析では、基本的には、荷崩れ条件、輸配送効率、作業性（特にピッキングなど）などを十分に検討したうえで決定しなければならない。

2 物量の分析—Q（Quantity）分析

物流センターの計画における量的条件としての物量の分析は、物流センターの計画の際に基本となる計画数値である。どのようなモノをどれだけ保管すべきか、どこをどれだけ流れるか、物流センター内外（工場、倉庫、店舗など）において滞留量（ないし在庫量）の大きさ、各ルートの輸送容量の大きさなどを決定するために基礎となる分析である。

このとき、物流センターの作業（入出庫、保管、ピッキング、流通加工など）や、求められる能力（入荷量、在庫量、出荷量、加工量など）によって異なり、物流センターを取り巻く外部条件（港頭地区、内陸部、周辺環境、道路アクセスなど）に適応し、特徴を生かした分析でなければ計画作成に有効な分析にはならない。

物量分析の代表的な方法には、以下のものがある。

（1）作業別の物量分析

物流センター内の各作業別の物量を、まず把握することが大切である。

98

作業とは、入荷、保管、ピッキング、流通加工、包装、荷ぞろえ、出荷などで、たとえばピッキングでは、ピース（バラ）ピッキングとケースピッキングを分けて分析する必要がある。

作業別の物量分析では、単に数量だけでなく、品種、量（体積）、件数（頻度）、仕向け先（納品先）などが重要な分析要素となることを十分に認識する必要がある。

（2）パレート分析

パレート分析は、品目と量の関係（一般的にはアイテム数に対する製品出荷量の降順の棒グラフと、その累積構成比を表す折れ線グラフ）をグラフ化し、クラス分けしてクラスの特性に応じて在庫管理方法、保管方法、ピッキング方法などを変えることで、作業などの効率を向上させようとするものである。→図表4-2-2

パレート分析は、パレートによって発見された法則に基づいた分析手法でありABC分析とも呼ばれていたが、活動基準原価計算（→第5章第

図表4-2-2●パレート分析：PQ曲線

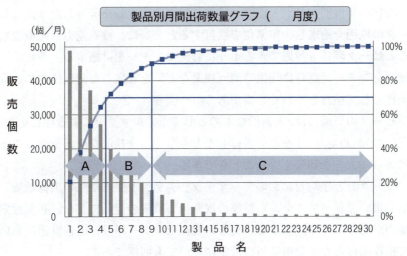

第4章●物流センターの計画

4節**1**)のABCと混同しやすいので、本テキストではパレート分析と呼ぶ。パレートは土地の80％を人口の20％が保有していることを発見し、この2：8の法則が一般的な現象にもほぼ成り立っていることを証明した。たとえば、売上げの80％は上位20％の顧客で占められているなどである。ただし、A、B、Cのクラス分け基準が一定の数値に決まっているわけではない。たとえば、累積比率で80％、95％、100％とすることもあれば、図表4-2-2のように、70％、90％、100％とすることもある。

　最近は、多様化する消費動向、通販ビジネスなどにおいて、Cランク品（少量多品種品（ロングテール））が注目されている。注文に対する欠品をなくすための在庫管理の充実、少量多品種ピッキングの自動化システム導入など、効率化が進められている。

（3）時系列の物量分析

　物流センターの荷動き（入出庫量、在庫量など）が常に一定で、平均的に稼働できるならば、効率のよい計画を立てることができる。しかし、実態としては、「月末ピーク」「週間波動」「季節波動」など変動の波が大きいことが多い。

　現状の年度別・月別・週別・日別・時間別の変動を調査したうえでピークの原因を追求し、平準化を検討するとともに、設備能力、配置要員などピーク時にも対処できるように物流センターを計画する。さらに、物流センター計画時に作業時間（残業など）を考慮した設備能力の設計条件として検討しておく必要がある。→図表4-2-3

　ピークの原因には、人為的なものとして「ノルマ達成による押し込み」「受注の締め切り」「商取引慣行」なども多く、全社的な改善を図ることによって大きな効果を得ることもできる。

　ピーク日と平均日において、オーダー件数、1件当たりの出荷数量、取り扱い品種（アイテム）数等の取り扱い数量の変動により、必要設定能力が異なるので注意する。将来の物流センター増設、改善計画において前提条件となる計画数値の設定においても同様である。

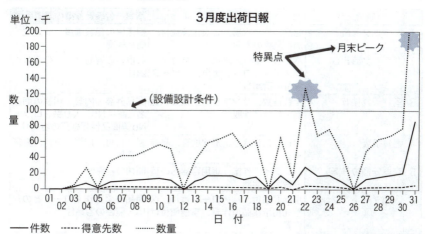

図表4-2-3 ●日々の物量分析

3　経路の分析―R（Route）分析

　物流センター内作業における経路の分析は、入荷から出荷までの物流工程で表現し、工程間のフローを示す分析である。
　一般的な物流センター内での、物流工程と工程間のフローを、図表4-2-4に示す。

図表4-2-4 ●物流センターの物流工程と工程間のフロー

入荷 ➡ 検品 ➡ 入庫 ➡ 保管 ➡ 出庫 ➡ 包装 ➡ 検品 ➡ 出荷

　この流れは平面的表現であるが、実際には多層階、2階、3階と複数の階層があり、保管でも補充入庫や、出庫でも袋詰め、値札付けなどの流通加工の工程などがあり複雑である。そこで、実態に合わせた物流フローと物流量を、誰にでもわかるように図示しておくことが大切である。
　図表4-2-5は、物流センターの物流工程をモデル化して考えた一例

第４章●物流センターの計画

図表４-２-５●物流センター内の物流工程の一例

	物流工程	作業内容	情報・包装と作業の関連事項
1	トラック入荷	商品、流通容器、二次包装資材、消耗品等の入荷	輸送中の包装強度、安定性、商品保護
2	トラック荷卸し	パレット単位・段ボール単位・プラスチックコンテナ単位・ピース単位の荷卸し	荷扱いの容易性、荷の情報視認性
3	受け入れ検収	全数検数、サンプリング検数、返品・仕分け検収	商品外装・内装・個装の商品名、商品No、入り数、ロットNo等商品情報確認の容易性
4	品質検査	日付、包装状態、形状検査、品温検査	製造日付、破損の有無、変形の有無
5	容器転換の作業	パレタイズ作業、専用容器への積み替え、開梱	開梱の容易性
6	入庫マーキング作業	現品票貼付、バーコード添付、保管先指示票貼付作業、事前値付け作業	商品情報と作業コードとの対応・照合の容易性
7	搬送	保管場、ピッキング場、仕分け場への搬送、エリア別仕分け	物流コードのバーコード化による機械化の容易性
8	入庫	倉庫内棚入れ作業、平置き作業、補充作業在庫登録、入庫設定	荷の情報視認性、物流コードのバーコード化による機械化の容易性
9	保管・工程内仮置き	ラック倉庫、平置き倉庫、ケースフローラック等による保管	保管中の荷破損防止、荷の情報視認性
10	出庫	パレット単位、ケース単位、ピース単位の出庫およびピッキング、補充作業	荷の情報視認性
11	出庫マーキング作業	仕分け先名、仕分け先コード添付	商品情報と作業コードとの対比・照合の容易性
12	仕分け・ピッキング	種まき作業、摘み取り作業、ユーザー別、店舗別、コース別	外装・個装のバーコード利用による機械化の容易性 作業票と商品情報の対応・照合の容易性
13	流通加工	パック加工、値付け、詰め合わせ作業	作業票と商品情報の対応・照合の容易性
14	出荷検査	ケース単位、ピース単位の検品	作業票と商品情報の対応・照合の容易性
15	ユニット化・荷さばき	出荷先別、パレタイズ作業、カゴ車単位の積付け作業	外装情報の視認性
16	トラック積込み	パレット単位、段ボール単位、プラスチックコンテナ単位、カゴ車単位の積付け作業	外装作業の視認性
17	トラック出荷	商品の出荷、輸配送	輸送中の包装強度、安定性、商品保護

102

である。ここには、情報との関連事項も示してある。それぞれの物流工程が、多くの作業により構成されていることが理解できる。多くの物流工程に含まれるさまざまな作業の中でも、ピッキング、仕分け、検品、値札付け、包装の作業は、物流センターの中核的な作業であり、相互に密接な関連を持つ作業である。

物流センターの入出庫数量のフローの事例を、図表４-２-６に示す。

図表４-２-６●物流センターの入出庫数量のフロー

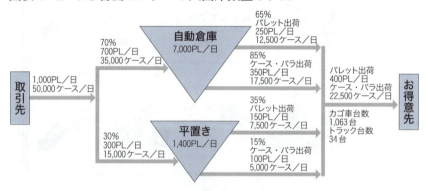

4　物流サービスの分析―S（Service）分析

物流センターにおける**物流サービス**とは、物流業務を遂行するために必要な情報システム、要員配置、各種付帯設備などである。

① 情報システム

現状作業を遂行するために必要な情報の流れ（フロー）を整理する。情報の発信元、発信先、使用帳票、帳票の目的（入荷予定、出荷指示など）などを情報フロー図として作成する。→図表４-２-７

② 要員配置

現状物流センターまたは計画中の物流センターにおける必要要員数を一覧表にまとめ、レイアウト図に配置を記入し見える化する。

③ 各種付帯設備

事務所、休憩室、トイレ、食堂、お客様駐車場、従業員駐車場など必要な付帯設備を抽出し、整理する。→図表4-2-8

図表4-2-7●情報フロー（事例）

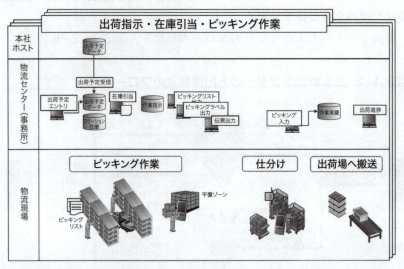

図表4-2-8●付帯設備レイアウト図（事例）

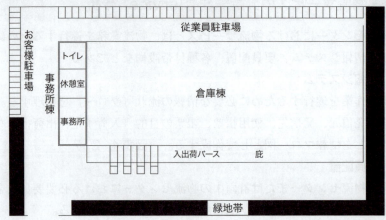

5　時間の分析—T（Time）分析

　時間の分析には、取引先や納入先との条件として、受注締め切り時刻や納品時刻などの分析がある。特に、企業間の取引におけるリードタイムや納入頻度などのサービスレベルが大きく影響してくる。
　物流サービスレベルは、他社との競争優位・差別化を確保することができる。図表４-２-９に物流センター計画における物流サービスレベルの体系図を示す。
　物流サービスレベルの選択によって物流システム計画の考え方が変わってくる。物流サービスレベルの設定は、物流システム計画の必要条件である。物流に求められる必要かつ十分な物流サービスレベルを選択し、いかにローコストで物流システムを計画し運用するかが重要となる。すなわち、物流システムは、物流コストの削減と物流サービスレベルの確保というトレードオフの関係のもとで構築することとなる。
　そして、物流サービスレベルの設定は、荷主（メーカー・ベンダー、卸売業者、小売業者など）の物流活動を支える物流事業者が、モノの流れを円滑にするという視点で考慮することが重要となる。

図表４-２-９●物流サービスレベルの体系図

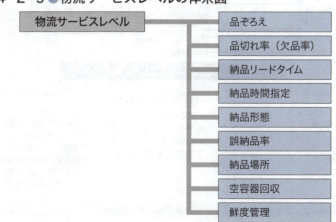

ここで示す物流サービスレベル体系図では、物流サービスレベルに関するキーワードを示している。物流センターを計画するときには、これらのキーワードについて、それぞれ実行可能な数値あるいは目標とする数値を、具体的に示すことが重要である。

たとえば、誤納品率であれば誤納品率は3/100000以下というように、明示することが重要である。また、納品形態であればカテゴリー納品（店舗の売り場に合わせて、同一種類の商品をまとめて納品すること）や、通路別納品（店舗の通路ごとの棚に合わせて商品を納品すること）を明確にすることが大切である。

図表4－2－10にサプライチェーン・マネジメント（SCM）における物流システム計画のための概念図についての概要を示す。

物流センターを運営する立場から考えると、時間の分析には、次の3つの分析が考えられる。

図表4－2－10 ● サプライチェーン・マネジメントにおける物流システム計画のための概念図

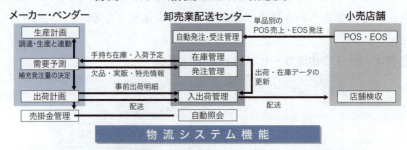

第2節 ● 物流センター計画の分析手法

① 取引先（調達先）からの納品時間帯の分析

物流センターが取引先（調達先）から納品を受ける場合、その取引先数が400社から1,000社を超えると、同じ時間帯に納品を受け入れることは不可能であり現実的でない。そのため取引先ごとに、納品時間を調整し、物流センターの運営を図らなければならない。

この場合、納品受け入れ時間と受け入れ検収時間との調整を合わせて行うことが大切である。

② 取引先（販売先）への納品時刻に合わせた作業時間の分析

物流センターから取引先（販売先）へ納品する場合、納品時刻を守るように、物流センター内での作業時間を計画する必要がある。このとき、トラックへの積込み時間を考慮に入れて、物流センターを出発するまでの作業時間（ピッキング作業時間の分析、仕分け作業時間の分析など）を分析する。

この作業時間の分析においては、その作業にかかわる人時生産性（単位時間当たりの作業者の作業量）が大きな要素となる。人時生産性が作業時間に与える影響は大きく、物流センター内の物流工程の人員配置にも大きな影響を与える。

ピッキング作業時間の分析における人時生産性は、ピッキングの方法によって大きく違ってくる。そして、人時生産性は、改善方法（作業者の増員、デジタル化など）によっても大きく異なる。

たとえば、1日当たりの受注引当のオーダー件数が5,000件あるとした場合、ピッキング作業をリストピッキングで行い、作業時間を1時間で行うとすれば、仮に作業人員は50人必要となる。一方、デジタルピッキングシステムで行うとすれば、作業者が17名程度で可能となった場合、その費用対効果と作業精度などで判断することになる。

ピッキングシステムにおける人時生産性は、本章第4節で述べる。

③ 出荷時のトラックへの積込み時間の分析

物流センターから取引先（販売先）にトラックで届けるとき、積込み時間は、パレットを使用、ロールボックスパレットを使用、プラスチッ

107

第4章 ● 物流センターの計画

クコンテナのバラ積みなど、トラックに積み込む荷の荷姿によって大きく違ってくる。

しかしながら、これはあくまでも物流センターから見た時間の分析である。このため、納品先の荷卸し条件によって積込み方法を考慮することが大切である。

6 レイアウトプランニング手法（SLP）の説明

本節では物流センターの計画において、設計に必要となるデータや数値について、調査と整理の方法について説明した。

これらのデータや数値（設計条件）をもとに作成した概略設計案に続き、次の工程である基本設計に進むためには、概略設計案の内容を経営者や関係者間で共有する必要がある。

関係者が思い描いている計画案に近い概略設計案が構築できると、実現に近づく可能性が高まる。あるべき姿から計画案を考える発想法として演繹的発想法があり、手法としてはワークデザイン、VE（Value Engineering）などがある。

ここではレイアウト設計手法としてSLP（Systematic Layout Planning）について説明する。

SLPはリチャード・ミューサー（Richard Muther）が工場施設設計をシステマチックに行うために提唱し体系化された手法である。SLPの手順は図表4-2-11・12のとおりである。設計条件としてP、Q、R、S、Tを整理し、これらをインプット情報としてレイアウトを構築していく。実際に物流センターのレイアウト作成では、既存の建物を使う場合と更地に建物を新設する場合とで進め方は大きく異なる。実際の計画検討では、多くの制約条件のもとで作成することとなるため、SLPをそのまま使ってレイアウト設計することは非効率で時間がかかる場合が多い。SLP手法をそのまま使うのではなく、考え方・手法を理解し、計画作成時に必要と思われる部分を応用して使う事が重要である。

図表4-2-11 ● システマティック・レイアウト・プランニング（SLP）の手順

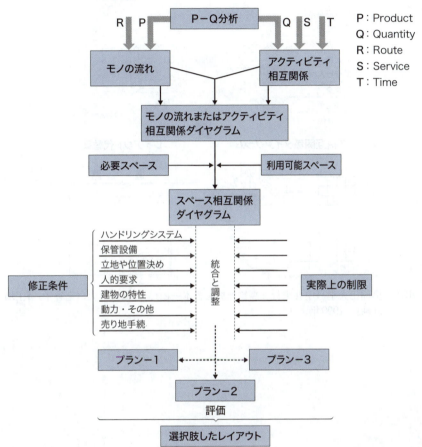

第4章 ● 物流センターの計画

図表4-2-12 ● SLPの検討工程の概略

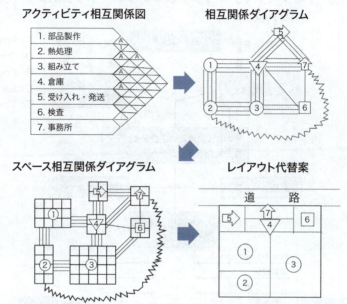

出所：早稲田大学（中井重行・高橋輝男・吉本一穂）、湘南工科大（金谷孝）『工場計画』、1990年より

第3節 ● 物流センターの立地計画とレイアウト計画

第3節 物流センターの立地計画とレイアウト計画

学習のポイント

◆物流センターの立地計画の考え方・選定方法を理解する。
◆物流センターのレイアウト計画の作成方法を理解する。

1 物流センターの立地計画

　物流センター計画の前提条件として、物流センターの建物を新築する場合と、既存の建物を借りる場合では、計画の進め方が変わる。今回は、土地を購入し建物を新規建設することを前提に考える。新築の場合と既存の建物を借りる場合の計画の違いは、設備投資額、立地・建物の制約（既存の場合、既存建物の仕様を前提とする。新築の場合、自由な発想でつくれる）である。

　物流センターの立地は、中長期のロジスティクス戦略のもと、物流センター計画を進めるうえで最初に決めなければならない事項である。立地選定における重要な検討事項について説明する。

（1）物流センターの最適立地の検討

　下記検討項目より、候補地を絞り最適立地を選定する。

① 発荷主（生産工場、問屋、ベンダー）の所在地
② 配送先（納品先工場、物流センター、店舗）の所在地
③ ①、②を考慮した、最適な立地、候補土地の選定
④ 納品、配送シミュレーション（将来の取り扱い量予測も含める）

111

（2）候補土地の選定、購入価格（m²単価）

① 必要面積と購入単価から設備投資額の概算を算出

（3）立地場所による制約条件

温湿度、音、振動、電波、ほこり、油などの環境に十分に留意する必要がある。

① 環境から受ける制約条件

② 環境に与える影響

③ 地形（平地、傾斜地、高台など）

（4）候補土地の法的制約

物流センター計画に関しては、建築物に関する法的規制が多く、特に、都市計画法、消防法、建築基準法などについての確認が必要であり、関係官庁との折衝が必要となる。

① 敷地の諸規制

・用地調査と確認

・地域、地区の概要

・用途地域別建築制限

・各種届出、申請手続

・開発行為

・近隣に対する配慮（騒音、電波障害、日照権、交通安全等）

② 建築計画に対する諸規制

・建物の高さ制限

・建蔽率、容積率

・中高層建築物日影規制

・防火、準防火地域の規制

・防火区域

・避難設備

・特殊建築物の構造規制

第3節 ● 物流センターの立地計画とレイアウト計画

・ラック式倉庫の取扱基準

（5）作業要員の採用事情

　物流センター運営には多くの作業要員を必要とする。要員が採用しやすい地域なのかどうかは、物流センター運営に大きな要因となる。

① 作業要員の採用区分：専従社員、パートタイム労働者・アルバイト、派遣社員

② 作業要員の手配の容易さ：団地、学生、労働時間

③ 作業要員の定着率：正社員、委託業者

（6）土地購入価格（投資額）

　土地の取得にはいくつかの方法（購入、賃貸、リート）があるが、これは会社の財務体質、経営状況、経営計画等で決めることとなる。土地購入は不動産取得となるため、物流センター運営上の経済計算には含める必要はないが、資金繰り等があるので、会社の財務部門に検討してもらう必要がある。

2　物流センターのレイアウト計画

　物流センターのレイアウト計画とは、物流センター内での作業の流れを考慮しながら、作業に必要なスペースと作業場所の位置を定めることである。レイアウト計画は、選定した土地の敷地面積、地形、交通アクセス等により制約を受ける。

　レイアウト計画の基本的な手順は、図表4-3-1のとおりである。レイアウト計画においても、概略設計を終了し、物流センターの基本設計をする段階で、レイアウト計画をこの手順で進めることとなる。

（1）目的と要求機能の明確化

　概略設計（→本章第1節**4**）でも説明したが、物流センターの計画を

113

図表4-3-1 ●物流センターのレイアウト計画の手順

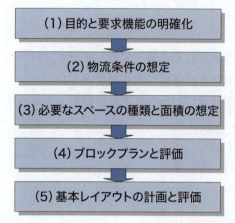

進めるにあたっては、最初に物流センターの目的や位置づけを再度明確にする必要がある。計画にかかわる関係者、プロジェクトメンバーが確認し、意思統一することが重要である。

(2) 物流条件の想定

物流条件とは、物流センター計画に必要な各種データや物流フロー等を整理したものである。第4章第2節の基本分析項目として、物流センターでの一般的な物流工程と各工程での必要なデータを、図表4-3-2に示す。

(3) 必要なスペースの種類と面積の想定

① 商品や物流特性により物流センター内での取り扱い方法、管理方法、保管方法等を区分する。
　・商品の形状、サイズ、質量による取り扱い区分
　・商品の温度管理、湿度管理、粉塵、壊れやすさ等による管理区分
　・出荷頻度のパレート分析（A品、B品、C品）による取り扱い区分
　・在庫量のパレート分析による保管区分

第3節 ● 物流センターの立地計画とレイアウト計画

図表4-3-2 ● 物流センターの作業工程における必要データ（物流条件）

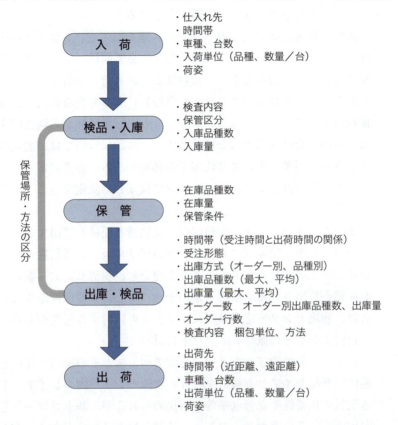

② 各工程の作業場と必要スペースの洗い出し

　一般的な作業場は、入荷場（荷受け、検品）、保管場、ピッキング場、仕分け場、加工場、返品場、出荷場（仕分け、荷ぞろえ、受け渡し）、作業場通路、管理事務所、休憩所、トイレ等、必要な作業場は物流センターに要求される役割によって決まる。

③ 各作業場の必要面積を算出する

　必要作業場ごとに作業形態、導入設備により必要面積を算出する。これら作業場、作業の流れ、それぞれの必要面積から、物流センタ

ー全体の建物規模、必要面積が決まる。

④　入荷、出荷トラックバース数を設定する

　　入荷、出荷に必要なトラックバース数を設定し、トラックバース面積を算出する。トラック1台当たりの必要面積（トラック間の幅、長さ方向）は、物流センターの特性から、入荷・出荷で搬出入してくるトラックの仕様（コンテナも含む）によって異なるため、最大積載量のトラックを想定し、トラックの回転半径等から軌跡図を作成し算出しなければならない。必要バース数については、想定されるトラック到着分布により決定する必要がある。必要に応じてトラックの待ち行列をシミュレーションで検証し、決定することも有効である。

⑤　その他、物流センター敷地内の必要施設と面積を算出する

　　物流センター敷地内に必要なお客様用駐車場、従業員駐車場、建築基準法上必要な緑化スペース等を想定し、物流センター敷地の必要面積が算出される。取得予定の土地に対し、必要面積が少ない場合は、物流センターを多階層にすることも検討する必要がある。

⑥　物流センターの概略レイアウト設計

　　以上の手順で物流センターの必要スペースとその面積を算出した後に、概略レイアウト設計を行う。物流センター内のレイアウトは各工程の作業性や保管効率等から決められるが、基本フローとして図表4-3-3のとおり、ワンウェイ型とUターン型があり、どちらがよいかは一長一短があり、土地の形状、物流センターの機能によって考え方が変わる。また、実際の物流センター計画では、各種制約条件（土地の広さ・向き、搬出入道路の位置、建物の仕様等）があり簡単には決められない。考え方を理解し、現状に即した設計をすることが重要である。

物流センターの基本レイアウト事例として図表4-3-4に示す。

第3節●物流センターの立地計画とレイアウト計画

図表4-3-3●物流センターの基本フロー（ブロックプラン）

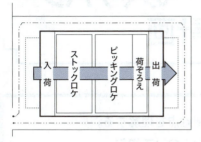
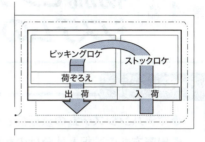

図表4-3-4●物流センターの基本レイアウトの事例

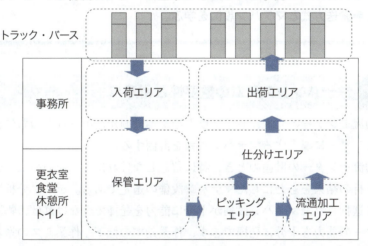

117

第4章 ●物流センターの計画

第4節 物流センターのマテハンシステムの計画

学習のポイント

◆マテハンシステムの重要性と留意点を理解する。
◆出庫方式の選択と仕分けの計画について学ぶ。
◆保管方式とスペースの計画を学ぶ。
◆搬送方式とマテハン設備を学ぶ。

1 マテハンシステムの重要性と留意点

　物流センターの立地、レイアウトの基本計画が決められたのちに、物流センターに導入するマテハン設備を計画する。

　物流センターの計画のとき、特に留意しなければならないのは、データ分析の結果をもとにしたマテハン設備の選定である。データ分析によって選択されたマテハン設備が十分に能力を発揮できなければ、物流センターの能力も十分に発揮できず、作業効率の低下や作業ミスの増加の要因になる。

　マテハンシステムの計画では、物流センターの作業（入荷・検品・入庫・保管・出庫（ピッキング）・包装・出荷検品・出荷）における保管方式、出庫方式、搬送方式を検討し導入するマテハン設備、マテハンシステムを選定する必要がある。

　保管・出庫・搬送の方式が決定すれば、マテハンシステム全体の概要が明らかになる。一般的には、物流センターの設計条件として整理した各種データより算出した必要能力（入出荷能力、保管能力、搬送能力等）

118

第4節 ● 物流センターのマテハンシステムの計画

から、①出庫方式、②保管方式、③搬送方式、の順で選定していく。すなわち、条件に合った最適な出庫方式を決定したうえで、効率的な入出庫を満足できる保管方式を採用する。そして、入荷から出荷までの搬送方式は、レイアウトを検討する際に動きや環境に合わせて選定する。

2 出庫方式の選択：ピッキングと仕分けの計画

（1）ピッキング作業の目的と必要性

　ピッキング作業の目的は、受注に基づいて正確かつ適正な時間内に受注した数の商品を取り出すことである。このとき商品は、あらかじめ段ボール箱などから取り出して、保管単位（ダース、個など）を受注単位に合わせておく必要がある。

　ピッキングの必要性は次のとおりである。

①　物流工程でのピッキングの必要性

　作業を効率的に行うための最適な取り扱い量、包装形態、ユニット単位（箱、個など）は、入庫・保管・出庫で同じではないため、量・形態・単位を変換するために、ピッキング作業が必要となる。

　たとえば、入庫・保管の単位はパレット単位で取り扱い、受注の出荷単位はケース（箱）単位またはピース（個）単位の場合が多くある。この場合は、パレットからロールボックスパレットに箱単位で移動させたり、6輪台車やプラスチックコンテナで出荷するためのピッキング作業が必要になる。

②　配送先への対応のためのピッキングの必要性

　出荷指示の商品種類数は、通常配送先で異なる。そこで、複数の種類の商品を配送先別に集約するピッキング作業が必要となる。

③　保管に伴うピッキングの必要性

　商品の生産時点と需要時点が一致しないために、時間的調整のための保管が必要になる。通常、生産時点では商品ごとにロット生産されるが配送先への出荷は小口配送となるため、保管されている商品から出

荷指示の出た商品を小口出荷するためにピッキング作業が必要となる。

（2）ピッキング作業の方式

ピッキング方式には、大別すると**オーダー別ピッキング（摘み取り方式）と品種別ピッキング（種まき方式）**がある。この2つのピッキング方式には、図表4-4-1のとおりそれぞれ特徴があり、品種とオーダーの重なり、ピッキングの数量、顧客の数、要求レベルなどの条件が多様に関係し、一概にどちらの方式がよいとは決められない。関係する作業条件を十分検討し、決める必要がある。ピッキング方式により作業生産性、出荷リードタイム等が決まり、物流センターの評価につながることが多々ある。

ピッキング作業を考えるときは、関連する仕分け作業を同時に検討していく必要がある。ピッキング作業と仕分け作業は表裏一体の関係であり、作業のしくみによっては、仕分け作業はピッキング作業の一部に含まれる。

オーダー別ピッキングの作業範囲では、荷ぞろえ作業がある種の輸配

図表4-4-1 ●ピッキング方式の特徴

	オーダー別ピッキング	品種別ピッキング
メリット	・1オーダーごとに、ピッキング作業を実施し、在庫棚をひと回りすれば、作業が完結する。 ・順次オーダーを受け入れながら、作業を進めることができる。	・品種ごとに複数オーダーを同時にピッキングすることから、在庫棚からの取り出し回数が減る。 ・総量をピッキングし仕分け後、残数が0であれば、検品が不要となる。
デメリット	・作業者は同じ棚に何度も取りに行くこととなり、総歩行距離が長くなる。 ・品種の重なりが大きいとピッキング作業効率が著しく低下する。 ・ピッキング作業後の検品が必須である。	・品種ごとのピッキング作業後にオーダーごとの仕分け作業が必要となる。 ・すべての商品が2度のタッチとなる。 ・すべてのオーダーがそろわないと作業を開始できない。 ・すべてのピッキング、仕分け作業が終了しないと、作業は完結しない。

送における方面別仕分け作業であり、また、品種別ピッキング方式の品種別・オーダー別複合型ピッキング方式では、ピッキング作業と仕分け作業が行われて初めて作業が完結されたことになる。

① **オーダー別ピッキング方式**

　配送単位にピッキングする方式で、各保管場所から配送先別に必要な商品を選び、集品する摘み取り型のピッキング方式である。

　シングルピッキング方式とは、1人の作業担当者が配送単位ごとに保管場所を周回して、ピッキング作業を完結するオーダー別ピッキング方式である。

　リレー式ピッキング方式とは、複数のピッキング作業者がその作業範囲を分担し、それぞれが中継してピッキング作業を完結させるオーダー別ピッキング方式である。

② **品種別ピッキング方式**

　品種別ピッキング・オーダー別仕分け方式とは、配送先を集約して品種単位にまとめてピッキングし、そのピッキングした商品を後工程でオーダー先ごとに仕分ける種まき型のピッキング方式である。

　一般的に、前工程でピッキング作業、後工程で仕分け作業を行う。

　品種別・オーダー別複合ピッキング方式とは、配送を一定配送先数ごとに集約して、品種単位にまとめてピッキングし、その直後に商品を配送先ごとに仕分ける作業を繰り返す。これにより、配送単位に選び、集品する摘み取り・種まき複合型のピッキング方式である。

（3）ピッキング作業における課題

　物流センターにおけるピッキング作業は、物流センター内の作業の中で最も複雑で、ミスが起きやすい作業である。これまでも多頻度小口配送などの顧客ニーズの変化の中で、ピッキング作業の改善が行われてきている。しかし、物流センター規模、投資金額の制約、技術的制約、人的課題、そして、得意先からの高度な物流サービスレベルの要求などの制約条件があるため、ピッキング作業の課題解決には、非常に困難が伴

うことを認識しておく必要がある。

ピッキングシステム構築の課題には、次のようなものがある。

① 既存物流センターでの改善の課題

既存の物流センターでのピッキングシステムの改善、もしくは新たなピッキングシステムを採用する場合は、既存のシステムを稼働しながら進めていくために、非常に困難が伴う。特に、既存の物流センターで、新たにピッキングシステムを構築し採用するときには、スペース上の制約がある。

② 費用上・技術上の課題

ピッキングシステムの作業方法について、あるべき姿を追求していくと、投資金額や技術の点で実現しにくいことも多い。

少ない投資で最大の効果を上げて、あるべき姿が実現できれば問題はないが、現実には非常に難しい。そのため、費用対効果の十分な評価を行うことが重要である。

③ システム評価基準の課題

ピッキングシステムの評価基準が不明確である場合が多い。

ピッキングシステムや作業方法にはいろいろな種類があるが、それらの費用対効果などの評価基準を定めることなく検討されているのが実情である。

（4）ピッキングに影響を与える社会変化

① 物流サービスレベルの高度化がピッキング作業に与える影響

受注先からは、物流サービスレベルの高度化を要求される。具体的には、多品種少量化、多頻度少量化、リードタイムの短縮、誤配送率の低減、物流コストの削減、値札付け・包装作業の追加、内容明細書の個別添付、指定容器による配送などである。

このような物流サービスレベルは、取引条件により決まるものであるが、物流サービレベルの高度化は、一般的にピッキング作業の迅速性や正確性などへの影響が大きい。

② 労働市場の変化がピッキング作業に与える影響

　ピッキング作業者は、パートタイム労働者・アルバイトおよび派遣社員が主体となることが多い。作業内容や地域によっては作業者の確保が困難となっている。加えて、ピッキング作業にかかわる労働力の不足が喫緊の課題となっており、その対策としての省力化や少人化のための、ピッキング作業の改善（適切なピッキング作業の方式の選択、機械化・自動化の導入など）が求められている。

　ピッキング作業の方式の選択については、どのようなときにどの方式を選択するべきかという基準は、あいまいである。現実には、現場での経験則によっておのおのが選択している。

　たとえば、品種別ピッキング方式（種まき方式）は、オーダーを品種単位に集約することでケース単位やパレット単位のピッキングでの効率が向上する部分があり、後工程でオーダー別に仕分けを行うことで検品・検数効果が期待できる。しかし、品種別に集約してもケース単位やパレット単位にまとめる品種が少ない場合は、1次ピッキングと仕分け作業の二重作業となり、かえって作業効率が低下する場合もあり、品種別集約率（品種別ヒット率）の分析を行う必要がある。

　また、オーダー別ピッキング方式（摘み取り方式）は、オーダーの優先出荷や緊急出荷が可能などのメリットもある。これらの要因を考慮してピッキング方式を選択する場合がある。

　このように出庫方式は、物流センターでのシステム全体に与える影響が大きく、その採用選択は非常に重要である。

（5）ピッキングシステムの方式

　作業者によるピッキングシステムの代表的なものには、次の5つの方式がある。→図表4-4-2

　① リストピッキング方式
　② カート表示式デジタルピッキング方式
　③ 棚表示式デジタルピッキング方式

第4章●物流センターの計画

図表4-4-2●代表的なピッキングシステムの方式

方式	リストピッキング	カート表示式 デジタルピッキング	棚表示式 デジタルピッキング
作業 イメージ			
作業方式	一般的な市販の台車を利用し、出庫リストに基づき棚の中をピッキング（集品）して回る。作業者（人）がリストを見ながら作業を進めるので一度に1得意先が一般的である。	仕分け函を持ったピッキング専用の台車で、複数得意先を同時にピッキングできる。ペーパーレスでデジタル表示による指示、ピックしたものの仕分け（投入口）の指示も表示する。	保管している棚に直接ピッキングすべき数量が表示される。一定のゾーン内を1人または複数の作業者で集中的にピッキング。1得意先単位で順番に各ゾーンを回っていく。
作業計画	1得意先ごとに棚の並び順に従い、ピッキングの指示がリストまたはラベルに出力される。	台車、さらには出庫箱単位のピッキング計画が立てられ、そのまま台車の情報として渡される。	ゾーンごとに、得意先順にピッキングの計画が立てられる。各ゾーン同一の順番でピッキング表示される。
生産性	100〜120件/人Hr 積卸し作業10%／準備作業リストチェック10% 検索・移動45%／ピッキング35%	200〜250件/人Hr 積卸し作業4%／準備作業6% 移動45%／ピッキング45%	250〜350件/人Hr 手待ち作業10%／準備作業5% ピッキング・歩行85%
ピッキング ミス率	1〜2/1000	スキャン検品付 1〜2/100000	1〜3/10000

④　シールピッキング

⑤　音声ピッキング

リストピッキング方式とは、印刷ないし画面に示されたリストを見ながら、ピッキングする方式である。

カート表示式デジタルピッキング方式とは、カートに搭載されたデジタル表示の画面を見ながら、カートで移動してピッキングする方式である。

棚表示式デジタルピッキング方式とは、作業者が棚の付近に位置して、

作業の前を流れるコンベア上の箱に、ピッキングした商品を収める方式である。

シールピッキング方式とは、ピッキングする数量だけのシールを用意しておき、商品に貼ることで数量のチェックとピッキングした商品を見分ける方式である。

音声ピッキング方式とは、作業者に対し専用の無線ヘッドセット等により音声で作業指示を行い、作業者は音声で回答や再指示要請を行う方式である。作業者は使用する言語を自由に選択し、会話スピードを習熟度により自由に調整することが可能である。ピッキングリストやハンディターミナルの画面等を見る必要がないうえに両手が自由に使用できるので、作業の習熟が早く、作業品質や作業生産性が非常に高い。

(6) ピッキング機器

ピッキング機器については、作業者の行うピッキングのほかに、立体自動倉庫方式や自動ピッキング方式、デジタルピッキングシステムなどがある。

このうち、デジタルピッキングシステムは、図表4-4-3のとおりである。

図表4-4-3 ●デジタルピッキングシステムの種類

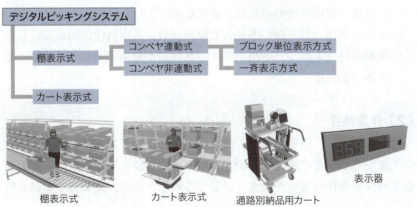

第4章●物流センターの計画

3 保管方式の選択：スペース効率と作業の計画

　物流センターの中で、重要なのが保管機能である。一時期、在庫削減が最も重要と考えることで保管機能を軽視していたこともあったが、いまでは取引先・得意先に対するよりきめ細かいサービスや差別化にかかわる大きな要素として、在庫の重要性が指摘されている。この結果、物流センターでの在庫最適化と保管機能が見直されている。

　保管機能に対して求められる役割として、かつては保管の代表的な設備である立体自動倉庫の「スペース効率」が最も重視されていた。このため、単に物流センター内の上部の空間スペースを利用する「高積み効果」を求めるだけでよかった。しかしながら、いまはスペース効率よりも、「作業効率」や「確実な管理」が重要視されている。この結果、単に保管することだけでなく、入出庫も含めてモノの流れをコントロールする役割が求められている。

（1）スペース効率

　保管における「スペース効率」とは、必要な在庫量を保管するためにどのくらいのスペース（体積）が必要かで判断できる。

　その判断に必要な要素は、次のとおりである。

　○取り扱い貨物の荷姿（被保管物の大きさ、質量、形状）

　○在庫量（被保管物の品種数、在庫数量）

　○入出庫条件（取り扱い商品の在庫回転数、入庫単位、出庫単位）

　○混載条件（1パレット当たり4〜8種類が最適：パレットラックや立体自動倉庫）

（2）作業条件

　作業条件とは、保管作業や入出庫作業のしやすさである。

　入庫から出庫までの流れの中で、取り扱い単位の量・作業内容・時間などの作業条件の違いが大きく影響するので、その作業条件や製品の特

126

性を生かした保管方式の選択が必要である。

その一方で、作業条件を考慮しながら作業効率を高めるために大切なことは、作業にかかわる人や設備の効率にも限界があることを認識しておくことである。

（3）確実な管理

保管機能の重要な役割として在庫管理がある。在庫管理の目的は、在庫回転率を向上させることと、在庫を中心としたモノの流れをコントロールすることである。

この目的を満足させるためには、以下の2つの要素が必要である。

○在庫管理（何が、どこに、いくつあるか）

○入出庫管理（いつ、いくつ入庫して、いくつ出庫したか）

近年の物流センターの動向として、保管は、ダブルトランザクション方式に見られるように、ストック（比較的長期に保管する）とアクティブストレージ（短期で、ピッキング準備用など）に分けられている。

流通センター（DC）などでは、在庫期間も短くなり在庫回転が速くなっている。そのため、設備も入出庫能力向上が図られ、立体自動倉庫においても1レーンに複数台のクレーンが配置されたり、2・3段ごとにクレーンが配置されたり、段ごとに入出庫装置が配置されたりするような形式も出現している。

なお、保管機器についてまとめると図表4-4-4のようになる。容器による保管と貯槽（サイロ等）を除く。

4 搬送方式の選択とマテハン設備

（1）搬送方式の選択

物流センター内での搬送には、物流工程間の横搬送、フロア間の縦搬送、立体自動倉庫のような設備周辺で利用される仕分け・搬送など、その用途や設備内容が多々ある。図表4-4-5に搬送方式の種類を示す。

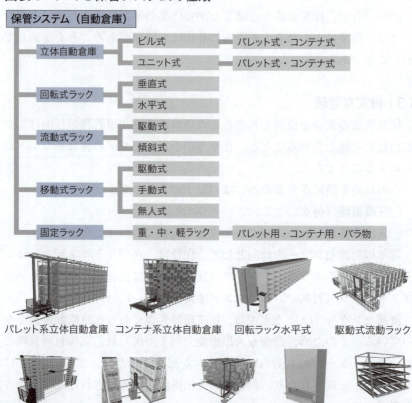

図表4-4-4 ●保管システムの種類

　これらの各種搬送の搬送設備は、搬送方式に加えて、質量や大きさ、パレット系やコンテナ系などによっても変わる。

　実際に計画を立てるときの、搬送方式の決定のための判断基準は、以下のとおりである。

　○設置スペースはあるか
　○被搬送物の形状、質量、安定性、底面形状はどうか
　○搬送先数、搬送距離はどのくらいか

図表4-4-5 ●搬送方式の種類

項目	形式			種別例
搬送種類	移動空間	機器位置	軌道有無	
間欠	平面	地上	有	軌道敷台車、無人搬送車（ガイド式）
			無	フォークリフト、無人搬送車（地上援助式、自立走行式） 小形運搬車、構内運搬車、貨物自動車
		天井	有	天井式台車、三次元搬送台車
	立体	地上	有	エレベータ
		地上・天井	無	クレーン等
連続	平面	地上	有	コンベヤ
		天井		トロリコンベヤ
	立体	地上		傾斜コンベヤ、垂直搬送機

○搬送頻度はどのくらいか

○人との干渉はどうか

○音、ほこり、油、床面の搬送環境はどうか

○全体レイアウトとの整合性はあるか

○設備導入の投資金額に見合うか

これらの判断基準のうち、何を重視するかによって保管方式はかなり制限されることになる。よって、その選択基準の中で最大限に特徴を生かして、適切な方式を選択することが大切である。

なお、運搬機器の自動搬送システムの代表例としては、図表4-4-6がある。

揚げる・下げるための垂直搬送システムには、図表4-4-7がある。

（2）マテハン設備の役割

マテハン設備の役割には、第1に「運ぶ」「揚げる」という搬送の役割がある。これには、先述したベルトコンベヤ・チェーンコンベヤ、あるいは無軌道式自走台車（無人搬送車）・軌道式自走台車（モノレール）な

図表4-4-6 ●自動搬送システムの種類

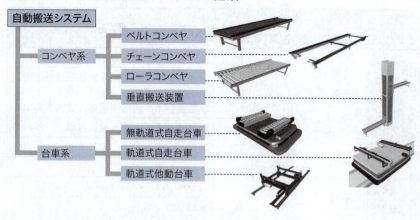

図表4-4-7 ●垂直搬送システムの種類

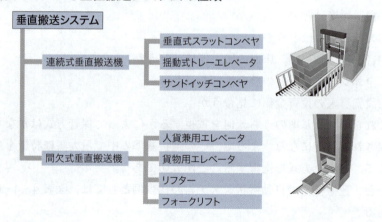

　どの設備がある。第2に、「保管する」役割がある。これには、立体自動倉庫・移動ラック・パレットラックなどの設備がある。第3に、「積卸し」「積付け」「仕分け」「荷ぞろえ」などの役割がある。これには、ピッキングシステム、積付け機などがある。→図表4-4-8・9

　これらのマテハン設備の、効率的な運用、自動化の促進、安全対策等

図表4-4-8 ● マテハン設備の作業別分類

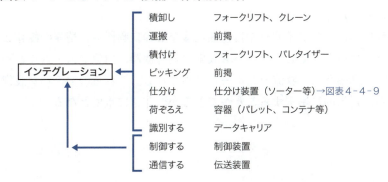

図表4-4-9 ● 自動仕分けシステムの種類

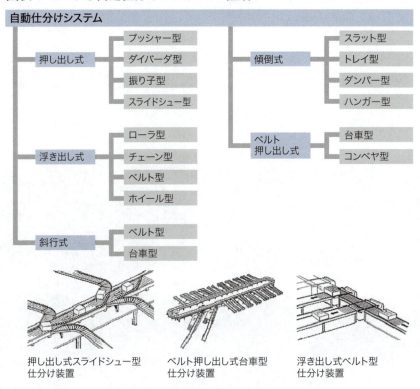

押し出し式スライドシュー型仕分け装置

ベルト押し出し式台車型仕分け装置

浮き出し式ベルト型仕分け装置

のために、第4の役割として、「識別する」「制御する」「(情報化を進めるための)伝達する」がある。

　これ以外にパレタイザーや自動梱包機などの自動機械、情報の媒体となるバーコード、そしてマテハン設備の制御機器、情報システムなどが有機的に構築されて物流センターが計画される。これらのマテハン設備をいかに効果的に選択することができるかが非常に重要となる。

第5節●物流センターのオペレーション計画

第 **5** 節　**物流センターの**
オペレーション計画

学習のポイント

◆物流センター稼働後に、作業現場を運営管理するために必要
となるオペレーション計画の作成方法を学ぶ。
◆物流センターにおけるクロスドッキングの内容と役割につい
て理解する。
◆物流センターにおける流通加工の、内容と役割について理解
する。

1　物流センターのオペレーション計画の作成

　物流センターの立地、建物、作業方法、マテハン設備等の計画作成が
完了したら、次のステップとして、物流センター稼働後のオペレーショ
ン計画の作成が必要となる。

　オペレーション計画における検討項目には、主に下記の6項目が含ま
れる。

①　事業計画：中長期事業計画、単年度事業計画

②　要員配置計画：部署、配置要員、採用計画（スケジュール含む）、
教育計画

③　作業マニュアル：全体作業フロー、作業スケジュール、各工程の
作業マニュアル

④　作業標準書：作業マニュアルとともに、各作業の作業標準書の作成

⑤　安全衛生管理計画書：年度の安全衛生計画書、安全マニュアル

133

⑥　設備管理計画書：設備トラブル対応管理書、修繕計画、設備管理
　体制表
それぞれの検討項目について説明する。

（1）事業計画の作成

　計画した物流センターを実際に稼働させた後の「中長期事業計画」「単年度事業計画」を作成する。事業計画には、事業戦略（ねらい、目的等）、事業数値目標（売上げ、利益等）、具体的実施計画（実施項目、実施方法）、組織体制（組織、要員数、役割）、スケジュールなどを記載する。中長期計画は、世の中の変化が激しいため、事業詳細よりも戦略的に何を目指すか、方向性を示すことが重要である。また、変化への対応として2年ないし3年ごとに見直ししていく必要がある。

（2）要員配置計画の作成

　物流センターを運営していくために必要な要員（人数、必要なスキル）を、想定される作業量、作業能率から部署ごとに算定する。事例として図表4-5-1に示す。

　必要要員数を算定した後に、物流センターの稼働開始に向けて要員採用を計画（目標採用人数、採用方法、求人誌への掲載等）し、採用スケジュールを作成し要員採用を始める。要員採用計画とともに、採用した要員の教育計画（5W1H）を作成し教育をする。

（3）作業マニュアルの作成

　作業要員の教育用、実作業を円滑に遂行するための作業マニュアルを作成する。作業工程を分割し、工程ごとの作業手順、作業フロー、作業スケジュール等を作成する。入庫作業と出荷作業の作業フローの事例を図表4-5-2・3に、作業スケジュール事例を図表4-5-4に示す。作業者にわかりやすい作業マニュアルを作成する。

第5節●物流センターのオペレーション計画

図表4-5-1●必要要員数と要員配置計画表（事例）

				平均		MAX	
物量	入荷受（デバンニング）		箱/日	280		550	
	入荷検収・保管ケース入れ		点/日	8,400		15,500	
	保管棚入れ		ケース/日	490		900	
	ピッキング		点/日	8,400		16,000	
	ソーター投入		点/日	8,400		16,000	
	商品荷ぞろえ		ケース/日	860		1,750	
要員数				要員数	延べ時間	要員数	延べ時間
センター長				1	8	1	8
商品管理課	商品入荷係	荷受・		4	20	6	30
		検収・保管ケース入れ		10	80	10	80
	棚管理係	保管棚入れ		4	32	6	48
	業務係	業務（システム入力）		2	16	2	16
出荷業務課	ピッキング係	保管棚からバッチピッキング		24	96	28	224
	ソーター投入係	ソーター投入		4	28	4	32
	出荷梱包係	ソーター受・出荷梱包・送り状添付		28	196	32	256
	荷ぞろえ係	荷ぞろえ・輸送業者引渡		4	32	6	48
返品業務課	受入検品	返品受入・検品		4	32	4	32
	商品再生係	商品再生・棚入れ		6	30	6	30
合計				91	570	105	804

図表4-5-2●入庫作業フロー（事例）

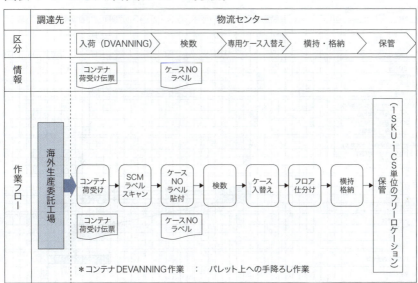

第4章●物流センターの計画

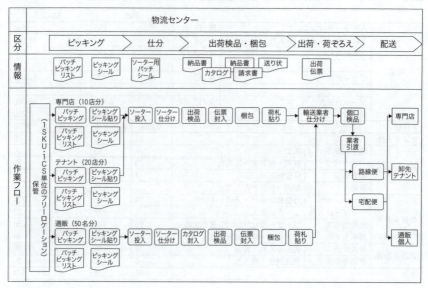

図表4-5-3●出荷作業フロー（事例）

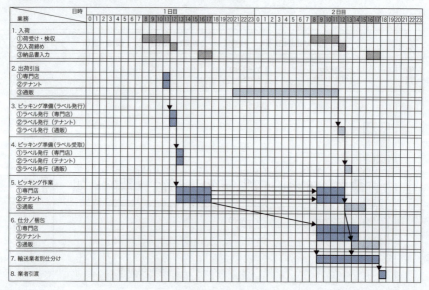

図表4-5-4●作業スケジュール（事例）

（4）作業標準書の作成

　作業マニュアルを作成するとともに、各作業の作業標準書を作成する。作業標準書に記載する項目は作業名、作業工程、グループ組織、作業場レイアウト、作業説明書（写真などでわかりやすく）、標準時間、安全注意事項、品質注意事項、不良履歴、緊急時連絡体制、改訂履歴等である。１作業Ａ４用紙１枚で作成し、作業現場に置き、作業者がいつでも見られる状態にしておくことが重要である。また、作業変更があった場合は速やかに修正する必要がある。→図表4-5-5

図表4-5-5 ●作業標準書（事例）

（5）安全衛生管理計画書の作成

　作業現場には必ず危険が潜んでいる。物流センターではどんなに機械化・自動化を進めても、多くの作業者が働いている。作業者の安全を守

第4章 ● 物流センターの計画

ることは企業の責務である。絶対に災害事故を起こさないという意識で、安全衛生管理計画を作成し、日ごろの安全衛生活動を実施する必要がある。そのためのベースとなる「安全衛生管理計画書」「安全マニュアル」を事前に作成しておかなければならない。

（6）設備管理計画書の作成

物流センターでは建屋や多くのマテハン設備などがあり、必ず故障・老朽化する。事前に設備のトラブル対応、修繕・保守計画（設備トラブル対応管理書、修繕計画、設備管理体制表）を作成し、対応する必要がある。特に機械化・自動化が進めば進むほどトラブル対応、修繕・保守計画は重要となる。

2　クロスドッキングの検討

クロスドッキングは、JISの定義によれば、「物流センターの荷受場（ドック）で、入荷品を事前出荷通知に基づき保管するか出荷するか識別して、出荷品を出荷場（ドック）に通過（クロス）させること」である。

つまり、クロスドッキングとは、物流センターに納品された商品をいったん保管せずに、仕分けおよび転送を行うことである。この仕分け作業は、①単に入荷された商品が荷姿を変えずに**方面別仕分け**だけを行う場合と、②入荷された商品を取引先別、あるいは小売業であれば店舗別に仕分けて商品を集約して方面別に仕分ける場合がある。

クロスドッキングでの具体的な作業は、**事前出荷通知（ASN）**に基づき、入荷場に貨物が到着する。このとき、貨物の情報を無線ハンディターミナルでスキャンすると同時に、事務所のサーバーに無線でデータを伝送する。貨物が受注品目であれば保管入庫せずに引き当てられて、そのまま出荷場に運搬され出荷される。この結果、在庫回転率の向上と入出荷料の半分の節約と保管料の1期分の節約、ハンドリング回数の削減による品質向上の効果がある。しかしながら、「先入れ先出し」ではなくなる。

138

図表4-5-6 ● クロスドッキング方式・一括集約物流センター

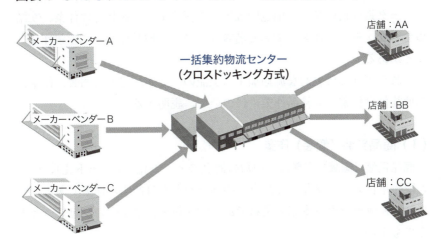

　クロスドッキングは、米国のように輸送中在庫が1週間分以上あるような場合には効果が期待できる。なぜなら従来の倉庫ではいったん保管され、ロケーションが付けられ、入庫票が事務所に戻り端末機に入力されるまで有効在庫にならず、現物が実際にあっても在庫引き当てができなかったからである。

　現在のクロスドッキング型物流センターの多くは、図表4-5-6のようになっている。

　クロスドッキング方式を十分活用するためには、情報システムの構築が重要であり、特に受発注データ、入出荷データ、そしてトラックの輸配送状況・位置状況を把握できることが必須条件となる。

3 流通加工

　流通加工とは、流通の過程において、生産や店頭業務の一部を行うことである。つまり、生産や営業（販売促進）を支援する作業であるとともに、物流の効率化を支援する作業でもある。

流通加工には、①出荷ラベルの貼付作業、②商品包装（個装）作業、③データ送受信作業、④梱包明細書の表記作業、⑤値札付け作業、⑥詰め合わせ・セット作業、⑦あて名書き作業、⑧検品作業、⑨断裁作業、などがある。

これらのうち代表的な流通加工（上記の、②商品包装（個装）作業、⑤値札付け作業、⑧検品作業）について、説明する。

（1）商品包装（個装）作業

商品包装（個装）作業は、複数の商品のセット化（ユニット化）、商品の販売単位のパック化、商品意匠の向上などを目的する作業である。つまり、物流センター本来の業務である輸送包装作業を除いた包装、と考えてもよい。

商品包装の具体的な例は、以下である。これらの包装作業のうち、①は輸送包装と考えられることが多いが、②、③、④は本来の流通加工である。

① 商品の保護を目的とする外装の包装作業（輸送包装作業でもある）

バンド掛け、ひも掛け、粘着テープ貼り、木枠梱包、衝撃防止クッション材の詰め込みなどの作業である。

② 複数の商品のセット化（ユニット化）作業

商品保護を目的とする包装作業を含め、パレット積付け、プラスチックコンテナなどへの詰め合わせ作業がある。

③ 商品販売単位のパック化の作業

ボール単位の入り数から販売単位への細分化、商品の複数品目の詰め合わせ包装を目的とした袋詰め、シュリンク包装、バンド掛けなどの作業がある。

④ 商品意匠の向上を目的とした包装作業

包装なしで調達した商品を自社のブランドで販売する場合の内装包装、複数商品の組み合わせ品を単品の商品名と異なる商品名として販売する場合のセット化商品などの作業である。

（2）値札付け作業

　値札付け作業は、物流サービスの一環として、受注先の設定した商品の売り値のラベルを貼付する作業である。値札の種類によって、シール貼付やタグ取り付けなどがあり、受注先の指定値札と共通値札がある。たとえば、メーカー（例：靴メーカー）から預かった同じ商品（靴）であっても、メーカーの販売先の顧客（例：百貨店）ごとに、異なる値札を付けることもある。

　このように値札には、多くの種類があるため作業は非常に繁雑であり、物流センター内での出荷リードタイムに大きな影響を与える作業である。

　値札付け作業には、商品入荷後に前もって受注先別に値札付けを行う「先値札付け方式」、受注後に値札付けを行う「後値札付け方式」、ピッキング作業時に値札付けシールを貼付しピッキングと検品と値札付けを同時に行う「中値札付け方式」などがある。

（3）検品作業

　検品作業には、「入荷検品」（商品の受け入れ時に発注した内容と現物の品名、数量などの照合を行う）と、「出荷検品」（受注した内容とピッキングした現物の品名、数量などの照合を行う）がある。

　入荷検品と出荷検品では、物流工程上の検品のタイミング・検品場所が異なる。

　入荷検品（受け入れ検品）は、商流（所有権）の移転手続として荷受け時に受け入れ場にて検品が行われる。

　一方の出荷検品は、ピッキングの後工程の作業として行われる場合と、シールを貼りながらピッキング作業中に行われる場合がある。検品作業の信頼性と作業効率上の有利性によって、そのタイミングと場所が選定される。

第4章 ● 物流センターの計画

| 第 **6** 節 | # 物流センターの
機械化・自動化計画 |

学習のポイント

◆荷役と保管の、機械化・自動化の目的について理解する。

◆機械化・自動化の計画が、仕分け作業、トラックへの積込み・荷卸し作業、保管設備など、個々の物流作業単位で検討されることを学ぶ。

◆機械化・自動化の、効果と留意点について学ぶ。

1 機械化・自動化の目的

　設備の機械化・自動化の計画においては、初めにその目的と目標を明確にし、次にシステムのねらい・方向性・範囲を決めることになる。

(1) 計画の目的

　計画の目的では、一般的に次の事項が挙げられる。→本章第1節**3**(1)

① 顧客に対する物流サービスレベルの向上

② 容量の不足：処理能力、生産能力、スペースの不足など

③ 作業要員不足：作業要員の採用難、定着率の低下など

④ 経費の過剰：人件費の高騰、借用倉庫の増加

⑤ 統合化：分散によるロス、集中による混乱

⑥ 老朽化：設備の老朽化、システムの陳腐化

⑦ 環境の変化：物量の変化、多種少量、物流サービスレベルの低下

これらの目的から設備計画における目標が決められる。

142

第6節 ● 物流センターの機械化・自動化計画

（2）計画の目標

　次にどのような計画を立てるのか、そのねらいは何か、これらを具体的に示す必要がある。特に設備計画では、ハード・ソフトの両面に幅広く深い知識が要求される。

　そして、設備計画にあたっては、複数の部署の複数の人員で行うことが多いので、かかわる人員が計画の方向性を間違わないように、その目標を明確にしておくことが大切である。

　計画の目標の例としては、下記に示すものがある。

① 　無人化を図る：人員を削減する
② 　省力化を図る：重労働をなくす
③ 　ミスを削減する：作業の容易化を図る
④ 　スペース効率を高める：充填率を高める
⑤ 　機械の稼働率の向上：段取り時間をなくす
⑥ 　リードタイムを短縮する：処理時間を削減する

　これらの目標を具体的に挙げることは、同時に、計画されたことに対しての評価尺度を決めることにもなる。さらに、この目標に対して、具体的な数値目標として表現することも大切である。これは、達成度を客観的に評価するために必要となる。

2　機械化・自動化の進め方

　機械化・自動化に取り組む理由として、従来は「省人化・省力化」といわれてきた。現在では、物流サービスレベルの追求による「正確性・迅速性」が加わり、質の向上が要求されるようになってきている。

　機械化・自動化の主な対象は、荷役である。荷役とは、JISでは「物流過程における物資の積卸し、運搬、積付け、ピッキング、仕分け、荷ぞろえなどの作業及びこれに付随する作業」と定義されている。つまり、原材料や部品、製品を必要に応じて移動したり、輸送したりするときの、モノの取り扱いに関する作業を総称して荷役と呼んでいる。

143

しかし、現在の物流センターにおける物流工程の作業は非常に複雑化しており、作業すべてを総称して荷役ということには非常に無理がある。このため機械化・自動化も、個々の作業単位で取り上げることにする。

荷役機器（マテリアルハンドリング機器）については、本章第4節**2**・**3**を参照のこと。

その中から、参考例としていくつかの機械化・自動化の考え方、決定要素について記述する。

（1）仕分け作業の機械化・自動化

仕分け作業の機械化・自動化については、現在の多品種少量化の傾向と、顧客の物流サービスレベルの要求が大きく作用している。特に、物流サービスレベルにおいて、時間指定納品、ノー検品納品、当日受注・当日納品などに対応するために、仕分け作業の機械化・自動化が求められるようになっている。

たとえば、1万ケース/hrの仕分けを人手で行う場合、単位時間当たり180〜200ケース/（hr・人）であるとすると、作業者は56人から50人が必要である。これを単位時間当たり1万ケース/hrで仕分け作業が可能な仕分け機器を導入した場合、この仕分け作業は作業者0人で行えることになる。ただし、ここで考慮しなければならないのは、この1万ケースを仕分けるには、1時間当たり1万ケース/hrを仕分け搬送コンベヤに載せなくてはならないことである。仕分け搬送コンベヤに1万ケースを1時間で載せるには、約10人の作業者が必要となる。したがって、仕分け作業の機械化・自動化において1万ケース/hrの仕分け作業を満足させるには、システム全体として考える必要がある。

また人手の場合も、仕分け作業を行う前段取りを行う必要がある。その場合、ストック保管場所からケースをピッキングする作業者が必要になる。単位時間当たり3人の作業者が別に必要となり、仕分け作業者56人から50人に加え、全体で作業者は59人から53人となる。

さらに、この仕分け作業の機械化・自動化の採用決定要因は、正確性

第6節 ● 物流センターの機械化・自動化計画

の確保であり、その精度は、限りなく「0」に近くなる（仕分けミスを極小化できる）。一方、人手の場合では、そのシステムにも大きく影響するが「1〜2/1000」から「1〜2/100000」の精度確保になる。

これに加えて、機械化・自動化に際しては、当然のことながら費用対効果の検討が必要となる。

（2）トラックへの積込み・荷卸しの機械化・自動化

トラックへの積込み・荷卸しの機械化・自動化を進めるか否かの判断は、取り扱い商品によって大きく左右される。トラックの積載荷物がパレットでユニット化されている場合は、一般的にフォークリフト作業が大半であるが、ビールなど飲料水で比較的質量のあるものは、オーバーヘッドクレーンで一度に複数パレットを荷役する装置が使われている例もある。

また、ケースの場合は、ロールボックスパレットにケースを積載してユニット単位でトラックへの積込み・荷卸し作業を行う事が多いが、バラ積みでは人手で積込み・積卸し作業を行うことが多く大変な重労働となっている。技術的に難しい部分もあるが、一層の機械化・自動化が求められている。

機械化・自動化を行うかどうかは、作業効率向上、費用対効果とともに、作業要員不足への対応として検討しなければならない重要な課題となっている。今後の要員不足への対応は物流センターだけでなく、物流全体の存続をかけた課題となっている。

（3）保管設備の機械化・自動化

保管設備の機械化・自動化の代表的な例に、立体自動倉庫がある。この立体自動倉庫は、フォークリフトによって行われていた倉庫内のパレットの荷役作業（入出庫作業・保管作業）を、自動化するものである。その特徴は、①スペースの効率化、②作業の容易性、③確実な管理機能を有する設備、である。

145

従来、立体自動倉庫は、①スペースの効率化、②作業の容易性を目的に採用していたが、近年では、③確実な管理（正確性・迅速性など）が求められるようになってきている。この立体自動倉庫での確実な管理により、先入れ先出しの自動化、スケジュール出庫・在庫の問い合わせ、棚卸管理など、人が介在し非常に手間のかかる作業が容易にできるようになる。

立体自動倉庫の採用にあたっては、保管時の荷姿や出庫能力が大きく影響することに留意しなければならない。加えて、建築基準法、消防法などについても留意が必要である。

3　機械化・自動化にあたっての効果・留意点

実際に機械化・自動化を進めるにあたっての注意事項は、次のとおりである。

① 人による作業との適合性：人に何をさせるか、働きがいや特性に合っているか
② 投資効果の確認：設備投資に対する経済性、作業管理、安全性等運営管理上の評価
③ 柔軟性の確保：機械化には各種の制約条件がつく。ピーク対応の方式、作業スペース効率、安全システム、バックアップ方法の確保等
④ 変化への対応：対象貨物の将来予測、変化への対応策
⑤ 安全性、災害対策：作業者の安全性、地震への備え
⑥ トラブル対応、保守：機械故障、修繕費、設備リプレース時の費用予測

第7節 物流センターにおける情報システム

学習のポイント

◆物流センターにおける物流情報システムの重要性、考え方を理解する。
◆在庫管理システム、作業管理システム、倉庫管理システムの概要を理解する。

1 物流センターにおける情報システムの考え方

物流センターを稼働させるために、顧客とのオンライン情報交換、本社基幹システムとの情報交換、物流センターの作業指示、実績管理、各種マテハン機器の制御システム等、物流センターを運営管理していくう

図表4-7-1●物流センター情報システムの体系

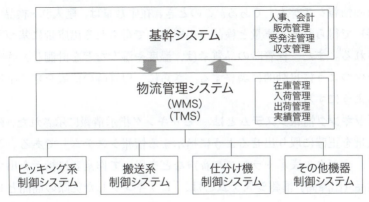

えで物流システムは不可欠である。本節では物流センターに関連する情報システムの概要について説明する。→図表4-7-1

（1）在庫管理のための情報システムの定義と内容

在庫管理のための情報システムとは、「在庫管理システムの入庫・保管業務と出庫業務について、商品や物資の数量・品質・位置のデータを管理する情報システム」である。この情報システムにより、入庫・保管業務と出庫業務の作業を省力化し、高速化するとともに、正確性を高めることができる。

（2）在庫管理の業務（入庫・保管業務、出庫業務）が対象とする作業

在庫管理のための情報システムにおいて、入庫・保管業務が対象とする作業は、棚入れ・検品（入庫時）、保管である。また、出庫業務が対象とする作業は、ピッキング、検品（出庫時）である。

これらの作業に対応して、それぞれの情報システムがある。

棚入れ・検品（入庫時）情報システムとは、「商品や物資の正しい棚入れの位置を指示したり、保管位置を登録する情報システム」である。たとえば、棚入れの位置をデジタル表示やランプなどで指示し、棚のバーコードと入庫される商品や物資を照合する。

保管情報システムとは、「在庫の数量・品質・位置を、適正に管理するための情報システム」である。このとき、在庫数量は、棚入れ・検品（入庫時）で得られる入庫量と検品（出庫時）で得られる出庫量に基づき更新される。また、保管時の品質では、温度や湿度などを計測し、許容範囲を保つように自動的に調整する。さらに、保管時の位置を常に把握できるようにする。

ピッキング情報システムとは、「ピッキング指示情報に示された、商品の数量を正確に取り出せるように指示する情報システム」である。このとき、デジタル表示やランプや音声などを用いて作業者に指示を出す。

検品（出庫時）情報システムとは、「ピッキングした実際の商品とピッ

第7節●物流センターにおける情報システム

図表4-7-2●在庫管理と作業管理のための代表的な情報システム

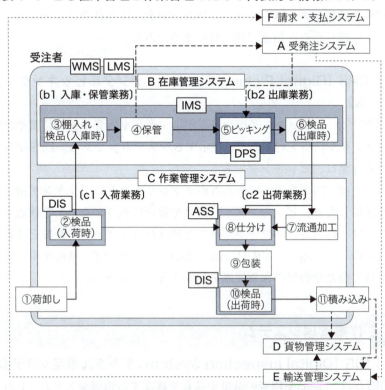

凡例； ──▶：貨物管理システムと輸送管理システムにかかわる物の流れ
　　　 ---▶：貨物管理システムと輸送管理システムにかかわる情報の流れ
　　　 ┈┈▶：その他の情報の流れ

キング指示情報を照合する情報システム」である。→図表4-7-2

2　在庫管理システム

（1）IMS（Inventory Management System：在庫管理システム）

　IMSとは、「倉庫や物流センターにある商品の、数量・品質（消費期

149

限・賞味期限、破損・汚損）・位置を、入庫から出庫に至る期間において管理する情報システム」である。IMSが対象とする作業は、棚入れ・検品（入庫時）から、検品（出庫時）までである。

（2）DPS（Digital Picking System：デジタルピッキングシステム）

DPSとは、「ピッキング指示情報が示す商品や物資の保管位置や数量を、デジタル技術を利用して、表示するシステム」である。DPSが対象とする作業は、ピッキングである。

たとえば、DPSを用いて作業者がタブレットなどにピッキング指示情報を送信したり、ピッキングした商品や物資に誤りがないかを確認する。なかには、作業者がスマートグラスと呼ばれるメガネ型の機器を装着し、メガネのレンズ越しにVR（Virtual Reality：仮想現実）技術を用いて表示される商品や物資の保管位置を把握するものもある。

3 作業管理システム

（1）DIS（Digital Inspection System：デジタル検品システム）

DISとは、「商品や物資の数量や品質を確認する情報システム」である。DISが対象とする作業は、検品（入荷時）と検品（出荷時）である。このとき、検品（入荷時、出荷時）では、実際の商品や物資と、書類や端末に示される情報と照合する。

たとえば、入荷時には納品書に記載されている情報（入荷元・商品番号・品目・数量など）と実際に入荷されている商品を照合する。たとえば、納品書やピッキング指示情報の電子データがあれば、商品や物資に貼付されているバーコードをハンディターミナルで読み込むことで、自動的に検品できる。RFIDを利用すれば、検品対象の商品や物資を読み取り装置にかざすだけで検品ができる。

（2）ASS（Automatic Sorting System：自動仕分けシステム）

ASSとは、「物資識別機器と自動仕分け装置を使用して、商品や物資を出荷先別や方面別に仕分ける情報システム」である。つまり、ASSが対象とする作業は、仕分けである。

たとえば、ベルトコンベアで搬送されている商品や物資に貼付されているバーコードなどを読み取り装置で読み取り、この情報をもとに自動仕分け装置によって、方面別や顧客別に仕分けする。

4　倉庫管理システム

（1）WMS（Warehouse Management System：倉庫管理システム）

WMSとは、「『在庫管理システム（IMS）』と『作業管理システム』を、統合したシステム」である。

WMSでは、入荷から、入庫・保管・出庫を経て、出荷までの間のすべての作業を通じて、商品や物資の数量・品質・位置とともに、作業内容

図表4-7-3 ● WMSが対象とする作業と管理項目

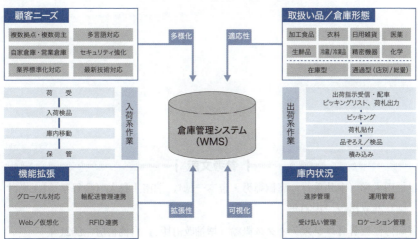

第4章●物流センターの計画

を管理する。これにより、施設内での商品や物資のステータス（その時点での商品の在庫状況や、作業の進捗状況など）を把握できる。→図表4-7-3

（2）LMS（Labor Management System：労務管理システム）

LMSとは、「倉庫や物流センターなどで、荷卸し、検品、ピッキング、流通加工、包装などの作業が、適切な作業時間と作業者数のもとで行われるように、作業内容を計画・指示し、作業時間や作業者数を管理するシステム」である。

LMSにより、事前に作業計画を作成できることから、適正人数の作業者を配置できる。そして、倉庫や物流センターで作業するすべての作業の作業時間や作業者数をもとに、作業効率を分析できる。その結果、作業効率を評価する指標（処理した個数や作業ミスの発生件数）が設定され、改善目標が定められる。

┃ 参考文献 ┃

早稲田大学（中井重行・高橋輝男・吉本一穂）、湘南工科大（金谷孝）『工場計画』共立出版、1990年

苦瀬博仁編著『ロジスティクス概論〔増補改訂版〕』白桃書房、2021年

第4章　理解度チェック

次の設問に、○×で解答しなさい（解答・解説は後段参照）。

1　物流センター計画における概略設計では、物流センター計画の目的の明確化が重要である。現状の物流センターを取り巻く状況について十分に調査・ヒアリングし、目的を明確にし、関係者で共有することが重要である。

2　物流センター計画を進めるうえで、前提条件となる現状分析は重要である。物流分析の基礎データとして、PQRSTのデータ収集・データ解析は十分に時間をかけて確実に行う必要がある。

3　物流センター計画における立地やレイアウト設計では、いろいろな制約条件がある。その制約条件には、時間による制約条件、労働力確保など人に関する制約条件、前後の物流工程による制約条件、環境にかかわる設置場所による制約条件、法的制約条件などがある。

4　物流センターの入出庫、保管能力には、導入するマテハンシステムの能力が大きく影響する。したがって、設備能力の高いマテハン設備・機器を導入すれば、最適な物流センター能力が得られる。

5　物流センター計画の最終工程として、物流センターが計画どおりに稼働し期待効果を実現するために、オペレーション計画の作成が重要である。

第4章　理解度チェック

解答・解説

1 ○
設問文に記載のとおり、関係者（顧客、経営者、従業員、現場作業者、協力会社等）と十分に議論し、目的の明確化を行うことが重要である。

2 ×
現状分析、データ収集・解析は必要項目を最初に決めて、効率よく収集・解析を行わなければならない。現状分析はなるべく必要最小限にとどめ、アイデアの創出、計画案の作成に時間を使う必要がある。

3 ○
物流センター計画においては、いろいろな要因や技術要素を自由に選択するうえでの制約条件が伴う。その制約条件には、
① 時間による制約条件
② 人に関する制約条件
③ 前後の物流工程による制約条件
④ 設置場所による制約条件
⑤ 法的制約条件
がある。これらの制約条件を考慮して計画する必要がある。

4 ×
能力の高いマテハン設備・機器を入れたとしても、物流センター全体の高い生産性・スピード・品質を得られるとは限らない。取り扱い貨物の特性、取り扱い数量、設備前後の作業担当者、運用能力などを十分に検討し、物流センターに適したマテハンシステムを導入しなければならない。また、当然のことではあるが、導入にあたっては投資対効果の検討も不可欠である。

5　〇
どんなによい物流センター計画を作成しても、オペレーション計画が確実にできていなければ、計画どおりに動かない。特に自動化機器などをたくさん入れても、それを動かすのは作業者である。作業者の配置、作業マニュアル、安全マニュアル、設備管理計画などを事前に備え、作業者が働きやすい環境をつくることが重要である。

第 **5** 章

物流センターの管理と運営

この章のねらい

　第5章では、物流センターを計画し稼働させた後の、作業現場の管理と運営方法（オペレーション）について学ぶ。

　第1節では、オペレーションの概要とオペレーションミスの防止対策を学ぶ。日々稼働する作業現場では、当初の計画どおりに動かないことが多々ある。現場が問題意識を持ち日々の作業の中で、改善を進めることが大切である。

　第2節では、品質管理手法を学ぶ。現場が自主的に進める改善活動として、自主管理活動、小集団活動、QCサークル活動などがある。現場リーダー、管理者はこれらの活動を積極的に推進し、職場の活性化、作業効率向上、安全で働きがいのある職場づくりを図る必要がある。

　第3節では、作業改善の分析手法を学ぶ。たとえば、ワークサンプリング、タイムスタディ、時間研究（MOST）、作業動作の分析、工程の分析などである。

　第4節では、コスト分析手法を学ぶ。活動基準原価計算、設備投資に対する経済性計算などである。

　第5節では、荷役作業の安全性について学ぶ。特に、安全管理手法について理解する。

第5章●物流センターの管理と運営

| 第 **1** 節 | # オペレーションとオペレーションミスの防止対策 |

学習のポイント

◆オペレーションとオペレーションミスの概念を学ぶ。
◆物流センターの現場で発生するオペレーションミスの原因を
　理解し、防止対策を学ぶ。
◆オペレーションミスを防ぐための調査と管理上の対策を学ぶ。

1　物流センターでのオペレーション

　オペレーションとは、チーム全体の業務の目標達成に向けた計画と取り組みである。物流センターは、荷主1社の専用物流センターであれば、バースや貨物用のエレベーター（EV）や荷役機器などを独占的に使えるが、多くの場合はマルチベンダーが荷主となって運営される。さまざまな業種の必要なスペースや保管方法が異なる荷主が利用するので、多階層の物流センターでは、何階のどこの区画がどの荷主の専用保管場になるかが決まる。共有設備は、時間帯によって各荷主に使用時刻が振り分けられる可能性がある。それらのタイムスケジュールの計画と管理が必要になる。

　オペレーションミスとは、事前に計画したとおりに作業現場で運営（オペレーション）できないことである。物流センター内では小さなミスでも、誤出荷、数量過不足、納期遅れ、在庫管理の精度の低下など、顧客への信用失墜、販売・生産への影響など、大きな影響を及ぼすことがある。また、オペレーションミスが作業者の事故などにつながることがある。

158

第1節 ● オペレーションとオペレーションミスの防止対策

2 オペレーションミスの原因と対策

（1）原因と対策

　作業現場で起こるオペレーションミスの直接的原因には、作業者の不注意、意識低下、疲労、錯覚、経験不足などがある。これらが起こる真の要因は、作業指示システムの不備、マテハンシステム能力と作業者能力のアンマッチ、作業者への教育不足、単純作業の長時間の繰り返し、安全対策の不備等、物流システムの問題であることが多い。物流センターでは、多くのパートタイム労働者、アルバイト従業員などの、経験の少ない作業者が働いていることが多い。作業者（人）はミスをすることを前提に、ミスを未然に防ぐしくみ（システム）を管理者・経営者は考慮することが重要である。

　具体的には、作業指示書の見直し、チェックリストの活用、現場の5Ｓ活動（整理、整頓、清潔、清掃、しつけ）、働きやすい環境づくり、現場の見える化、作業の標準化、作業マニュアルの作成更新、作業者教育等、多くの対策が必要となる。

　また、作業ミスが起きにくい作業現場づくり、マテハン機器導入による作業の自動化推進なども必要となる。ただし、これら対策には設備投資が必要であり、投資対効果を計算し経営判断することが重要である。今後の物流現場を考えた場合、生産労働人口減に起因する物流現場で働く作業要員の採用難等から自動化・効率化は避けて通れない課題といえる。

（2）人員配置上の原因と対策

　物流センターの出荷能力、保管能力は、顧客の要望に応じて設定する必要がある。顧客の入出荷量は顧客の生産計画、販売計画により決まり、通常は年間変動、月間変動、週間変動等で変動する。

　特に、作業のピーク時の要員配置およびオーバーフロー時の対策、作業閑散期の要員配置など、過去の実績、顧客からの情報により、事前に予測し、計画的に作業者を配置しなければならない。物流センターの設

備能力（入出荷場、保管棚、搬送機器、ピッキング装置）についても、明らかに能力が不足するのであれば、能力を増強する必要がある。設備能力と人員配置の過不足が、作業者に無理な作業を課し、作業ミス、事故につながる。

これら対策は現場の管理者・経営者の責任のもと、行わなければならない。

（３）作業指示上の原因と対策

現場作業者への作業指示方法には、口頭による指示、帳票による指示、現場端末へのオンライン指示、ヘッドセットへの音声指示、表示器への視覚的指示等多くの方法があるが、大切なことは物流現場では、機械（または帳票）と作業者の情報交換であり、そのインターフェースが重要である。作業指示を受けて作業を実施するのは作業者であるため、作業者にとって取り扱いやすい情報（見やすい、誤解しない、難しくない、間違えない等）であることである。

また、作業管理上での実績管理が重要である。顧客への請求などで不可欠であることはいうまでもないが、作業実績管理は今後の作業計画を作成するための重要なデータである。作業現場から上がってくる実績データは、作業者の入力負荷を減らし、正確な情報がタイムリーに上がるしくみ（システム）が必要となる。

（４）オペレーションミスの間接的な要因と防止対策

オペレーションミスの間接的な要因とは、オペレーションそのもののミスではなく、受発注でのミスや在庫管理のミスなどにより、オペレーションとしてのミスにつながるものである。

具体的には、受注時のミスとして、受注に対する納品数量の差異、品目の違いなどがある。また、在庫管理でのミスとして、商品の破損・汚損・変形、出荷期限切れ、品切れなどがある。

第1節 ● オペレーションとオペレーションミスの防止対策

3 オペレーションミスを防ぐための調査と管理上の対策

　オペレーションミスが起きた場合には、解決を図るために、原因の調査が必要である。この場合、以下の点に留意する必要がある。

　現場でオペレーションミスは必ず発生する。オペレーションミスをなくす（減らす）ための管理上の対策を実施することが、現場管理として重要である。

①　オペレーションミスの発生原因の追及と対策の実施

　オペレーションミスが発生した現場のリーダーと管理者が一緒になって、なぜオペレーションミスが発生したのか、原因を追及する。原因の追及方法として「特性要因図」による原因追及は有効な方法である。重要なことは、オペレーションミスを犯した作業者を責めるのではなく、原因、特にその奥に潜む真の原因を探し対策を作成することである。その方法として本章第2節で述べる「小集団活動」は有効な手段である。

②　働きやすい作業環境づくり

　オペレーションミス、事故、作業能率低下等は、作業環境が要因となっている場合が多い。作業現場が狭い、不要なものがたくさん置かれている、ごみ粉塵がある、見通しが悪い、安全通路が引かれていない、など作業環境が悪い状態の作業場が多い。5S活動等を実施し、作業者が働きやすい環境をつくることは非常に大切である。特に要員採用では、作業現場の見た目が重要である。

③　作業の機械化・自動化の推進

　単純作業、労働負荷の大きい作業、高所作業など危険作業、人手を多く要する作業、高速処理を要求される作業、保管効率の悪い作業などは機械化・自動化を検討する。ただし、機器導入には設備投資費用が必要となるため、投資対効果を十分に考慮し経営判断する必要がある。

④　情報システムの導入

　情報処理の効率化を目的に、倉庫管理システム（WMS）、輸送管理システム（TMS）などの導入を検討する。顧客との受発注業務、作業現場

への作業指示、作業実績管理、在庫管理などがシステム管理の対象となる。情報システムの導入にあたっては、投資対効果の計算が必要である。

⑤　作業不良

作業不良やミスなどは、その内容別に発生頻度や発生率を定量的に把握して解決していくことが重要である。その場合、発生した物流工程を特定しておくことが大切である。

⑥　作業時間と曜日による変動

作業時間帯や曜日・週・月などの特性があるかどうかを把握しておくことが大切である。

⑦　作業者と作業内容の関係

物流センターの作業者と作業内容、作業範囲を関連づける作業管理の徹底を図ることが大切である。

⑧　商品の受け払い

受注先との商品の受け払いを確認できる基本的制度を確立しておくことが大切である。

第2節●品質管理手法

第 **2** 節 | 品質管理手法

学習のポイント

◆作業現場で進める小集団活動の重要性と進め方を理解する。
◆代表的品質管理手法としてQC7つ道具の内容と活用方法を
理解する。
◆品質マネジメントとISO9001の概要を理解する。

1 | 小集団活動

(1) 小集団活動の効果

　物流センターにおける小集団活動とは、現場の作業者が職場単位に少人数のグループ（小集団）をつくり、自主的に職場改善に取り組むことである。会社、職場により自主管理活動、QCサークル活動として進められている。

　小集団活動を実施することにより得られる作業現場、作業面および作業者としての効果は、以下の点が挙げられる。

1) 作業現場における効果（活性化）
① 作業者どうしのコミュニケーションがよくなる
② 上司とのコミュニケーションと情報伝達がスムーズになる
③ チークワークがよくなる
④ 作業現場の人間関係が良好になる
⑤ 作業現場が明るくなり、仕事が楽しくなる

2) 作業面での効果（効率化）
① 改善意識が向上し、改善提案が活発になる

163

② 業務改善が進み、仕事がやりやすくなる

③ 品質管理意識が高まり、作業品質が向上する

④ コストダウン意識が高まり、仕事のムダが少なくなる

⑤ 安全意識が高まり、事故が減少する

3）作業者としての効果（充実感）

① 仕事への意欲、働きがいが生まれ、自信と勇気がわいてくる

② 問題や課題の発見・解決力が身につく

③ 自己啓発が図られ、人間としての幅が広がる

④ リーダーシップが身につく

⑤ コミュニケーション能力が身につく

（2）小集団活動における問題解決手法の例

　小集団活動においてよく使われる問題発見・解決手法の代表例として、文化人類学者の川喜田二郎氏が考案したKJ法がある。

　KJ法では、まず職場の問題点など議論するテーマを決めて周知する。参加メンバーに無記入のKJカードを各自10枚程度配る。参加メンバーは各自思いつく問題点をなるべく多く、KJカード（付箋紙など）1枚ごとに1つの問題点を記入する。記入されたKJカードを似た内容の問題ごとにグルーピングする。グルーピングされた問題点に対し総括できる表題を付けていく。そして、グループごとにまとめられた内容を、「原因と結果」や「目的と手段」の関係に従って互いに結びつけながら、問題の構造を明らかにし、問題解決策を創造していく。

　KJ法の特徴は、誰でも参加可能であり、また、定量的に表現できない問題でも単純に書き出せることである。たとえば、「物流工程間への搬送に3分間の時間がかかる」と実際に測定し具体的に表現するのではなく、「物流工程間の搬送に時間がかかる」と記入すればよい。

　KJ法は、職場の問題点抽出や整理などによく活用される。現状の物流センターにおける各物流工程で発生している問題点を抽出し、改善点を明確にすることにより職場改善を進めるための手法として有効である。

第2節 ● 品質管理手法

2 QC7つ道具

QC（Quality Control：品質管理）サークル活動は、小集団活動の代表的な活動である。

QCサークル活動は、職場や仕事の質の向上、人材育成を目的に行われ、活動の結果として物流現場の効率化、改善につながる。特徴は、一時的な活動ではなく定着した継続的な活動であり、業務命令ではなく、基本的には自主的な活動として行われる。

（1）QC7つ道具

QC7つ道具は、品質管理活動を進めるための、現場で発生する定性的事象を定量的に分析する技法（道具）である。そして、発生している各種事象を視覚化（見える化）することにより、問題点を明確にし、問題意識を共有し、問題解決するために有効なツール（道具）である。

QC7つ道具とは、以下のとおりである。

① パレート図

パレート図とは、値が降順にプロットされた棒グラフと、その累積構成比を表す折れ線グラフを組み合わせた複合グラフである。

図表5-2-1のように、左側の縦軸は発生頻度を表すが、コストやその他の重要な測定単位を表すこともある。右側の縦軸は、全体の発生件数、総コスト、特定の全測定単位に占める累積構成比を表す。横軸は、項目（品名、原因など）を頻度の高い順に示す。

パレート図の目的は、横軸で分類された項目（品名、原因など）の中から最も重要なものを定量的に視覚化することである。物流センターでは、取り扱い品種ごとの在庫数量分析、入出庫量分析などレイアウト設計、物流機器選定の前提条件として使用する。

物流関連分析で使用されるPQ分析（Product Quantity Analysis）はパレート図の一種であり、横軸に取り扱い品目（多い順）、縦軸に頻度（出荷量、在庫量など）をヒストグラムでグラフ化し、累積比率を折れ線グ

165

図表 5-2-1 ●パレート図

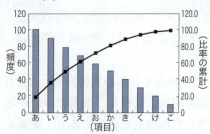

ラフにて表示する。累積折れ線グラフの70～80％までをAグループ、次の90％までをBグループ、残り100％までの10％をCグループと分類し、グラフ上に表示する。AグループをA品（多頻度品）、BグループをB品（中頻度品）、CグループをC品（少頻度品、またはロングテール）と分類し、保管方法、レイアウト、荷役機器選定の判断基準とする。

ABC分析と呼ばれることもある。→第4章第2節2

② 特性要因図

特性要因図とは、特性（結果）とそれに影響を及ぼすと思われる要因（原因）との関係を整理して体系化した図である。図形の形状から魚の骨（フィッシュボーンチャート）とも呼ばれる。

作成の手順は、「問題とする特性を決める」「特性と背骨を記入する」「要因をカードに記入する（カードを1人10～20枚程度配り、特性に影響する要因を1枚に1項目記入する）」「要因のグループ分けをする」「要因カードの配置をする（グループ内でなぜ？なぜ？を繰り返し、中骨・小骨・孫骨とカードを配置する）」「要因の漏れがないかを確認する」「要因の評価と重み付けをする」「必要事項を記入する」「考察する」である。特性要因図を作成することにより、起こっている結果に対し、真の原因を見つけ出すことができる。→図表5-2-2

③ グラフ

グラフは、現場調査等で収集した数値データを視覚的に表現した図である。通常、各種データ（作業実績、調査収集など）はEXCEL等で表

図表5-2-2 ●特性要因図（事例）

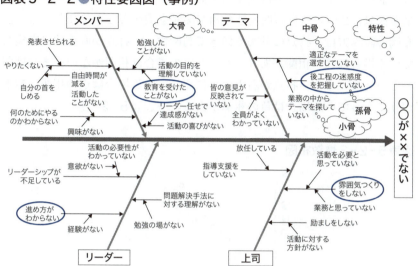

を作成し、統計処理する。しかし、表ではデータの各種特性、時間的変化、指標となる属性との関係性を読み取ることが困難である。そこでデータをグラフ化し、視覚的に傾向、特性を考察する。

グラフにはさまざまな種類があり、目的やそのデータの特性により使用するグラフを選択する必要がある。代表的なグラフとして、棒グラフ、折れ線グラフ、円グラフ、帯グラフ、レーダーチャート、散布図などがある。

④ チェックシート

チェックシートは、データを手軽に集め、事実を正確に確認でき、調査や記録の方法を整理しやすいように、あらかじめ設定したシートのことである。特定のフォーマットがあるわけではなく、現場の実態、収集したデータの特性等を考慮し、現場が記入しやすいようなチェックシートを作成することが重要である。

⑤ 散布図

散布図とは、2種類の項目を縦軸と横軸に設定し、縦軸、横軸の項目

の数値情報をグラフ上の該当する位置に打点（プロット）した図である。散布図は、2つの項目の関連性や相関関係を調べるときに使われる。散布図の読み方は、打点の分布や傾きで判断する。打点が直線的に密集している場合は強い相関があり、バラバラの場合は相関がない、または弱いといえる。また、打点が右上がりになっている場合は正の相関、右下がりになっている場合は負の相関がある。→図表5-2-3

図表5-2-3●散布図

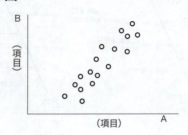

⑥　ヒストグラム

ヒストグラムとは、収集したデータを区間ごとに区切り、その個数や数値のばらつきを棒グラフで表した図である。データの分布や形状を視覚的にわかりやすくするために使うものである。

現場で収集したデータ（たとえば、トラックの到着間隔分布、ピッキング作業の1回当たりの所要時間など）は必ず「ばらつき」のある数値となる。これらデータを統計的に平均、分散、標準偏差等を求めて現状の作業特性を把握するとともに、ヒストグラムを作成し、視覚化することは現場把握のために有効である。

ヒストグラムの作成手順は、「分析対象を明確にする」「データ集める」「データの最大値と最小値を求める」「区間の数を決める」「区間の幅を決める」「区間の境界値を決める」「区間の中心値を求める」「データの度数を数える」「度数表を作成する」「グラフを作成する」である。→図表5-2-4

図表5-2-4 ● ヒストグラム（事例）

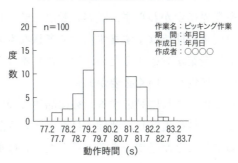

⑦ 管理図

管理図とは、品質のばらつきを分析、管理するための図である。管理図は、データの種類によって分類される。事例としてp管理図について説明する。この管理図は不良品の割合を示す。中心線は不良率の平均、上下の管理限界線は不良率の変動範囲の上限と下限を表している。不良品が管理限界線の外側に出ると、工程は不安定で異常が発生していると判断できる。→図表5-2-5

図表5-2-5 ● p管理図（事例）

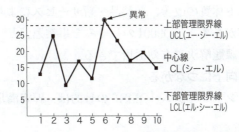

3　ISO9001

「ISO9001は、製品やサービスの品質保証を通じて、顧客満足向上と

品質マネジメントシステムの継続的な改善を実現する国際規格である」
((一財) 日本品質保証機構ホームページより)。

　組織の規模や業界にかかわらず、顧客の製品やサービスに対する知識
は深まり、その要求や期待はますます高度で多様なものになっている。
このような状況に企業が対応するためには、常に優れた品質の製品・サー
ビスを継続的に提供していく必要がある。

　企業経営としては、これに対応するために品質について計画し、資源
を確保し、製品の提供を実施し、評価・見直すという**品質マネジメント**
Key Word を実施することが必要である。そして、ISO9001で示されるよ
うな品質マネジメントを運用することによって、市場や顧客のニーズに
応えることができる。現在、このISO9001を使った第三者認証制度が運
営されており、世界中の約90万もの組織が認証を取得している。

（1）ISO9001取得のメリット

①　企業の経営課題の解決に役立つ

　企業の課題には、「収益性の向上」「売上げ・シェア拡大」「人材の強化」
「新製品・新サービス・新事業開発」「財務体質の強化」「現場力の強化」
「品質向上」「高コスト体質の改善」「顧客満足度の向上」「技術力・研究
開発力の強化」などがある。たとえば、「収益性の向上」という課題に対
しては、高コスト体質の改善、新製品・新サービスにより顧客満足度の
向上を図るなどがある。ISO9001のしくみを事業運営と一体化すること
で、企業の経営課題解決に有効活用できる。

②　組織の品質向上につながる

　品質マネジメントシステム（QMS）の目的は、顧客満足度の向上と継

Key Word

品質マネジメント──製造やサービス提供といった業務プロセスの維持や改善に
　よって、製品やサービスの質の向上を図るためのものである。

第2節●品質管理手法

続的改善であり、ベースとなるのは、製品やサービスの品質保証である。品質保証の観点でいえば、顧客クレームや製品回収につながるミス・事故は企業にとっては最重要課題であり、起こしたくない、起こしてはならない事象である。現実問題として、クレームや製品回収などに起因して、企業の信頼は往々にして大きく低下する。一時的に低下するだけならまだよく、起こした事象によっては、企業の存続自体が危ぶまれ、致命的なリスクとなるケースも少なくない。「自分たちのリスクのために何を管理するか」。このリスクに対応した管理をさらに強固にするために役立つのがISO9001である。

（2）ISO9001：2015年版の7つの規格要求事項

ISO9001には、それぞれ用語の定義や組織に求める項目（規格要求事項という）が記載されている。

ISO9001の認証登録する審査では、ISO9001の規格要求事項に組織側のしくみ（システム）が適合しているかどうかを、審査機関に属する審査員が第三者の立場から確認する。ISO9001の初版は1987年に発行、その後改訂を重ね、第5版である最新版はISO9001：2015で2015年9月15日に発行されている。ISO9001：2015に記載されている7つの規格要求事項は下記のとおりである。

① 組織の状況

自分たちの取り巻くさまざまな状況の把握を行ったうえで、事業プロセス（本業）とISOマネジメントシステムを一体化することにより、顧客満足のさらなる向上と強い組織体制をつくることを目指す。具体的には、組織の状況と利害関係者のニーズを把握して、適用範囲を決めて、具体的にそれを実行する体制を含めたシステムを構築することが必要となる。

② リーダーシップ

リーダーの役割としては、説明責任を持ってトップダウンで進めることが必要となる。トップが責任を持って、「自分たちはこのような考え方で管理している」ということをしっかり説明できる体制にしておくこ

とが求められる。

③ 計画

品質マネジメントシステム（QMS）のPDCAサイクルの計画をつくること（＝P）を求めている。「リスクおよび機会への取り組み」「品質目標およびそれを達成するための計画策定」の手順で取り組むことになる。QMSが意図する結果を達成するためには、組織としての外部・内部課題と、利害関係者のニーズおよび期待を、組織として具体的な項目を明確に把握しておくことが重要になる。

④ 支援

品質マネジメントシステム（QMS）を運用するための資源（支援）についての要求事項である。ここでは、「人的資源」「インフラストラクチャ」「プロセスの運用に関する環境」「監視および測定のための資源」「組織の知識」について、規格が求める内容に対応する必要がある。自分たちに必要な資源を決定するには、内部資源がどれくらい活用できるか、どのような資源を外部から取得する必要があるか、などを考慮したうえで、明確にした必要な資源を実際に活用することが重要である。

⑤ 運用

品質マネジメントシステム（QMS）のPDCAサイクルの「D」に該当する。手順は、まず「組織の状況を整理し」、次に「あるべき姿を明確にし」、最後に「目的達成のための計画をQMSに落とし込み」、そのうえで、このQMSの運用を求める。

⑥ パフォーマンス評価

品質マネジメントシステム（QMS）のパフォーマンスとその有効性を評価することを求めており、PDCAサイクルの「C」に該当する。QMSが、その意図した結果を達成しているかどうかを測るために監視・測定を行い、その結果を分析・評価して、次なる課題を明らかにすることにつなげていく必要がある。

⑦ 改善

PDCAサイクルの「A（改善）」に当たる。品質マネジメントシステム

（QMS）を効果的に運用していくためには、現状の取り組みレベルが下がるのを防ぐだけでなく、よりよい方法を見つけていくことが必要である。ここでは、単に問題点を改善するだけでなくQMSというしくみ自体のアップデートを心がけること、すなわち継続的改善が求められている。

第5章●物流センターの管理と運営

第 **3** 節 作業改善の分析手法

学習のポイント

◆物流センターの稼働後、物流作業の遅れや物流システムに問題・課題が発生した場合に備えて、作業改善の手法を学ぶ。
◆作業改善を効率よく進めるために、各種分析手法を学び習得する。

1 作業改善の手順

　作業現場には必ず問題が潜んでいる。この問題を抽出・顕在化し作業改善を進めることにより、ムダな作業を排除し、効率的な職場をつくる必要がある。作業改善を進める基本的な手順は下記のとおりである。

① 現状の作業現場の状況を把握・整理する。
② 改善計画を作成する（チーム、スケジュールなど）。
③ 日ごろ感じている問題点・改善項目を抽出する（定性的）。
④ 定量化が必要なデータを決めて、作業改善分析手法を用いて収集・分析する。
⑤ 作業改善案を複数案作成する（各案の経済性評価（概算投資額、投資対効果））。
⑥ 作業改善案の評価をして採用する案を選定する。
⑦ 必要に応じてシミュレーションなどにより能力検証を行う。
⑧ 経営者の承認を得る。
⑨ 詳細設計を行う。

　本節では、④の作業改善分析手法、⑤の経済性評価、⑦のシミュレーションについて学ぶ。

第3節 ● 作業改善の分析手法

2　分析手法の概要

　作業改善のための分析手法には、①IE手法による作業分析、②運搬分析、③生産性評価、④シミュレーション、⑤経済性評価、などがある。

　これら分析手法は、作業改善を進める過程で数値化・見える化することにより、現状の問題点を定量的に把握するために実施する。すべての手法をそのまま使うというよりも、必要に応じて効率よく使うことが重要である。また、生産性評価、シミュレーション、経済性評価については、作成した改善案に対し、改善効果、能力検証、経済性の確認を得るために実施する手法である。これら手法を十分に理解し、効率よく使うことが作業改善を進めるうえで大変効果的である。

（1）IE手法による作業分析

　IE（Industrial Engineering）とは、テーラー（1856年～1915年、米国）が提唱した「科学的管理技法」である。IEの定義は、「価値とムダを顕在化させ、資源を最小化することでその価値を最大限に引き出そうとする見方・考え方であり、それを実現する技術である。仕事のやり方や時間の使い方を工夫して豊かで実りある社会を築くことを狙いとしており、製造業だけでなくサービス産業や農業、公共団体や家庭生活の中でも活用されている」（日本IE協会）である。

　代表的IE手法は方法研究と作業測定の2つに分類され、方法研究の代表例は工程分析、流れ分析、連合作業分析、動作（サーブリック）分析などがあり、作業測定にはタイムスタディ、ライン作業分析、ワークサンプリング、時間研究（MOST）などがある。本節では物流現場でよく使われるワークサンプリング、タイムスタディ、時間研究（MOST）、動作分析、工程分析について概要を説明する。

（2）運搬分析

　運搬分析の代表的な手法には、運搬活性支数分析、運搬工程分析がある。

175

1）運搬活性支数分析

運搬活性支数分析の活性とは、モノの置かれ方、動かしやすさを活性示数（バラ置き「0」、箱入り「1」、枕付き「2」、車上「3」、移動中「4」）という数値で表し、運搬状況を分析する。

モノの置き方の適否、運搬設備の良否判定とその比較、各工程での改善要点の抽出を目的として行う。

2）運搬工程分析

運搬工程分析は、工程分析（→本節**7**）と同様に、モノの流れていく状況を工程順に調査し、取り扱い質量、移動距離、所要時間などを説明するために、取り扱われ方と置かれ方を記号で表し、それを検討し分析する手法である。

運搬工程分析は、工程分析と異なって、運搬に着目しモノの停滞するところや、モノの移動が逆行および交差する箇所などを見つけ出し、改善箇所を抽出することを目的とする。

（3）生産性評価

生産性とは、投入資源に対する生産物の量である。投入資源が作業者である場合は労働生産性といい、設備の場合は設備生産性、原材料の場合は歩留まり・良品率、エネルギーの場合はエネルギー原単位、土地・建物の場合はm^2当たり生産性、時間単位の場合は時間当たり生産性という。物流現場では、現状の生産性、作業改善後の生産性、作業ネックとなる工程の必要生産性（能力）などを定量化し、把握する必要がある。

物流センターの代表的な生産性評価の指標として、人時当たり入庫量、人時当たり出庫量、面積当たり保管量などがある。仕分けコンベヤなどの自動機器を物流センターに導入する場合は、導入予定の設備の設備能力と、現場に導入した後の時間当たり処理能力などの分析を行い、その有効性や効率性を確認する必要がある。ただし、その際は、パレット、ケース、バラなどの取り扱うモノの荷姿別に、処理能力を分析しなければならない。

（4）シミュレーション

シミュレーション（Simulation）とは、現実のシステム（作業現場）のモデルを作り、そのモデルを通して動的・数値的に再現する（やってみる）ことをいい、「模擬実験」と呼ばれる。

シミュレーションは「解析的」に問題を解くのではなく、「実験的」に解くことを前提にしており、解析的に解くことが困難な問題を、容易に解くことができる場合がある。ただし、シミュレーションで得られた解は、実験的に求めた解であり、「最適解」ではなく「満足解」または「近似解」である。

物流センターの新設または改善案の検証などで、実際に検証することが難しい場合に、モデルを作って試してみる（シミュレーション）場合に使われる。物流センターでの具体的適用事例として、「最適在庫・レイアウト」「倉庫面積」「使用設備（トラックバース数、フォークリフト台数）」「必要要員数」「搬送設備能力の検証」「要員配置」「必要トラック台数」「物流センターの立地場所の検証」「トラックの駐車スペースの検証」など、適用範囲は広い。

シミュレーションの実施方法には、既存のシミュレーションソフトを使う、シミュレーションモデルをプログラミングして作る、簡易ハンドシミュレーションを実施する等があるが、本テキストでは最も安価で手軽にできるハンドシミュレーションを説明する。

ハンドシミュレーションでよく使われる、作業現場で発生する事象（入庫、出庫、作業時間など）を統計的に処理し、乱数を使ってモデルを作るモンテカルロ法を説明する。

手順は「シミュレーション目的の明確化」「シミュレーションモデルの作成」「シミュレーションの実行」「結果の解析」「設定条件の変更（繰り返し）」「結果の考察」となる。

具体的事例として、「物流センターの入荷トラックバースの数と入庫作業フォークリフトの台数検証」というテーマでシミュレーションモデルを作る場合、入庫トラックの到着分布を実績値から統計分布を想定（ポ

アソン分布）し、到着時間を乱数で発生させる。同じように到着トラックの荷卸し時間、フォークリフトの入荷作業時間を統計データより乱数で発生させる。これら前提条件のもとで時間を進め、分析シートに記載してシミュレーションを実行する。次にトラックバース数、フォークリフト台数を変更しシミュレーションを実施してみる。その結果から実験的に最適バース数、フォークリフト台数を考察する。

（5）経済性評価

作業改善案を作成した後に、作業改善案が実行可能案であるかどうかを判断するために、経済性評価が不可欠である。

物流センター作業改善案では、設備投資として倉庫面積の拡張、建物の増設・改修、新規設備導入（搬送設備、保管設備、ピッキング設備、仕分け設備、運搬機器（フォークリフトなど））、システムの新規開発・改修などがある。具体的には、まず、これら設備投資額を積算（物流機器メーカー、建設会社、システム開発会社など）する。次に経費の積算として、設備・建物の減価償却費、修繕費、保険料、運営経費（水道光熱費、通信費、資材消耗品費、廃棄物処理費など）、システム投資減価償却費、システム維持費、輸配送費、作業員人件費、管理要員人件費などを積算する。そして、改善案実施による売上げを予測する。

次に現状の経費、売上げを整理し、現状と改善案の経費、売上げ、利益の比較をする。投資対効果として設備投資回収年を算出する。

改善案の評価表として、設備投資額、改善効果（省力人数など）、経済性評価、将来性などの一覧表を作成し経営判断資料とする。

3　ワークサンプリング

ワークサンプリングは、物流センターなど、物流現場で現状作業の実態把握、ムダな作業など日ごろ感じている問題点を定量的に把握・見える化するために、現場で実施される代表的な手法である。ワークサンプ

第3節 ● 作業改善の分析手法

リングの概要は、分析対象となる作業の要素作業を定義分類し、観測時間を設定した観測シートを作成し、瞬間的に複数回観測する。ワークサンプリングは、この観測結果から作業割合を統計的に分析する手法である。この手法は、比較的短時間に少ない工数で、人の稼働状況の定量的分析を行うことができるため、現場でよく使われている手法の1つである。

（1）ワークサンプリングの実施手順

ワークサンプリングを実施する場合、事前準備を十分に行い実施することが重要である。

① 何を知りたいか、その目的を明確にしておく

「作業待ちが多い」「ムダな移動が多い」「打ち合わせ時間が多い」「ムダな運搬が多い」など、現状作業に問題を感じるときに、感覚的ではなく定量的に作業の実態を観測することを目的とする。

② 観測対象を決定する

③ 観測頻度を決定し、観測回数を求める

対象作業の作業サイクル時間にもよるが、通常の物流センター業務の場合、1～2日間の観測期間で、観測間隔は5分または10分間隔で行われる。観測の時間間隔は、観測結果として大雑把に把握したい場合、詳細に把握し、作業改善、標準時間設定に使いたいなど目的に応じて必要データ数を検討し、観測時間間隔を決める。

④ 観測結果を記録する様式を作成する

表の縦方向（行）に単位作業名、横方向（列）に観測時間を記載し、観測シートを作成する。観測時間は観測対象の作業の特性により、サイクリックな作業（切り返し作業）、流れ作業の場合、時刻乱数表を使いランダムな時間を設定する必要がある。等しい間隔時刻で観測時間を設定すると同じ動作（作業）タイミングで観測することになり、ランダムサンプリングにならなくなる可能性があるためである。通常の物流センター作業（入荷・出荷作業、ピッキング作業など）の場合、観測の容易性から、等間隔時刻を採用する場合が多い。ワークサンプ

179

第5章●物流センターの管理と運営

リングは統計手法であり、データに偏りがないことが重要である。

⑤　予備観測を行う

　観測要員、観測方法、観測場所などを決め観測を開始する。あらかじめ作業現場の管理者、リーダーに観測方法、目的、期間などを事前に説明しておくことが重要である。ただし、現場の作業者には意識することなく通常の作業を実施することをお願いする。また、現場には危険がつきものである。観測場所等、作業者の邪魔にならない場所で安全に配慮し、観測しなければならない。以上の準備を行った後に予備観測を実施し、確認する。

⑥　ワークサンプリング観測を実施する

　現場で、観測シートに従って、観測を実施する。観測時刻になったら対象の作業者を見て要素作業のどの作業を行っているか瞬時に判断し、対象となる要素作業欄にチェックを入れる。判断に迷ったときも、観測者の判断で要素作業を選びチェックすればよい。ワークサンプリングは傾向値を出す統計手法であることを理解する。

⑦　観測シートを集計する

　観測シートを回収し、表にデータを入力する。要素作業ごとのチェック数を集計し、作業全体の全体に対する比率（％）を出す。

⑧　観測結果をグラフ化する

　表のデータをもとに、要素作業ごとの比率（％）を円グラフで表現する。経過時刻ごとに積み上げ、棒グラフで表現する。

⑨　ワークサンプリング結果を考察する

　定量化・見える化されたグラフより、考察、問題点の抽出、原因追及などを行う。

⑩　改善検討を行う

（2）ワークサンプリング実施上の留意点と効果

　ワークサンプリングは現状作業の実態を定量的にグラフ化（見える化）し、現状の問題点等を明確化するために使われる手法である。データの

収集、解析方法は統計手法が使われる。収集したデータは観測した日時のサンプリングデータであり、日ごろの作業の傾向値は示すが、標準時間作成のための基礎データとしては使えない。観測日の記録（年・月・日・時間、天候など）と特性（閑散期・繁忙期、特殊事情など）を考慮し、ワークサンプリング結果を判断する必要がある。

ワークサンプリングは現場の実態調査としてよく使われる。その効果は、観測者が観測期間現場に張り付いて観測するため、日ごろとは違う目で見ることができ、改善につながる問題点の発見、改善案の着想につながることがある。また、作業現場とともに実施されるため、現場と観測者（スタッフ）との一体化が図れ、現場改善の動機づけができる。

4 タイムスタディ

タイムスタディとは、作業者の作業を現場で直接観測し、要素作業ごとの経過時間を測定し分析する方法の総称である。一般的に、時間測定はストップウォッチを用いて実施される。観測方法としては、現場で直接観測する方法と、ビデオを撮りビデオを見て観測する方法がある。この手法は作業の標準時間を設定するときや、作業改善の現状把握として作業時間を計測したいときに用いられる。

タイムスタディ実施の手順は、以下のとおりである。

① **目的を明確にする**

「作業改善のため」「作業標準時間を作成するため」などの目的を明確にする。

② **対象作業を選定し範囲を決める**

対象作業現場、対象作業者、作業範囲などを決める。観測対象作業者は目的にもよるが、標準的作業を実施できる作業者を選定することが多い。

③ **予備調査を実施する**

予備調査を実施し、測定のポイント・方法などを確認する。測定対

181

第5章 ● 物流センターの管理と運営

象作業者、管理者への事前説明もこのタイミングで行う。

④ 観測対象作業の要素作業を分類する

予備調査実施時に、要素作業の分割、要素作業の定義（作業の範囲）などを明確にする。

⑤ 観測用紙を作成する

表の縦（行方向）に要素作業、横（列方向）に観測回数を記載する用紙を作成する。→図表5-3-1

⑥ 観測回数を決定する

作業改善のために現状の概略を把握する等の目的の場合は、多くの観測回数は必要ないが、標準時間を決めたい等の目的の場合は、観測回数を増やす必要がある。標準時間設定のためには観測データに対し、レイティング（作業者特性による調整値）や余裕率（余裕時間）など、調整が必要となる。

⑦ 観測の実施

ストップウォッチを使い、対象作業の作業者の要素作業ごとの経過時間を測定していく。観測途中にイレギュラーな事象が起こった場合

図表5-3-1 ● タイムスタディ観測用紙と観測結果（事例）

（秒）

要素作業		1	2	3	4	5		10	平均
部品ABを治具にセット	個	7	8	6	7	8			7.2
	読	7	58	46	35	29			
ネジ締め（4本）	個	17	15	16	17	19			16.8
	読	24	1:13	2:02	53	48			
部品の反転とハンダ面の固定	個	7	8	5	7	7			6.8
	読	31	21	7	3:00	55			
ハンダ付け（2カ所）	個	15	14	15	17	15			15.2
	読	46	35	22	17	4:10			
完成部品を置く	個	4	5	6	4	4			4.6
	読	50	40	28	21	14			
	個								
	読								
	個								
	読								
	個								
	読								

182

は、観測を中断するか、観測データに印（○で囲むなど）を入れる。

⑧　観測結果の整理と考察

　観測結果を整理し、作業のサイクルタイム、各要素作業の平均時間などを算出する。結果を考察し、当初目的の観測データとして使用する。

　タイムスタディは作業改善実施時によく使われるが、観測目的を明確にし、観測にムダな時間を費やさないよう注意する必要がある。また、観測対象の作業者に十分に説明し、理解してもらったうえで行う必要がある。観測データは、観測時の特殊要因等も十分に考慮して使わなければならない。

5　時間研究（MOST）

　MOST（Maynard Operation Sequence Technique）は、米国のH. B. メイナード社で開発された標準時間の設定方法である。1975年に米国で紹介され、日本では1987年に『MOST 新しい標準時間の設定法』として（一社）日本能率協会から翻訳出版された。

　MOSTでは、作業を一連の流れ（シーケンス）に分類することで、従来のMTM（Methods Time Measurement）などに比べて短時間で手法を習得でき、分析時間も30〜50倍も短くて済むなど、非常に便利な作業測定技法である。

　このMOSTは、細かな作業から物流現場のフォークリフト作業のような長いサイクルの標準時間の設定も可能であり、多品種少量生産、量産、間接業務など、幅広い業務に利用可能である。

　MOSTは、実際の作業を計測するストップウォッチ法と違い、実際にはまだ作業を行っていない新規業務の時間の見積もりが可能なので、営業のコスト見積もりの手法としても有効である。

　MOSTには、最も一般的な作業を測定する場合に使用するBasic-MOST、小さなモノの組み立てや包装のような繰り返し性の高いサイクル作業を測定する場合に使用するMini-MOST、運搬・重機組み立てのよ

うな長いサイクル作業を測定する場合に使用するMaxi-MOSTの３種類で構成されている。

Basic-MOSTは、普通移動、制限移動、工具使用の３つのアクティビティ（一連の作業）で構成されている。たとえば、普通移動のシーケンス・モデルでは、手を伸ばす、運ぶ、対象物の位置決めをするなどの一連の作業シーケンスで表される。

図表５-３-２に示すように、A（アクション距離）、B（胴の動作）、G（コントロール下におく）、P（位置決め）などのサブアクティビティがあり、A_6、B_6、G_1、A_1、B_0、P_3、A_0などと表現される。この事例では３歩歩いて、床上からボルトを１つ取り、身体を元の位置に戻して、穴にボルトを入れるアクティビティを表現している。

図表５-３-２ ● Basic-MOSTデータカード（普通移動の場合）

Index	A アクション距離	B 胴の動作	G コントロール下	P 位置決め
0	＝＜５cm			手に持つ軽く投げる
1	手を伸ばせば届く範囲		軽い対象物 軽い対象物（同時）	横に置く 緩いはめあい
3	１～２歩	かがむおよび立ち上がる （発生率50%）	非同時 重いまたはかさばる 見えないまたは障害がある 引き離す からまった 集める	調整 軽く押す ２回調整
6	３～４歩	かがむおよび立ち上がる		注意または正確 強く押す 見えないまたは障害がある 途中での移動
10	５～７歩	座るまたは立つ		
16	８～10歩	ドアを通り抜ける 昇るまたは降りる 立つそしてつかむ かがむそして座る		

184

$A_6 =$ 対象物の位置へ 3 ～ 4 歩歩く

$B_6 =$ 胴を曲げて、元へ戻す

$G_1 =$ 軽い対象物を 1 つ取る

$A_1 =$ 手を伸ばせる距離へ対象物を移動する

$B_0 =$ 胴の移動なし

$P_3 =$ 対象物を調整して、位置決めをする

$A_0 =$ 戻りなし

英文字の右下のインデックス値の合計 6 + 6 + 1 + 1 + 0 + 3 + 0 = 17 を 10 倍したものが TMU（Time Measurement Unit）いう時間の単位となる。この場合 170TMU となり、時間に換算すると 0.1 分となる（1 TMU = 0.0006 分で換算）。インデックス値は、標準化されたデータカードを見て該当する値を書き込む。このように、非常に簡単にまだ行っていない作業の標準時間を推定できる。

6　動作分析（サーブリッグ分析）

作業者の動作は、モノの質量による影響が非常に大きい。同じ質量であっても作業者によってその動作はさまざまであり、さらに、同じ作業を繰り返しても毎回同じ動作とは限らない。

動作分析（サーブリッグ分析）は、人の動作を 18 の記号（サーブリッグ：ギルブレスが開発した手法）で表し、対象作業の作業動作の分類、各動作の所用時間などを一覧表で見える化しムダな動作、改善すべき動作を発見し、作業の改善を図る手法である。→図表 5 - 3 - 3

現在では、動作分析の多くはビデオカメラで作業動作を撮影しながら実態を把握し、動作におけるビデオカメラの時間表示を活用して問題点の改善を行っていく方法がとられている。ビデオカメラによって撮影された映像は、あとで分析する際に作業の実態がそのまま映像として残るので、非常に利用しやすい。

第5章 ● 物流センターの管理と運営

図表5-3-3 ● 動作分析（サーブリッグ分析）で使用される
サーブリッグ記号

サーブリッグ記号（Therbrig）

種別	基本要素	略号	記号	種別	基本要素	略号	記号
第1 仕事を進めるうえで必要	空手移動 Transport Empty	TE	⌣	第2 できるだけ減らすことを考える要素	探す Search	SE	⌒⊙
	つかむ Grasp	G	∩		見出す Find	F	⊙
	荷重移動 Transport Loaded	TL	⌒		選ぶ Select	ST	→
	組み合す Assemble	A	#		考える Plan	PN	♀
	引き離す Disassemble	DA	╫		前置き Preposition	PP	8
	使う Use	U	U	第3 排除することを考える要素	保持 Hold	H	⌂
	位置決め Position	P	9		避けられない遅れ Unavoidable Delay	UD	⌢
	放す Release Load	RL	⌒		避けられる遅れ Avoidable Delay	AD	⌐
	調べる Inspect	I	◊		休む Rest for Overcomming Fatigue	R	♀

7 工程分析

（1）工程図記号と現状分析の項目

　工程分析とは、材料、部品、半製品などのモノの流れ、作業の流れを順序に従って、「加工」「運搬」「停滞」「検査」の内容で分析する手法である。→図表5-3-4

　製品（半製品、原料も含む）を対象に分析する場合は製品工程分析といい、作業者の作業を対象に分析する場合を作業工程分析という。作業工程分析により作業工程を分割し工程記号で表現する（見える化）ことにより、対象作業の中で運搬が多い、停滞が多いなどの問題点が見えてくる。作業改善の着眼点、改善案の創出に有効な手段となる。

第3節 ● 作業改善の分析手法

図表5-3-4 ● 工程分析記号

●基本図記号

番号	要素工程	記号の名称	記 号	意　味	備　考
1	加 工	加 工	○	原料、材料、部品または製品の形状、性質に変化を与える過程を表す。	
2	運 搬	運 搬	○	原料、材料、部品または製品の位置に変化を与える過程を表す。	運搬記号の直径は、加工記号の直径の1/2〜1/3とする。記号○の代わりに記号⇨を用いてもよい。ただし、この記号は運搬の方向を意味しない。
3	停 滞	貯 蔵	▽	原料、材料、部品または製品の計画より貯えている過程を表す。	
4		滞 留	D	原料、材料、部品または製品が計画に反して滞っている状態を表す。	
5	検 査	数量検査	□	原料、材料、部品または製品の量または個数を測って、その結果を基準と比較して差異を知る過程を表す。	
6		品質検査	◇	原料、材料、部品または製品の品質特性を試験し、その結果を基準と比較してロットの合格、不合格または個品の良、不良を判定する過程を表す。	

●補助図記号

番号	要素工程	記号の名称	意　味	備　考
1	流 れ 線		要素工程の順序関係を表す。	順序関係がわかりにくいときは、流れ線の端部または中間部に矢印を描いてその方向を明示する。流れ線の交差部分は⌒で表す。
2	区 分	〜〜〜	工程系列における管理上の区分を表す。	
3	省 略	——	工程系列の一部の省略を表す。	

187

第5章 ● 物流センターの管理と運営

図表5-3-5 ● 作業工程分析の事例

工程分析ワークシート

				製品名	製品入庫作業		まとめ	現状	改善	減
				部品名	ABC1		○作業			
				材料			□検査			
				分析日	○月×日		⇨運搬			
				分析者	物流太郎		D手待ち			
				職場	△物流センター		▽保管			

状態	数量	距離	時間	工程記号					工程内容説明	担当者
カートン・手卸	50ケース	2m	$\dfrac{500秒}{10秒×50ケース}$	○	□	➡	D	▽	トラックより部品をパレット上におろす	
パレット上	2パレット	10m	$\dfrac{10分}{5分×2パレット}$	○	□	➡	D	▽	フォークリフトにて検収場へ運搬	
パレット上	50ケース		$\dfrac{1分}{30秒×2パレット}$	○	■	⇨	D	▽	カートン数チェック、伝票記入	
パレット上	2パレット	5m	$\dfrac{4分}{2分×2パレット}$	○	□	➡	D	▽	仮置き場へ運搬（フォークリフト）	
パレット上	2パレット		30分	○	□	⇨	◗	▽	仮置き	
パレット上	2パレット	5m	$\dfrac{4分}{2分×2パレット}$	○	□	➡	D	▽	検査場へ運搬	
カートン	50ケース（8個）		$\dfrac{500秒}{10秒×50ケース}$	○	■	⇨	D	▽	中身検査	
			60分	○	□	⇨	◗	▽	仮置き	
パレット上	2パレット	20m	$\dfrac{20分}{10分×2パレット}$	○	□	➡	D	▽	倉庫へ運搬	

　工程分析の表現方法には、作業フロー上に記載する、作業レイアウト上に記載する、事例に記載した工程分析ワークシートを使う場合と、いくつかの方法がある。事例として図表5-3-5に示す。

（2）物流センターの業務分析の方法

　物流センターの計画・改善を進めることを目的に行う現状分析の方法として業務フロー図の作成がある。業務フロー図には、システム開発でよく使われるフローチャートと、業務分析で使われるワークフロー図がある。ワークフロー図では業務の流れや作業手順、関係者間の情報交換を表現する。作業マニュアルでも使われる非常に汎用的な方法である。

　ここでは、物流センターにおける入庫作業業務手順の事例を示す。→図表5-3-6

188

第3節 ● 作業改善の分析手法

図表5-3-6 ● 入荷作業業務手順(ワークフロー図)(事例)

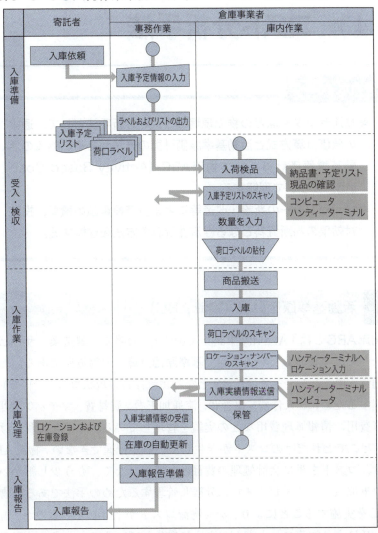

出所:中村四郎『物流施設におけるバーコード利用に関する調査報告書〔1997〕』1997年

第5章 ● 物流センターの管理と運営

第 **4** 節 | # コスト分析手法

学習のポイント

◆物流センターなどの物流現場のコスト分析手法として、通常の原価計算方式と活動基準原価計算の方法がある。物流の活動基準原価計算として物流ABC（Activity Based Costing）について理解する。

◆物流センターの新設・改造等による設備投資額の積算、投資対効果の判断資料となる経済性計算の方法を理解する。

---

1 活動基準原価計算（物流ABC）

物流ABCとは「Activity Based Costing」の略で、製造業、サービス業などで広く使われている「活動基準原価計算」の物流版である。

通常、物流センターでは、対象となる物流作業の現状コスト（経費）を把握するために、人件費、保管費、流通加工費、資材費、マテハン費用、倉庫費用、情報処理費用などの実績を管理している。しかしこれだけでは、どこでどれだけのコストが発生しているか把握できない。物流ABCとは、コストを単に会計処理の費目としてではなく、もう少し細かい仕事の単位（アクティビティ）に分解し管理するための手法である。物流ABCを実施することにより、なぜ物流コストが上昇しているのか、需要ニーズにより物流コストがどのように発生しているのか、また顧客ごとの物流サービス水準の違いや、商品・作業条件などによる物流コストの内訳を理解することができ、業務改善の手がかりとなる。

では、実際に物流ABCを実施するにあたり、どのようなデータをどの

ように収集・活用したらよいか、物流ABCの手順について説明する。

（1）物流ABCの手順

① 物流ABCの目的（ねらい）を明確にする

物流ABCの目的により、求められる分析精度や分析方法、作業の分類方法などが変わる。その結果、算出にかかる手間も変わるため、初めに目的を明確にすることが重要である。

② アクティビティ（作業単位）を設定する

下記3点に注意し、アクティビティを設定する

・アクティビティは定常的に行う活動であること

・設定レベルはあまり細かくしすぎずその作業イメージが限定できるレベルであること

・アクティビティの定義を他関係者と共通認識を持つ（文章化する）こと

③ 投入要素別コストを把握する

投入要素とは、対象物流センターで物流活動を行うために投入しているすべての要素を指す。

④ アクティビティ別配賦基準を把握する

投入要素別コストが把握されたら、これをアクティビティごとに配賦する。

・アクティビティごとの配賦基準

人であれば作業時間、スペースであれば使用面積、機械設備であれば使用時間、資材消耗品であれば使用量となる。

・アクティビティ別使用量の調査

アクティビティ別使用量について調査を行い把握する。

・人の作業時間の調査方法

連続観測調査やビデオ撮影によるタイムスタディ（時間測定）、作業日報などを使って作業者に申告させる方法などがある。

⑤ アクティビティ原価を算定する

191

③、④で求めたアクティビティ別投入要素別コストを合計し、「アクティビティ原価」を算出する。

⑥　アクティビティ別処理量を把握する
・処理量（単位）の設定

処理量はアクティビティごとに異なり、アクティビティごとに何を処理量（単位）にするか決定する必要がある。ここで大切なのは、「このアクティビティのコストは何に最も比例して増減するか」ということである。

・処理量の調査

情報システムの実績データで把握できる場合は調査は不要であるが、把握できない場合は伝票からの集計や、実測の必要がある。

⑦　アクティビティ単価を算定する

アクティビティ原価・処理量を算定したら、アクティビティ単価を算出する。

アクティビティ単価の算出方法は下記のとおりである。

アクティビティ単価＝アクティビティ原価÷処理量

⑧　目的別コストを算定する

アクティビティ単価を算定したら、①の目的に沿って目的別コストを把握する。

（2）物流ABCから明らかとなること

実際に物流ABCを活用することにより、どのようなことが明らかとなるのか。ここでは、物流センター改善のポイント、顧客別収支管理について説明する。

①　物流センターの改善ポイントの発見

物流ABCは、活動（アクティビティ）単位でコストを算出するため、活動別コストと、1処理量当たりのコストが把握できる。改善ポイントとしては、比率の大きな活動に着目し、詳細に調べれば、ムダの可視化が

第4節 ● コスト分析手法

可能になる。その後の活動として、ムダをなくす改善策を検討し、PDCA
サイクルを回していくこととなる。

② 顧客別の収支管理

　顧客別の収支管理は物流事業者にとって重要なことである。物流ABC
は顧客別・活動別のコスト、単価管理が可能であり、そこから明らかと
なることは、顧客別の採算が判断できる、活動別のコストが顧客別に比
較できるなどがある。

③ 責任部署の明確化

　物流コストは、下記の数式で表すことができる。

　　　物流コスト＝単価×処理量

　単価については、作業の効率、作業方法という意味合いから物流部門
の責任が大きい。

　一方、処理量については、処理量の設定、物流頻度、付帯作業など物
流の発生源であり、製造部門、営業部門等の責任といえる。このように
物流ABCを用いることにより、物流コスト上昇の責任部署を明確にし、
また、物流コスト低減のためにどの部署がどのようなことをすればよい
のかを明確にすることができる。

2　物流センターの設備投資計画に対する経済性計算

　物流センターの新設計画あるいは改善計画において、概略（基本）設
計の段階で、新たに計画している物流センターが、投資した費用に対し
て効果を生み利益を得られるかどうかを検討する場合に利用される。た
だし、物流センターを計画している時点では詳細なコストが不明確なた
め、仮説を立てながら検討していく。たとえば、現状と新規を比較して、
増加するコスト（投資費用）と削減できるコスト（人件費など）、期待さ
れる利益を算出して比較する。それにより、投資金額がどれくらいであ
れば採算が合うか、あるいはどの程度の合理化を図らなければならない

193

かなどの目安となる。

　物流センターの概略（基本）設計後、計画を進めるか、見直すべきかの判断は、投資の採算計算の結果が重要な要素となるが、ほかに物流センターの顧客に対するニーズへの対応、物流センター前後工程のメリット・デメリット、今後の作業要員採用の困難さ（機械化を進めないと運営できなくなる）への対応、作業現場の安全性・快適性などの要因も含め、経営判断しなければならない。

　設備投資に対する投資の採算計算の概略進め方について説明する。

① 　新規物流センター稼働による収入（取り扱い数量予測による換算）を算出する。

② 　導入設備と各設備の投資額を抽出する（物流センター新設の場合、建物の建設費も含む）。→図表5-4-1

③ 　各設備の減価償却費（年度）、修繕費を算出する（情報システム費用も含む）。

④ 　新規物流センター運営に必要な要員数（役職、現場作業者、パート社員など）と人件費を算出する。→図表5-4-2

⑤ 　運営費用（水道光熱費、通信費、帳票・梱包資材費、廃棄費用など）を算出する。→図表5-4-3

⑥ 　調達物流、配送などの物流費（輸送費）を積算する。

⑦ 　初年度の収入予測と物流コストを整理する。→図表5-4-4

⑧ 　その他、新物流センター運営に必要な経費（一般管理費、その他経費）を算出する。

⑨ 　①〜⑧の経年の変化を一覧表として作成し、新物流センター運用開始後の年度ごとの経費推移予測および収支予測収益性を確認・評価する。→図表5-4-5・6

以上の投資対効果に対する投資の採算計算を実施することにより、作成した物流センター計画の経済性について定量的に評価することができる。

第4節●コスト分析手法

図表5-4-1●設備投資額の整理（事例）

	数量	単価	投資額（円）
物流センター土地、建物関連			
土地			
建物			
合計			
物流設備			
保管ラック			
搬送コンベア			
ピッキングカート			
高速仕分け機（ソーター）			
その他物流設備			
合計			
情報システム（WMS）			
ソフト			
ハード			
合計			
総合計			

図表5-4-2●必要要員数と累計人件費の積算（事例）

要員分類	人数	延べ時間／年	人件費 円／年人	人件費 円／年
センター長				
サブセンター長				
課長				
係長				
社員（正規）				
社員（非正規）				
パート社員				
合計				0

195

第5章 ● 物流センターの管理と運営

図表5-4-3 ● 新しい物流センター運営に必要な費用概算（事例）

費　目	円／月	円／年	備考（算出根拠）
水道光熱費			
通信費			
各種ラベル			
帳票類			
包装資材（店舗供給）			段ボール箱　　　円／箱、　　　箱／年
包装資材（通販）			通販包装紙　　円／箱、　　　袋／年
産業廃棄物処理			
合　計	0	0	

図表5-4-4 ● 初年度収入予測と物流コストの概算（事例）

	初年度 （円／年）	初年度 （円／月）	物流コスト比率 （総収入比）	物流コスト比率 （総物流コスト比）	商品1個当たり 価格・コスト（円／個）
販売数量（出荷個数／年or月）					
総収入（円／年or月）					
物流コスト（円／年）					
商品輸入コスト					
物流センターコスト					
物流センター建屋コスト					
運営人件費					
物流設備費					
システム関連					
運営維持費					
配送費					

第4節 ● コスト分析手法

図表5-4-5 ● 新しい物流センター運用開始後の年度ごとの
経費推移予測および収支予測（事例）

（単位：円／年）

	初年度	2年目		7年目	備考（算定根拠）
販売数量（出荷個数／年）					
総収入（円／年）					
物流コスト（円／年）					
商品輸入コスト					
40'コンテナ輸入コスト					
物流センターコスト					
物流センター建屋コスト					
建屋減価償却費					
建屋修繕費					
建屋コスト総額					
運営人件費					
センター長					
サブセンター長					
課長					
係長					
社員（正規）					
社員（非正規）					
パート社員					
人件費総額					
物流設備費					
保管ラック					
搬送コンベア					
ピッキングカート					
高速仕分け機（ソーター）					
その他物流機器					
物流設備修繕費					
設備総額					
システム関連					
ソフト					
ハード					
システム総額					
運営維持費					
水道光熱費					
通信費					
各種ラベル					
帳票類					
包装資材					
産廃処理					
運営維持費総額					
物流センターコスト総額					
配送費					
店舗供給路線便					
宅配便					
配送費総額					
物流コスト総計					

197

第5章●物流センターの管理と運営

図表5−4−6●収支予測（事例）

（単位：円／年）

費　目	初年度	2年目		7年目	備考（算定根拠）
売　上					
直接原価					
商品製造原価（委託工場）					
販売促進費（広告宣伝費）					
商品開発費					
物流費					
直接原価合計					
一般管理費					
営業利益					

198

第5節 ● 荷役作業の安全性

| 第 **5** 節 | ## 荷役作業の安全性 |

学習のポイント

◆荷役作業を行う場合、その現場において、人の安全性や設備
の稼働に関する安全など、重要な管理について学ぶ。
◆荷役作業にかかわる安全として、危険予知訓練、リスクアセ
スメント、荷役の危険性を理解する。
◆荷役作業の安全にかかわる資格や技能講習を学ぶ。

1 ハインリッヒの法則（1・29・300）

ハインリッヒの法則は、米国のハインリッヒが労働災害の発生事例の
統計確率を分析したものである。別名「1・29・300の法則」とも呼ばれ
ている。

「1・29・300」の数字の意味は、1つの重大事故の背後には29の軽微
な事故があり、その背景には300の異常（ヒヤリ・ハット）が存在する
ということである。

この法則は、作業労働現場だけでなく、ビジネスの社会でも失敗によ
る顧客からの苦情などの失敗発生率として活用されている。

2 危険予知訓練（KYT）

普段、何事もなく平穏に過ぎていく日常生活の中でも、そこに何らか
の変化や作業が加わると、失敗や事故を誘発する要因が現れる。

危険を予知し、危険を誘発する要因を見つけ出すには、

第5章 ● 物流センターの管理と運営

① 作業の流れや起こりうる変化についての幅広い経験や理解
② 作業の持つ特徴や置かれている状態、リスクに関する確かな知識あるいは洞察力
③ 豊かな想像力

などが必要となる。

危険予知訓練（KYT）は、作業現場での危険予知のために準備として事前に訓練を行っていくものであり、ローマ字のKYTは、危険のK、予知のY、訓練（トレーニング）のTをとったものである。職場で実践することをKY活動といい、危険予知訓練（KYT）と区別しているが、職場のKY活動を高いレベルのものにしようとすれば、そのための根気強い毎日のトレーニングが必要となる。したがって、ここまでは訓練であり、あとは活動というように、はっきり区別することはできない。

「危険予知訓練は、職場や作業の状況のなかにひそむ危険要因とそれが引き起こす現象を、職場や作業の状況を描いたイラストシートを使って、また、現場で実際に作業をさせたり、作業してみせたりしながら、小集団で話し合い、考え合い、分かり合って、危険のポイントや重点実施項目を指差唱和・指差呼称で確認して、行動する前に解決する訓練である」（中央労働災害防止協会ホームページより）。

3 現場のリスクアセスメント

（1）リスクアセスメントの内容

「リスクアセスメントは、職場の潜在的な危険性又は有害性を見つけ出し、これを除去、低減するための手法である」（中央労働災害防止協会ホームページより）。

物流現場においては「危険性又は有害性等の調査及びその結果に基づく措置」として、リスクアセスメントおよびその結果に基づく措置の実施に取り組むことが努力義務とされている（労働安全衛生法第28条の2）。リスクアセスメントを実施することで、「職場のリスクが明確になる」

第5節 ● 荷役作業の安全性

「職場全体で共有できる職場のリスクに対する認識を持つことができる」
「合理的な方法で安全対策の優先順位を決めることができる」「残された
リスクについて『守るべき決め事』の理由が明確になる」「職場全員が参
加することにより『危険』に対する感受性が高まる」など、多くの効果
が期待できる。

　リスク分析の手順は次のとおりである。①リスク特定（リスクの種類
を洗い出す）、②リスク分析（リスクの大きさ（発生頻度、発生可能性、
損害の影響）を評価する）、③リスク評価（リスクに対応する必要性を検
討する）、④リスク対処（具体的なリスクへの対策を実施する）。

（2）リスクに対する安全対策

　リスクアセスメントを実施したことによって、削減しなければならな
いリスクがあるとわかった場合は、安全対策を施さなければならない。
この手順を繰り返すことによって、可能な限りリスクを除去し、安全防
護を実現するための反復処理を行う。

　設備・システムについては、制御・ソフト面やハード面で次のような
安全対策をとる。

①　フールプルーフ…人間が知らずに間違った操作をしたときに、機
　　械が作動しないように設計することで、インターロックやストッパ
　　などの安全機構がある。

②　フェイルセーフ…機器の一部が損傷、故障、停止などしても、よ
　　り重大な災害が生じないようにする安全構造やしくみで、自動停止
　　装置などがある。

③　フェイルソフト…機器やシステムの設計などについての考え方の
　　1つで、事故や故障が発生した際に、問題の箇所を切り離すなどし
　　て被害の拡大を防ぎ、全体を止めることなく残りの部分で運転を継
　　続することである。

④　フォールトトレランス…機器の一部が損傷、故障、停止などして
　　も、全体の機能停止をしないように予備の系統に自動的に切り替え

201

るなどして、機器の信頼性を高めることである。予備電源など機械的に行うほか、コンピュータによる自動運転から、遠隔運転、手動運転に切り替えて運転できる制御レベルのバックアップや、システム構成機器単体でも運転できるようにするなどがある。

⑤　作業者と機械の分離…安全スペースや安全柵などの機械と作業者を区分する設備も必要である。作業者と機器が共存することを前提としている無人搬送車などでも、衝突しないシステムが必要である。

4　荷役作業における事故の実態

　物流現場では、荷役作業中の労働災害が多く発生している。労働災害として多いのは、「転倒」「動作の反動、無理な動作による腰痛」「墜落・転落」「はさまれ・巻き込まれ」「激突」などである。

　転倒は、荷を手作業で運搬している最中に発生することが多い。動作の反動、無理な動作により腰痛となることも多い。トラックの荷台やテールゲートからの墜落、ロールボックスパレットの積卸し時の墜落・転落も多く発生している。また、フォークリフトとの接触も多く発生している。

　これら労働災害をなくすためには、災害発生場所での原因追及、対策の実施を行うとともに、現場の身近にあるリスクのリスクアセスメント、そして常に作業現場での危険予知訓練（KYT）、危険予知活動を実施することにより、リスクに対する感性を高めていく必要がある。

5　作業資格

物流作業にかかわる作業資格は、3つのランクがある。
○免許…都道府県労働局長発行するもので、クレーン・デリック運転
　士免許など
○技能講習…都道府県労働局長の登録を受けたものが行う技能講習

第5節 ● 荷役作業の安全性

○特別教育…事業者が厚生労働省の定めるところにより行う教育

物流作業においてよく使用されるクレーンを運転するためには、つり上げ荷重により「運転免許」を取得しているか、「技能講習」「特別教育」を受講し修了している必要がある。→図表5-5-1

フォークリフト運転についても、最大荷重により「技能講習」「特別教育」を受講し修了している必要がある。→図表5-5-2

図表5-5-1 ● クレーン運転の資格および教育・講習

2006.4.1改訂

吊り上げ荷重 ⇒	0.5t 未満	0.5t 以上 1t 未満	1t 以上 5t 未満	5t 以上
クレーン・デリック運転者	適用除外	特別教育		
①機上運転式				クレーン・デリック運転士免許（限定なしまたはクレーン限定）
②無線操縦式				
③床上運転式				クレーン・デリック運転士免許（床上運転式クレーン限定）
④床上操作式				運転技能講習
デリック運転者		特別教育		クレーン・デリック運転士免許
移動式クレーン		特別教育	技能講習	移動式クレーン運転士免許
玉掛け作業者		特別教育	技能講習	

注1）1978年10月1日以降に、クレーン、移動式クレーン、デリックおよび揚荷装置（以下、「クレーン等」）の運転士免許を受けた者については、玉掛け技能講習を修了していなければ、制限荷重またはつり上げ荷重が1t以上のクレーン等の玉掛け業務に就くことができない。

注2）クレーン・デリックの床上運転式は運転者が前後移動するが、床上操作式では前後左右に移動する。

注3）トラッククレーンは移動式クレーンの範ちゅうに入る。

注4）受講・免許資格は満18歳以上である。

203

第5章●物流センターの管理と運営

図表5-5-2●フォークリフト運転の教育・講習

最大荷重 ⇒	1t未満	1t以上
	特別教育	技能講習

注1）公道を走行するためには、大型特殊自動車免許や小型特殊自動車免許が必要である（ナンバープレートの取得と自動車損害賠償責任保険の加入が必要）。
注2）受講資格は満18歳以上である。

6 技能講習

　物流作業にかかわる技能講習として、①床上操作式クレーン運転技能講習、②フォークリフト運転技能講習、③玉掛け技能講習、④拼（はい）作業主任者技能講習、について概要を記述する。

（1）床上操作式クレーン運転技能講習

　床上操作式クレーンとは、床上で運転し、運転者が荷物の移動とともに移動する運転方式のクレーンをいう。

　技能講習を修了すると、つり上げ荷重にかかわらず床上操作式クレーンを操作することができるようになる。

① 　この資格で可能な作業例

　つり上げ荷重5t以上で荷物とともに床を移動する床上操作式の運転操作。なお、0.5t以上5t未満の場合は、クレーン運転の業務にかかわる特別教育を修了したものに限る。

② 　クレーン運転で他の資格が必要な作業例

　○5t以上の機上運転式・無線操縦式・床上運転式クレーンを運転する場合は、クレーン・デリック運転士免許の取得が必要である。

　○5t以上の移動式クレーンを運転する場合は、移動式クレーン運転士免許の取得が必要である。トラッククレーンは移動式クレーンの範ちゅうに入る。

　○玉掛け作業：玉掛け技能講習

　クレーンの運転方式は図表5-5-3を参照されたい。

図表5-5-3 ●クレーン運転方式

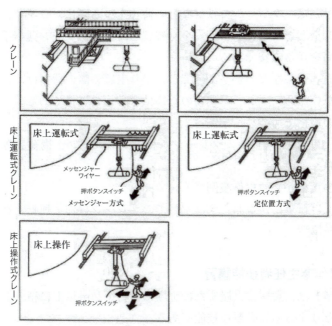

出所：（一社）日本クレーン協会ホームページより

（2）フォークリフト運転技能講習

　フォークリフトとは、車体前部のマストに取り付けた2つのフォーク状の腕を上下させ、荷物の積込み・積卸しや運搬をする車両である。
　技能講習を終了すると、積載最大荷重にかかわらず、フォークリフトを操作・運転することができる。
① この資格で可能な作業例
　積載最大荷重にかかわらず、フォークリフトの操作・運転
② 他の資格が必要な作業例
　フォークリフトの公道走行：大型特殊免許などの免許取得が必要

（3）玉掛け技能講習

玉掛けとは、クレーンで鉄材などの荷物をつる際に、ワイヤ、ロープ、チェーンなどを荷物に掛け、安全を確認してからクレーン運転手に笛と手で合図を送る作業である。

クレーン運転などの資格だけでは、つり上げの際の荷掛け、荷はずしができないため、クレーン業務のためには必須の資格である。

① この資格で可能な作業例

つり上げ荷重1t以上のクレーン、移動式クレーン、揚荷装置の玉掛けの業務

② 他の資格が必要な作業例

つり上げ荷重にかかわらず、すべてのクレーン操作・運転：クレーン運転実技講習

（4）拼作業主任者技能講習

拼作業とは、倉庫、上屋または土場に荷物を2m以上に積み上げたり、降ろしたりするのに必要な技能である。

拼作業は「労働安全衛生規則」第2編第7章に、①拼作業主任者の選任および②拼作業主任者の職務が規定されている。

① 拼作業主任者の選任

事業者は、拼作業主任者技能講習を修了した者のうちから、拼作業主任者を選任しなければならない。

② 拼作業主任者の職務

事業者は、拼作業主任者に、次の事項を行わせなければならない。

・作業の方法および順序を決定し、作業を直接指揮すること
・器具および工具を点検し、不良品を取り除くこと
・当該作業を行う箇所を通行する作業者を安全に通行させるため、その者に必要な事項を指示する
・拼くずしの作業を行うときは、拼の崩壊の危険がないことを確認したあとに当該作業の着手を指示すること

・床面から1.5mを超える高さの拼を昇降するための設備および保護帽
　の使用状況を監視すること

これ以外にも、各種規程事項として、

・拼の昇降設備

・拼の間隔

・拼くずし作業

・拼の崩壊などの危険防止

・立ち入り禁止

などの規定がされている。

参考文献

山田佳明編・新倉健一『QCサークル活動の基本と進め方』日科技連出版社、
　2011年

日本経営工学会編『ものづくりに役立つ 経営工学の事典』朝倉書店、2014年

日本能率協会コンサルティング『工場マネジャー実務ハンドブック』日本能率
　協会マネジメントセンター、2010年

中村茂弘『簡単IE実践マニュアル』日刊工業新聞社、2011年

千住鎮雄・伏見多見雄・藤田精一・山口俊和編著『経済性分析〔改訂版〕』日本
　規格協会、1986年

（一社）日本クレーン協会ホームページ

第5章　理解度チェック

次の設問に、○×で解答しなさい（解答・解説は後段参照）。

1. 物流センター作業中に、作業者が指示書と違う商品をピッキングしてしまい配送先に出荷してしまった。配送先より誤出荷のクレームを受けた管理者は、対象商品のピッキング作業を行った作業者を呼び、二度と作業ミスをしないよう厳しく注意した。

2. 小集団活動は、作業現場のコミュニケーション、チームワーク、作業改善への取り組み意欲、仕事への意欲・働きがいなどを高めるために有効な方法である。

3. QC7つ道具の中の1つの手法である「特性要因図」は、職場の問題をグループで討議し、問題が発生する要因を参加メンバーがカードに書き出し整理することにより、真の原因を追及する手法である。

4. ワークサンプリングを行って10人の作業員の稼働状況を分析した結果、待ち時間や空運搬などムダな時間は少なく、予定作業の定時間内で完了していた。また、主作業や付随作業とその段取りや後始末の付帯作業および作業余裕のバランスにも問題はなかったので、現状の作業人員数は適切であると判断した。

5. 危険予知訓練（KYT）として職場や作業の状況の中にひそむ危険要因を洗い出し、現場の作業状況をわかりやすく描いたイラストシートを作成した。このイラストシートは、バインダーに閉じて事務所の書棚に入れて管理した。

第5章 理解度チェック

解答・解説

1 ×
作業ミスが発生した場合は、作業者を責めるのではなく、なぜ作業ミスが発生したのか、原因を追及し、その原因に応じて作業方法を変える等の対策を実施することが大切である。

2 ○
小集団活動には、作業現場を活性化する、作業を効率化する、作業者の充実感を高める、などの効果がある。ただし、強制的に進めると逆効果となる。現場の自主性に任せて実施することが重要である。

3 ○
特性要因図は、問題点に対し原因を追及する有効な手法である。まとめる段階では、自由に意見を出し合う（ブレーンストーミング）雰囲気が大切である。参加者の想いを統一する効果もある。

4 ×
ワークサンプリングは、稼働状況の発生比率を統計的に分析できるだけなので、ムダな時間が多いか少ないか、作業余裕時間の過不足などの判断はできるが、個々人の作業生産性が高いか低いかまでは判断できない。本当は8人でやれる作業量かもしれない。これを判断するには、作業スピードを評価するレーティングかMOSTなどによる作業標準時間によって判断する必要がある。

5 ×
イラストシートを作成したところまではよいが、これを使って現場で実際に作業をさせたり、作業をしてみせたりし、現場で活用しなければ危険予知訓練（KYT）とはいえない。イラストシートは作業者が誰でもいつでも見られるように、現場控室、休憩所などに置かなければならない。

第3部

輸送機関の選択と
輸配送システムの計画

第 **6** 章

輸送機関の特性と選択方法

この章のねらい

　第6章では、各種輸送機関の特性と選択について学習する。

　「輸送」とは、原材料や半製品や製品（商品）を、発地から着地まで届けることである。このとき、メーカーや卸・小売業においては、原材料の調達から製品の販売に至るまで、輸送は重要である。また消費者にとっては、最終製品（商品）を消費地の店舗や消費者の手元に届ける役割があることから、消費者にとっても輸送は重要である。

　第1節では、輸送の概念を示したうえで、自動車、鉄道、船舶、航空機など、輸送機関の特性を学ぶ。

　第2節では、輸送機関の選択方法として、輸送する貨物の、「距離、量（質量・容積）、運賃負担力、緊急度、商品特性、取引条件など」を考慮する方法を学ぶ。

第6章●輸送機関の特性と選択方法

| 第 1 節 | 輸送機関の特性 |

学習のポイント

◆物流における輸送とは、貨物を、ある地点（発地）から他の地点（着地）へ移動させることである。

◆輸送機関には、トラックなどを用いた自動車貨物輸送、鉄道を用いた鉄道貨物輸送、船舶を用いた船舶貨物輸送、航空機を用いた航空貨物輸送など、さまざまな種類がある。

◆輸送機関ごとに特性があるため、輸送する距離、輸送する量、運賃負担力、商品特性などにより、最適な輸送機関を選択する必要がある。

1 輸 送

（1）輸送とは

　輸送とは、「貨物をトラック、船舶、鉄道車両、航空機、その他の輸送機関によって、ある地点から他の地点へ移動させること」（JIS Z 0111-3001）と定義されている。

　トラックなどを用いた自動車貨物輸送、鉄道を用いた鉄道貨物輸送、船舶を用いた船舶貨物輸送、航空機を用いた航空貨物輸送など、用いる交通手段に応じてさまざまな輸送機関がある。日本ではなじみが少ないが、石油や天然ガスなどパイプラインを使って輸送するパイプライン輸送というのもある。また、重要書類や緊急に納品しなければならないモノなどでは、人が手荷物として運ぶハンドキャリーがある。

　なお、輸送とは、工場から倉庫、倉庫から店舗などというように、拠

点間での商品や原材料、部品、資材などの物資を運ぶことをいう。工場内や倉庫内などを物資が移動する場合は、運搬や搬送などという。

荷主企業の物流費のうち、製造業平均で約60.5％、卸売業平均で約41.7％、小売業平均で約42.2％を輸送費が占める（2022年度実績）。荷主企業の物流費削減には、輸送の合理化・効率化がとても重要になる。

わが国の年間の総輸送量は、トンベースでは約43億t、トンキロベースでは約4,050億トンキロである（2021年度実績）。その内訳は、図表6-1-1で示すように、トンベースでトラックが91.4％、鉄道が0.9％、海運が7.6％、航空が1％未満となる（2021年度実績）。このようにわが国の輸送において、トラックは重要な位置づけであることがわかる。また、トンキロベースでは、トラックが55.4％、鉄道が4.4％、海運が40.0％、航空が1％未満という比率になる。輸送した貨物の質量に輸送距離をかけたトンキロという単位で船舶輸送の比率が高まるのは、石油などの化学原料や土砂などの重量物を比較的長距離輸送するからである。

代表的な輸送機関のメリット・デメリットをまとめたものが、図表6-1-2である。

（2）ノードとリンク

ノードとリンクは、輸送においてよく使う言葉である。

図表6-1-1 ●輸送機関別分担率（2021年度）

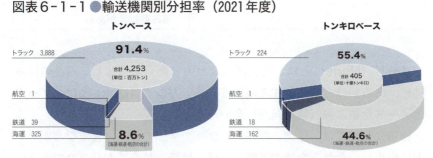

出所：(公社)全日本トラック協会『日本のトラック輸送産業の現状と課題2023』2023年

第6章●輸送機関の特性と選択方法

図表6-1-2●代表的な輸送機関の主なメリット・デメリット

輸送機関	メリット	デメリット
自動車	・ドア・ツー・ドアの輸送ができる ・出発時間や納品時間などの設定に柔軟性がある ・小口貨物の輸送に適している	・大量輸送や長距離輸送の場合は割高
鉄道	・長距離輸送ほど運賃が割安になる ・交通渋滞などの影響が少ない ・大量の貨物を速く輸送できる ・CO_2など温室効果ガスの排出量が少なく、環境にやさしい	・発地から駅（貨物ターミナル）まで、駅から到着地までの配送が必要となる ・輸送中の微振動が多く、段ボールの擦れや紙紛の発生、商品の損傷などが発生しやすい ・ダイヤの柔軟性が乏しい ・輸送手配に時間がかかる
船舶	・一度に大量の貨物輸送ができる ・遠距離の大量輸送を行う場合、運賃が割安である ・運賃負担能力のない大量貨物を遠距離輸送する場合は、専用船を活用できる ・CO_2など温室効果ガスの排出量が少なく、環境にやさしい	・輸送速度が遅い ・港などの設備が必要なため、輸送地域に制限がある ・貨物の積卸しに労力がかかる ・港湾における荷役費などの費用が別途発生する
航空機	・輸送速度が速い（特に長距離） ・貨物への振動によるダメージが少ない	・運賃が割高である ・輸送量に制限があり大量輸送には不向きである ・空港等の設備が必要となる ・重量物、長尺物、危険物など、積み荷制限がある

ノード（Node）とは、物流拠点などの結節点を意味し、商品の積み替え、あるいは一時滞留する場所をいう。リンク（Link）とは、ノードとノードを結ぶ線（輸送経路）をいう。

　輸送においては、港湾、空港、トラックターミナル、倉庫などがノードに相当し、それらを結ぶ道路、線路、航路、航空路がリンクである。また、モード（Mode）は、各種輸送機関であり、自動車、船舶、鉄道、

第1節 ● 輸送機関の特性

航空機などである。

　近年、複数の輸送モードを用いる複合一貫輸送が注目されている。**複合一貫輸送**とは、トラックと鉄道、トラックと船舶などの輸送機関を組み合わせ、幹線輸送部分を鉄道や船舶で輸送し、発地から駅・港、駅・港から着地まではトラックで輸送することである。複合一貫輸送の取り組みは、①環境負荷軽減、②トラックドライバー不足、などの視点から注目されている。

　まず、環境負荷軽減では、輸送量（トンキロ）当たりのCO_2排出量は営業用トラック輸送に比べ、鉄道輸送は約11分の１、船舶輸送は約５分の１と大幅に削減が可能となる。

　次に、トラックドライバー不足については、大きな問題となっている。特に長距離の幹線輸送は、肉体的負担も大きく拘束時間も長いため敬遠され、ドライバー不足が深刻化している。鉄道輸送の場合、貨物列車１編成が20〜26両のため、大型トラックに換算して容積勝ちの貨物で約50台分、質量勝ちの貨物で約65台分の貨物が輸送できる。また、船舶輸送では、国内で一般的な大きさの長距離フェリーで、大型トラック約160台分を１回の運航で輸送できる。このように幹線輸送部分を鉄道輸送、船舶輸送することによって、トラックドライバー不足の対応にもなる。

Column　🖂 **コーヒーブレイク**

《マルチモーダル》

　トラックと鉄道など他の輸送機関を組み合わせた輸送方法で、複合一貫輸送ともいう。幹線部分を鉄道や船舶輸送が担い、駅や港からの輸送をトラックで行う方法である。

　CO_2の排出量が少なくエネルギー効率がよい鉄道や船舶輸送と、利便性の高いトラック輸送を組み合わせることにより、環境負荷軽減ができる。

　マルチモーダルにより複数の輸送機関を利用できれば、異種交通機関を一貫で輸送するインターモーダルが実現する。

217

第6章 ● 輸送機関の特性と選択方法

2以降では、それぞれの輸送機関の特性について説明する。

2 自動車貨物輸送

（1）自動車貨物輸送の利便性

　トラックなどを用いた自動車貨物輸送は、1965年以降はその利便性と経済性により、輸送機関別に見ても輸送トン数と輸送トンキロの両方で最大のシェアを示している。

　自動車貨物輸送の利便性は、以下のようにまとめることができる。

　第1は、「ドア・ツー・ドア」である。他の輸送機関と異なり、自動車貨物輸送の場合は、発地で貨物を受け取り、着地まで、ドア・ツー・ドアで輸送することができる。一方で、船舶貨物輸送には港、航空貨物輸送には空港、鉄道貨物輸送には貨物駅（貨物ターミナル）が必要となる。このため、発地から積み替え地点まで、あるいは積み替え地点から着地までは、トラックで輸送される。

　第2は、出発時間や納品時間などの設定の「柔軟性」である。工場や倉庫では、予定していた時間内に作業が終了せずに、出荷時間が遅れることが頻繁に発生する。その際、出発時間が厳格に決められている船舶・航空機・鉄道の場合は、出発時間を遅らせることは不可能である。しかし自動車貨物輸送の場合、時間調整が容易である。

　第3は、「小口貨物の輸送に適していること」である。近年、インターネット通販の利用が増加しており、それに伴い、多頻度小口配送のニーズが高まっている。そのため、小口輸送に適している自動車貨物輸送の重要性が高まっている。

　以上の利便性とは逆に、自動車貨物輸送は、他の輸送機関と比べて柔軟性が高いという優位性がある反面、大量輸送や長距離輸送の場合は、割高になることがある。→前掲図表6-1-2

218

第1節 ● 輸送機関の特性

（2）自動車貨物輸送の代表的な輸送方法

　自動車貨物輸送には、いろいろな輸送方法がある。トラック単位で利用する貸切便（チャーター便、車建てなど）、容積や質量単位で利用する特別積合せ便（特積、路線便ともいう）、1個単位で利用する宅配便など、さまざまな選択肢がある。

　ここでは、それぞれの自動車貨物輸送が、①消費者間（Consumer to Consumer：C to C）、②企業間（Business to Business：B to B）や③企業－消費者間（Business to Consumer：B to C）で、どのように利用されているかについて説明する。

　まず、消費者間（C to C）の場合は、ほとんど宅配便が利用される。また、企業－消費者間の場合（B to C、たとえば通信販売）でも宅配便が利用される。

　ところが、企業間（B to B）取引の場合は、貨物の数量（質量・容積）、移動距離、緊急度、製品（商品）特性、運賃負担力、取引条件などによってさまざまな輸送方法が選択される。具体的には、本章第2節で説明する。

（3）宅配便、消費者向け嵩モノ配送

　近年、通信販売、特にインターネット通販の市場の拡大が著しい。通販市場の拡大に伴い、宅配便の取り扱い量も伸びている。2022年度の宅配便の取り扱い量は50億588万個で、2012年度の35億2,600万個と比較して約42％増加している。日本を代表する宅配便の会社は、ヤマト運輸（株）、佐川急便（株）、日本郵便（株）が挙げられる。2022年度の取り扱い量のシェアでは、ヤマト運輸（株）が約47.5％、佐川急便（株）が約27.6％、日本郵便（株）が約19.9％で、上位2社の市場占有率が約75.1％、上位3社の占有率が約95.0％と寡占状態といえる。

　ヤマト運輸（株）は、関東・中部・関西に大規模な拠点を整備している。これまでの宅配便では、夕方に貨物を集荷し仕分けを行い、夜間に東京・大阪間などの幹線輸送し、早朝より仕分けて配達している。この場合、

219

午前中に発送準備ができ上がった貨物も夕方まで待つことになる。そこで、ヤマト運輸（株）は、幹線輸送は夜間だけでなく昼間も行うことで、配達完了までのリードタイムの削減に取り組んでいる。

このように、成長している宅配便ではあるが、「ドライバー不足」という大きな課題を抱えている。宅配便のビジネスには、大型トラックによる幹線輸送のドライバー、小型・中型トラックによる集荷・配達のドライバーなど、多くのドライバーを必要とするが、日本全体でドライバー不足が深刻化している。

一方で、高齢化や若者の自動車離れなどにより家電製品や家具、ミネラルウォーターなどの嵩モノや重量物の通信販売が伸びている。今後は、嵩モノや重量物の宅配を全国ネットで対応できるサービスの必要性が高まると思われる。

（4）自動車貨物運送の課題

宅配便だけでなく、日本の自動車貨物運送業界では、ドライバー不足が深刻化している。日本では出生率が低下し、2008年から人口が減少し始め、2050年には1億人になるといわれている。それに伴い、労働力人口も減少する。具体的には、2030年に6,875万人（2022年より約620万人減）、2050年には5,275万人（2022年より約2,220万人減）、2060年には4,529万人（2022年より約2,963万人減）になるという調査結果が出ている。約40年後には、労働力人口は、2022年の5分の3となる（国立社会保障・人口問題研究所「日本の将来推計人口（令和3年1月推計）」）。（公社）鉄道貨物協会「令和4（2022）年度 本部委員会報告書」における営業用トラックドライバー需給の予測によると、2028年度には約27.8万人のドライバーが不足すると予想されている。

ドライバー不足の原因は、労働人口の減少だけではなく、長時間労働、低賃金、運転免許制度の変更なども原因だといわれている。厚生労働省の調査によると、年間の労働時間では、全産業平均が2,112時間に対し、トラックドライバーは大型が2,544時間、中小型が2,484時間と約20%労

第1節 ● 輸送機関の特性

働時間が長い。一方で、年間所得では、トラックドライバーは大型で約463万円、中小型で約431万円と、全産業平均の約489万円より下回っている（厚生労働省「令和3年賃金構造基本統計調査」）。

　また、2007年6月の道路交通法改正による中型運転免許創設もドライバー不足の原因と考えられる。従来の普通免許では最大積載量5t未満の車両を運転することができていたが、新制度では最大積載量3～5tの車両の運転には中型運転免許が必要となった。中型運転免許は、20歳以上で普通免許または大型特殊免許取得後2年以上が必要で、高校の新卒者が免許を取得することができない。そのため、高校新卒者の受け入れが難しい状況になったことも、若者がドライバー職を敬遠した理由と考えられる。そこで政府は、18歳の初任者でも運転できる最大積載量2t以上4.5t未満、車両総重量3.5t以上7.5t未満の新区分免許（準中型免許）を2017年3月から導入した。

　なお、2022年5月にも道路交通法が改正され、大型免許と中型免許の受験資格が、これらの免許取得前の特別な教習（特例教習課程）を修了した者であれば、19歳以上かつ普通免許等保有1年以上で取得できるように変更された。ただし、これらの免許取得後、大型免許は21歳、中型免許は20歳に達するまでの間（若年運転者期間）に、違反点数が一定の基準（累積違反点数が3点以上（1回の違反が3点以上の場合は4点以上））に達した場合は、若年運転者講習の受講が義務づけられている。

Column　　**コーヒーブレイク**

《「輸送」と「配送」》
　「輸送」と「配送」、まとめて「輸配送」など、使う人によってニュアンスが異なる言葉で混乱することも多い。JISでは、「輸送」は、貨物をトラック、船舶、鉄道車両、航空機、その他の輸送機関によって、ある地点から他の地点へ移動させること（JIS Z 0111-3001）、「配送」は、貨物を物流拠点から荷受け人へ送り届けることとしている（JIS Z 0111-3006）。

（資料）警視庁ホームページ「令和4年5月13日施行改正道路交通法」について
https://www.keishicho.tokyo.lg.jp/menkyo/oshirase/kaisei.html

　このような状況のもと、国土交通省や厚生労働省、（公社）全日本トラック協会などが「トラック輸送における取引環境・労働時間改善」を目的に協議会を立ち上げ、トラックドライバーの労働時間の短縮に向けて産官学で改善に取り組みを始めている。

(5) エコドライブのメリット

　エコドライブとは、急発進や急加速や急ブレーキをしない、アイドリングストップの励行など環境に配慮した運転方法のことである。エコドライブ実施の効果には、燃費の向上が挙げられる。燃費が向上することにより、運行コストが削減されるとともに、二酸化炭素（CO_2）など温室効果ガスの排出量も削減される。

　それ以外にも、急発進・急加速・急ブレーキなどをしないことにより、トラックの消耗品の取り換え頻度が減少するため修繕費などの削減が見込まれる。また、エコドライブは安全運転でもあるため交通事故が発生するリスクも軽減されることで、任意保険料の低減や事故対応費の削減にもつながる。事故のリスクを軽減することは、物流会社だけでなく、公道を利用する一般市民の安全にもつながることになる。

　このように、エコドライブは、運送原価の低減、温室効果ガスの排出量の削減、一般市民とドライバーの安全の向上につながるというように、多くの関係者にメリットがある重要な取り組みである。

3　鉄道貨物輸送

(1) 鉄道貨物輸送の特徴

　現在、各種輸送機関のうち鉄道貨物輸送の比率は、質量ベースで0.9％、トンキロベースで4.7％と非常に少ない（2020年度実績）。しかしながら、図表6-1-3で示すように、輸送トンキロで見ると、1950年ごろまでは

図表6-1-3 ●輸送トンキロから見た輸送における鉄道貨物輸送の占める割合

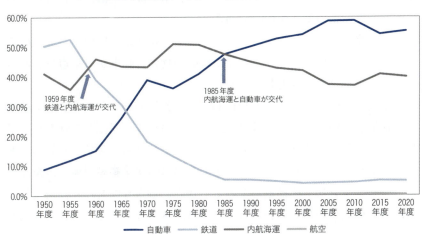

(出所) 国土交通省資料より作成

半分以上が鉄道で輸送されていた。

　国土の広いアメリカ、インド、中国などでは鉄道貨物輸送はいまなお重要な輸送手段である。たとえば、輸出入する海上コンテナの貨物を内陸部と港間を輸送する際に、鉄道貨物輸送を利用することが多い。45ft（フィート）や40ftや20ftなどの海上コンテナを二段積みするDST（Double Stack Train：ダブルスタックトレイン）は150両連結することもあり、1運行で300個の海上コンテナの輸送が可能である。日本では港に鉄道の線路がないことが多く、またトンネルが多いこともあり、鉄道での海上コンテナの輸送量は少ないが、低床貨車を導入するなど、海上コンテナの鉄道による輸送の促進に対する取り組みが行われている。

　鉄道貨物輸送が日本の輸送機関の主力であったころ、大手製造業の工場に線路が引き込まれていることがあった。歴史のある紡績工場やビール工場を訪問すると、そのなごりを垣間見ることができる。

　前述したように、鉄道貨物輸送は1編成で大型トラックに換算して容

第6章 ● 輸送機関の特性と選択方法

積勝ちの貨物で約50台分、質量勝ちの貨物で約65台分の貨物が輸送可能で、CO_2の排出量は約11分の1である。日本では、主に、原材料などの生産財や農産物の輸送が中心である。

CO_2の排出量も少なく、エネルギー効率も高い鉄道貨物輸送は、環境にやさしい輸送機関ということで、政府が貨物自動車から鉄道や船舶へのモーダルシフトを推進している。

大手食品メーカーの味の素(株)は、幹線輸送のモーダルシフトを積極的に推進している。きっかけは、1980年代のバブル期にトラックが不足した際に輸送力を確保するためであった。その後も、環境負荷軽減、トラックドライバー不足への対応、そしてBCP（事業継続計画）の視点から、モーダルシフトを推進している。現在、500km以上の幹線輸送おける鉄道や船舶の利用率は約90%で、消費財メーカーとしては、高い比率といえる。

宅配便大手の佐川急便(株)では、東京と大阪の幹線輸送に、スーパーレールカーゴと呼ばれる鉄道貨物輸送を上り下りに毎日各1運行利用している。これは10tトラックで約56台分に相当するという。同社では、

Column ☕ コーヒーブレイク

《訪日外国人観光客のスーツケース》

訪日外国人観光客の多くは個人客である。個人客は、大きなスーツケースを持って日本国内の観光地を移動している。近年では、訪日外国人観光客の個人客にも、手ぶらで観光できるように、宅配サービスを利用した「手ぶら観光」が実施されている。

「手ぶら観光」では、空港や駅とホテル間の飛行機とトラックを利用した当日輸送、空港や駅での一時預かりだけでなく、ホテル間（東京都のホテルから関西のホテル間）の当日輸送が実施されていたり、観光客の出発駅からホテル間（新潟駅や盛岡駅から東京23区内および浦安市内のホテル）の新幹線とトラックを利用した当日輸送も行われている。

第1節 ● 輸送機関の特性

この分が東京－大阪間の幹線輸送の約10%という。この取り組みにより、10tトラック換算で年間1万4,674台のトラック便を削減している。スーパーレールカーゴ以外にも、東京と福岡、東京と札幌間などの幹線輸送の鉄道貨物輸送の利用により、10tトラック換算で年間2万9,457台のトラック便を削減している（数値は2021年度）。

　多品種少量でかつ鮮度の高い商品を好む国民性、欧米とは違い国土が狭いという地理的条件などを考えると、わが国において、今後もトラック貨物輸送が重要な位置づけであることは変わりがないだろう。ただし、東京と大阪間といった大都市間の幹線輸送や大都市圏から北海道や九州といった地方都市への長距離輸送においては、鉄道輸送へのモーダルシフトの可能性は大きいと考えられる。

　鉄道貨物輸送のメリットは、以下のとおりである。

① 長距離輸送ほど運賃が割安になる（500km以上が目安）
② 交通渋滞などの影響が少ない
③ 大量の貨物を速く輸送できる
④ CO_2など温室効果ガスの排出量が少なく、環境にやさしい

　特に③については、大手企業を中心に環境負荷軽減活動の一環として注目されている。

　鉄道貨物輸送のデメリットは、以下のとおりである。

① 発地から駅（貨物ターミナル）まで、駅から到着地までの配送が必要となる
② 輸送中の微振動が多く、段ボールの擦れや紙粉の発生、商品の損傷などが発生しやすい
③ ダイヤの柔軟性が乏しい
④ 輸送手配に時間がかかる

　これらのメリットとデメリットを考えると、鉄道貨物輸送は、利便性や柔軟性では若干劣るが、環境にやさしく、中〜大ロット貨物を中距離以上で、割安な運賃で輸送するには適した輸送機関といえる。

225

第6章 ● 輸送機関の特性と選択方法

（2）鉄道貨物輸送の注意点

鉄道貨物輸送を利用する場合、いくつかの注意点がある。

第1に、鉄道貨物輸送を利用する場合、貨物を輸送する距離が500km以上あるかが目安となる。これ未満の輸送距離では、時間、運賃、利便性などからトラック輸送が有利になる可能性が高い。しかし近年では、トラックドライバー不足等により、中距離輸送（400〜600km）での利用も増えてきている。

第2に、鉄道貨物輸送は、トラック輸送に比べ輸送中の微振動が強いため、振動を嫌う商品の場合は、緩衝材の増量など梱包に配慮する必要もある。そして、台風や地震などの自然災害などで線路等にダメージを受けた場合、復旧までに時間がかかることも忘れてはならない。

（3）鉄道貨物輸送の代表的な貨物

以前は穀物などの農産物も多く輸送されていたが、現在は生産財、特に原材料が多く、①石油、②積合せ貨物、③食料工業品、④紙・パルプ、⑤化学工業品、⑥農産物・青果物、⑦セメント、⑧化学薬品、などが輸送されている。

4 船舶貨物輸送

（1）船舶貨物輸送とは

船舶貨物輸送は、「輸出入を伴う国内と海外、もしくは外国間を航行する船舶による輸送である**外航貨物輸送**」と「国内間を航行する船舶の輸送である**内航海運**」に分けられる。

島国である日本では、原材料、部品、製品を輸出入する場合、船舶か航空機での輸送が必要となるが、ここでは内航海運を主に説明する。

現在、各種輸送機関のうち船舶貨物輸送の比率は、質量ベースで7.6%、トンキロベースで40.0%である（2021年度実績）。質量ベースでは輸送比率が7.6%と少ないが、トンキロベースでは40.0%と高くなることから、

226

第1節 ● 輸送機関の特性

船舶貨物輸送は大量の貨物を比較的長距離輸送していることがわかる。

　船舶貨物輸送のメリットは、以下のとおりである。

① 一度に大量の貨物輸送ができる

② 遠距離の大量輸送を行う場合、運賃が割安である

③ 運賃負担力のない大量貨物を遠距離輸送する場合は、専用船を活用できる。特に、個別に包装されていない石油などの化学原料、土砂などの建設材料などの輸送に適している

④ CO_2など温室効果ガスの排出量が少なく、環境にやさしい

　船舶貨物輸送のデメリットは、以下のとおりである。

① 輸送速度が遅い

② 港などの設備が必要なため、輸送地域に制限がある

③ 貨物の積卸しに時間がかかる

④ 港湾における荷役費などの費用が別途発生する

　これらのメリットとデメリットを考えると、船舶貨物輸送は、大量に遠距離を安価で輸送するのに適した輸送機関といえる。

（2）船舶貨物輸送の注意点

　船舶貨物輸送の場合、いくつかの注意点がある。

　第1に、生産財、特に原材料の輸送では内航海運を利用することが多い。この場合、利用する航路や港湾設備などを確認したうえで、内航海運業者を選択する必要がある

　第2に、消費財の輸送で内航海運を利用するケースは、経済性や利便性よりも、環境負荷軽減や危機管理が目的と考えられる。

　環境負荷軽減については、前述したように船舶貨物輸送は営業用トラック輸送と比較しCO_2の排出量は約5分の1、国内で一般的な大きさの長距離フェリーで大型トラック約160台分を1運航で輸送可能である。

　第3に、危機管理の視点では、自然災害などにより道路網が寸断された場合の代替輸送手段として、船舶貨物輸送など自動車貨物輸送とは異なる輸送手段を日ごろから利用しておくという考え方がある。

227

ある消費財メーカーの物流担当者は、「阪神淡路大震災の際、それまでトラック貨物輸送に依存していたが、道路網が寸断され利用できなくなった。急きょ船舶貨物輸送に切り替えようと依頼したら、日ごろから活用している荷主が優先され、利用できなかった。この反省から、平常時でも、トラック以外の輸送手段を利用している」とのことである。関西に工場を持つ消費財メーカーの場合、関西の工場から東京の物流センターへの輸送の一部に内航海運を利用している。地震などにより、大消費地である関東圏への幹線道路および鉄道が寸断された場合でも、関東圏への出荷が滞らないよう輸送網を確保するためである。

近い将来、南海トラフ地震など関東・中部・関西などに巨大地震が発生する可能性が高まっているという。被災を免れた地域から被災地へ救援物資を輸送する際、道路網が寸断されることも予想されるので、内航海運は安全保障の面からも重要である。

しかしながら、トラックドライバー不足と同様に内航海運においても、船員不足と高齢化が問題視されている。

（3）船舶貨物輸送（内航海運）の代表的な貨物

石油などの化学原料、土砂などの建設資材は、専用船（特定の貨物を輸送するための設備を持った船舶）で輸送していることが多い。

また、トラックで長距離輸送をする場合、トラックやその荷台だけをカーフェリーなどやRORO船で輸送する場合もある。トラックドライバー不足、特に長距離ドライバーが不足している状況において、幹線輸送にカーフェリーやRORO船の活用が有効と思われる。佐川急便（株）では、敦賀港－苫小牧東港間、八戸港－苫小牧港間などフェリーを活用することで、10tトラック換算で年間5万5,432台分のトラック便を削減している（数値は2021年度）。また、味の素（株）では関東－北海道間、関東－関西間、関西－九州間といった500km以上の幹線輸送にフェリーやRORO船を活用し、環境負荷軽減と輸送力の確保を実現している。

さらに、前記（2）の例や、環境対応物流や危機管理の視点から、従来

第1節 ● 輸送機関の特性

輸送していた原料や建設資材だけでなく消費財や宅配便の幹線輸送などにおいても、内航海運が利用されている。

（4）船舶貨物輸送（外航海運）の代表的な貨物

商品あるいはその原材料など、身の回りのモノの多くは海外から輸入されている。そのうち、鮮度が優先されるモノや、貴金属や特殊な電子部品など容積が小さくかつ高額なモノ以外は、船舶で運ばれている。

経済のグローバル化や自由貿易の促進などにより、今後、ますます国際間の貨物輸送量が増加することが予想される。国際的な物量の増加に伴い、国際物流に「大型化」の傾向が見られる。コンテナ船は大型化が進展し、従来は最大積載量20ftの海上コンテナ換算で、7,000～8,000であったものが、現在は2万1,000～2万4,000と約3倍の積載量のコンテナ船が登場している。また、海上コンテナのサイズも、従来の20ft（長さ約6.1m）、40ft（長さ約12.2m）だけでなく、45ft（長さ約13.7m）も登場している。日本が国際物流の潮流から取り残されないためには、大型コンテナ船でも入港できる水深16m以上の港の整備や、45ftコンテナが輸送できるような道路整備と規制緩和が進められている。

5 航空貨物輸送

（1）航空貨物輸送とは

航空貨物輸送は、「国際航空貨物」と「国内航空貨物」に大別される。なお、航空貨物輸送には、民間の配送会社が、書類や小口荷物をドア・ツー・ドアで一貫して航空輸送する「クーリエ」や、公的配送会社が、書類や荷物を速達扱いで航空輸送する「EMS」がある。

航空貨物を取り扱う会社は、自社で航空機を持って運行する「キャリア」、自社では航空機を持たずに貨物を集めキャリアに輸送を委託する利用運送の「フォワーダー」、キャリアとフォワーダーの両方の機能を持つ「インテグレーター」に分けられる。

229

第6章●輸送機関の特性と選択方法

　現在、各種輸送機関のうち航空貨物輸送の比率は、質量ベースで1％未満（約49万t）、トンキロベースで1％未満（約5.3億トンキロ）と非常に少ない（2021年度実績）。しかし今後は、鮮度が求められる生鮮食品などの流通がますます盛んになり、取り扱い貨物量は増加すると思われる。
　国内航空貨物輸送を中心に、航空貨物輸送のメリットを整理すると、以下になる。
　①　輸送速度が速い（特に長距離の場合）
　②　貨物への振動によるダメージが少ない
　同じく、航空貨物輸送のデメリットを整理すると、以下になる。
　①　運賃が割高である
　②　輸送量に制限があり大量輸送には不向きである
　③　空港等の設備が必要となる（発地から空港、空港から着地までの輸送も必要）
　④　重量物、長尺物、危険物などに積み荷制限がある。
　これらのメリットとデメリットを考えると、航空貨物輸送は、運賃負担力のある少量から中量の貨物を長距離輸送する場合、あるいは鮮度重視や欠品対応など緊急性の高い貨物の中長距離の輸送に適しているといえる。

（2）航空貨物輸送の注意点

　航空貨物輸送を利用する場合、いくつかの注意点がある。
　第1に、発地の最寄り空港から目的地の最寄り空港に、直行便が何時に出発しているかなどを、事前に調べる必要がある。スピードを重視して航空便を選択したにもかかわらず、「当日の便はすでに出発済みであすの便まで待たないといけない」、あるいは「発地の最寄りの空港から目的地の最寄り空港には直行便が出ておらず、どこかの空港を経由するため時間がかかる」などとなっては、割高な運賃を支払う意味がなくなってくる。
　第2に、可燃性のモノなど航空機では輸送できない貨物もある。この

230

ため、自社の商品が航空貨物輸送を利用できるか否かも調べておく必要がある。離島や遠隔地の消費者がインターネット通販などで自動車やバイクのエンジンオイルや洗浄剤、石油系の原料を使用した理美容品などを購入した際、航空宅配便で輸送できない商品があり、船便で輸送するといったこともある。

（3）航空貨物輸送の代表的な貨物

他の輸送機関に比べ運賃が割高なため、航空貨物輸送の代表的な貨物には、容積が小さく高付加価値なモノ（電子部品、ソフトウェア、医薬品、貴金属など）、鮮度が求められる生鮮食品、切り花などが挙げられる。

インターネット通販等で北海道や沖縄の生鮮食品などを購入した場合、宅配便の幹線輸送に航空便が利用されるため、購入者が意識していなくても、航空貨物輸送を利用していることがある。

6 近年の話題となっている新しい輸送機関と技術開発

（1）高速道路等における貨物自動車の無人運転

輸送効率の低下やトラックドライバー不足などの課題を解決するための対策の1つとして、高速道路において、トラックの隊列走行の実験が行われている。隊列走行とは、複数のトラックが連なり、走行状況を通信によってリアルタイムで共有し、自動で車間距離を保って走行する技術である。先頭車両にはドライバーが乗車し、有人でトラックを運転する。

貨物自動車の無人運転の実施によって、トラックドライバーの運転時間が削減できる。また、疲労などによる運転ミスが原因となる交通事故の削減や、車速変化による燃費向上なども期待されている。

この一方で、無人運転を実施しない区間では、有人で貨物自動車を運転する必要があるため、無人運転実施区間の両端で、トラックドライバーが必要となる。また、無人運転に切り替えるための場所の整備も必要となる。

（2）貨客混載（鉄道、バス、タクシーなど）

　貨客混載とは、貨物の輸送と旅客を、同じ輸送機関（鉄道やバスやタクシー）で輸送することである。鉄道やバスやタクシーの旅客輸送の一部のスペースに、貨物を積載して輸送する。

　貨客混載は、貨物の輸送の一部を旅客運送業者に委託ができるため、トラックドライバー不足の解消につながると考えられる。また、貨客混載により、トラックの輸送台数が削減できれば、環境負荷の低減につながると考えられる。

　この一方で、貨客混載輸送では、旅客輸送の一部のスペースに貨物を積載することになるため、輸送できる貨物量に制限がある。また、輸送機関への貨物の積卸しに時間がかかるため、効率的な貨物の積卸し方法の準備や、ダイヤの調整などが必要となる場合がある。

（3）ドローンによる貨物輸送

　ドローン（小型の無人航空機：Drone）による貨物輸送が、注目されている。アメリカの大手ネット通販企業が配達時に利用するために、実験が行われている。日本では、災害時の救援物資輸送や離島や山間地への生活物資輸送などに利用できないかと、実証実験が行われている。

　実現に向けて、法整備、運用ルールづくり、あるいは航空機本体や操作・制御の技術等の改良など、解決すべき課題は多数あるが、興味深い技術である。数年後、十数年後には実用化されている可能性もある。ドローンを利用することで、物流が大きく変化する可能性がある。

　この一方で、輸送費用の低減化、輸送時の事故対策、輸送可能重量の増加などが課題とされている。

（4）配送ロボットによる配送

　2023年4月の道路交通法の改正により、一定の大きさの構造の要件を満たすロボットは、届出制により公道を走行できるようになった。

　物流拠点や小売店舗などの荷物・商品を配送するロボット（自動配送

ロボット）による配送は、EC市場の拡大などにより宅配需要が拡大している中で、ドライバー不足や買い物弱者対策などの課題を解決のための有力な対策とされている。具体的には、物流拠点から住宅やオフィスなどへの荷物や商品の配送、小売店舗や飲食店から住宅や公園などへ商品の配送、および地域内における移動販売への利用が期待されている。

この一方で、輸送時の交通事故対策、盗難防止対策、荷卸し対策などが必要とされている。

（5）その他の新たな技術開発の動向

新たな技術開発として、CO_2を排出しない、水素燃料電池車両の普及に向けて、大型トラックを用いた実証実験が行われている。燃料電池型大型トラックは、航続距離が600kmであり長距離輸送にも適用可能であり、燃料供給も水素ステーションにおいて短時間で可能である。

この一方で、水素ステーションは全国で170カ所程度となっており、水素ステーションの普及も、燃料電池型大型トラックの普及の課題となっている。

第6章 ● 輸送機関の特性と選択方法

第 2 節 輸送機関の選択方法

学習のポイント

◆輸送する貨物によって、最適な輸送機関を選択する必要がある。このために、選択する際に考慮すべき条件を学ぶ。

◆最適な輸送機関の選択方法として、輸送コストと輸送時間が重要であるが、さらに緊急性や貨物特性についても加味すべきことを学ぶ。

1 輸送機関選択の考え方

（1）輸送機関選択の考え方

　ここでは、自動車輸送、鉄道輸送、船舶輸送、航空輸送のメリットとデメリットを整理して、輸送機関選択の考え方について説明する。

　企業間取引において輸送機関を選択する際、次のことに考慮して適正な輸送機関を選択する必要がある。

① 輸送する距離

② 輸送する貨物の量（質量・容積）

③ 緊急度

④ 製品（商品）特性と荷扱いの特殊性

⑤ 運賃負担力

⑥ 取引条件（納品時刻の指定など）

　たとえば、貨物の量が小～中ロットの場合、宅配便や特別積合せ便を利用する場合が多い。ただし、厳密な温度管理や時間指定、特殊な荷扱いが必要な商品や異型物の場合、車両1台満載にならなくても貸切便

234

第2節 ● 輸送機関の選択方法

（チャーター便、車建て（1台借り切る））を利用することがある。

　あるいは、運賃負担力がない商品の場合、運賃が割高な輸送方法（宅配便など）を利用できないため、大型車両（たとえば10t車）が満載になるような数量を取引単位として、貸切便（チャーター便、車建て）を利用する。

事例（その1）

　　　商　品　名：衛生用品（ホテル、飲食店、娯楽施設等で使用する
　　　　　　　　　　トイレットペーパー）

　　　質量容積：約14kg（L46cm×W57cm×H37cm）、1納品先当
　　　　　　　　　たり1～2ケース納品

　　　納品経路：大阪物流センターから大阪府内、神戸市内、京都市
　　　　　　　　　内の取引先

宅配便を利用した場合のケース当たりの運賃

　・運賃：2,190円/ケース

　（前提：140サイズ、関西ブロック→関西ブロックの運賃例）

自社配送（軽トラックリース・5年契約）した場合のケース当たりの運賃

　・運賃：880円/ケース

　（月額費用前提：トラックリース代26,000円、任意保険料30,000
　　円、ガソリン代14,000円、高速代50,000円、駐車場代30,000円、
　　ドライバー人件費・法定福利費等含む334,000円、合計484,000
　　円、月間22日稼働→運送原価22,000円/日。1日当たり平均25
　　個程度配達）

軽トラックのチャーター便を利用して運んだ場合のケース当たりの運賃

235

第6章 ● 輸送機関の特性と選択方法

> ・運賃：720円／ケース（計算式：1日18,000円÷25ケース＝720円）
> 　（前提：1日のチャーター料18,000円、1日当たり平均25個程度
> 　配達）

　宅配便を利用した場合、運賃はかなり割高になる。自社配送した場合
は、宅配便の運賃の40％程度になる。軽トラックのチャーター便を利用
した場合、ケース当たりの運賃は宅配便の3分の1程度に削減が可能に
なる。これは少し極端な事例であるが、輸送方法を選択する際、取り扱
い商品の運賃負担力が重要であることが理解できる。

　貨物量、輸送距離、取引条件なども含めて、経済合理性のある輸送方
法を選択しなければならないが、緊急度が高い輸送の場合は、必ずしも
経済合理性のみを追求する必要はない。たとえば、商品を誤納したため
緊急に必要な商品をお客様に届けなければならない場合、輸送費よりも
商取引の信用を重視して、1個の商品に貸切便（たとえば、軽トラック
の運送業者など）を活用することがある。

　このように、各種ある自動車輸送から最適と思われる輸送方法を選択
するには、前記①〜⑥などを意識するだけでなく、その場に適応した優
先順位を考慮しなければならない。

（2）特殊な荷扱いが必要な場合

　常温の食品、日用雑貨など段ボールケースに梱包された定型物の場合、
特別な荷扱いを求められることは少ない。しかしながら、住宅建材、住
宅設備、大型の家具や家電製品、機械設備などの長尺物、重量品、異形
物などの非定型物は、特別な荷扱いが必要な場合がある。たとえば、荷
扱いでは、積込み、養生、輸送時などに特別な配慮が必要な場合がある。
また、車両では、テールゲートが付いたテールゲート車、クレーンが付
いた車両などが必要な場合がある。さらに、液体などを大量に輸送する
場合は、タンクローリー車などの特殊な車両が必要になる。

　定型物の輸送の場合は、運賃、納品のリードタイム、サービスレベル

236

第2節 ● 輸送機関の選択方法

等を主に輸送機関を選択することになるであろう。

　非定型物の輸送の場合は、前記（運賃、リードタイム、サービスレベル）以外に、製品（商品）特性や、荷扱いの特殊性が、輸送機関の選択、あるいは輸送の委託先選定に重要な要素になる。たとえば、住宅建材に慣れていないドライバーが積込み、養生、輸送すると、輸送途中や積卸し時に製品がダメージを受けるリスクが高くなる。また、非定型物は納品先での開梱と設置などの付帯作業が求められることもあり、経験のある人が対応することが必要である。

　このように、特殊な荷扱いが必要な製品を輸送する場合は、考慮すべき点が多くなる。

（3）通信販売の場合

　通信販売で取引される商品の輸送は、一部の例外を除き宅配便を利用すると考えてよい。しかし、長尺モノ、重量品、嵩モノなどの場合は、宅配便では料金が非常に高くなることもある。その場合、特別積合せ便（路線便）などを利用するケースもある。また、まれなケースであるが、大手オフィス用品通販企業、大手家電量販店のインターネット通販部門など、自社配送している場合もある。

Column　コーヒーブレイク

《通販の「送料無料」は「送料は当社負担」に変更できるか》

　通信販売を利用していると、「送料無料」という文字を見ることが多い。通販企業の社員が配達するならともかく、宅配便や郵便で送付するにもかかわらず「送料無料」という表現は間違っているのではないだろうか。

　（公社）日本通信販売協会では、「送料は当社負担」という表記にするよう会員企業に働きかけているというが、いったん定着してしまったので、なかなか変更されないようである。それなら、買い物に行く交通費が節約できる通販の「利用者負担」にする方法もあると思う。

第6章●輸送機関の特性と選択方法

　通信販売の場合、販売者が送料を負担していることが多いため、販売者はできるだけ安い運賃・料金の宅配便や配達方法を選択したいことになる。しかし、消費者向けの通信販売の場合、「配達員の態度が悪い」「代金引き換えの事前連絡がなかったので、現金を用意していなかった」など配達時にクレームが発生することがある。よって、消費者向けの通信販売の場合は、運賃・料金だけでなく、サービスレベルとのバランスを考慮して輸送手段や宅配会社を選択することが望ましい。

（4）新たに考慮すべき「環境負荷削減」と「危機管理」

　これまでコストが重要視されてきた輸送機関の選択であるが、今後は、「環境負荷軽減」と「危機管理」の視点も重要になってくる。

　環境負荷削減の視点では、温室効果ガスの排出量を抑制するため、幹線輸送をトラックから船舶や鉄道に変更する、トラックの場合でも天然ガス車やハイブリッド車など低公害車を利用することなどがある。

　危機管理の視点では、幹線輸送の部分はトラック輸送の依存度を低め、船舶や鉄道なども利用した「幹線輸送の複線化」の必要性が高まる。これは、大規模な地震や自然災害による交通網の寸断に対応することだけではなく、トラックドライバー不足への対応にもなる。

2　輸送時間と輸送コストの関係

　輸送時間と輸送コストは、一般的に**トレードオフ**の関係になっている。たとえば、航空貨物輸送のようにスピードが速い場合は輸送コストが高く、船舶貨物輸送のようにスピードが遅い場合は、輸送コストが安くなる。特に輸送距離が長いほど、このトレードオフの関係は強くなる。

　輸出入の場合は、輸送距離が長くなるため、特に時間とコストを考慮しなければならない。→第8章

　ここでは、国内の輸送について説明する。

　たとえば、出張を終え空港から帰宅する場合、タクシー、リムジンバ

238

第2節 ● 輸送機関の選択方法

図表6-2-1 ● 空港から自宅までの移動手段と所要時間・料金の一例

移動手段	所要時間	料　金
A. タクシー	約50分間	12,000円
B. リムジンバス＋タクシー	約80分間	2,500円
C. 電車＋バス＋徒歩	約100分間	1,000円

ス、電車など、さまざまな方法がある。

　図表6-2-1のように、移動手段によって所要時間と料金に差がある。公共交通機関での移動の場合、乗り換え時の待ち時間や階段の昇降も発生する。荷物が多いときなどは、楽で早いタクシーを利用したいところだが、料金が高い。しかし、海外出張の帰りで荷物が多く、同じ方面に帰宅する同僚が4人いたらどうだろうか。Aの料金を4人で払うと、1人当たりではBとあまり差がなくなる（この例では1人500円高くなる）。そうなるとAを選択することになるだろう。

　これを物流に対応させて考えてみる。たとえば、福岡から東京へ雑貨を輸送する場合、どのような選択肢があるだろうか。航空便、特積（特別積合せ）便、貸切便の場合を図表6-2-2で比較してみる。

　②の100ケースを納品する場合、納期が1日遅れても、1ケース当たりの運賃が圧倒的に安いため、特積便を選択することになるだろう。

　このように、輸送時間と輸送コスト、および貨物の量の関係を理解しながら、かつ納品の緊急度なども考慮して、最適な輸送機関を選択する必要がある。

　この一方で、輸送コストよりも、輸送時間を重視することがある。これは、誤納や誤配送の対応、客先で緊急に必要とされる部品や商品の場合、商取引の信用や顧客ニーズに応えるための場合が多い。たとえば、据え付け家具の施工中に、パーツ（扉の一部など）が足りないことに気づいた職人が、サプライヤーに電話をしたら、3時間後に軽トラックの運送業者で1ケースだけ届けられてくる、ということもありうる。

　輸送コストだけを考えると、かなりの金額になるが、この場合は、施

239

第6章●輸送機関の特性と選択方法

工の遅れや延期を避けるために、納品を最優先させた適切な対応と考えられる。

　一般的には、輸送コストは低いほうがよいが、納品の緊急度や納品条件などを考慮して、最適な輸送機関の選択が必要となる。

事例（その２）

　商　　品：雑貨（常温輸送）

　容積質量：12.5kg/ケース（L40cm×W30cm×H30cm）

　輸　　送：福岡工場から東京物流センター（距離は1,200kmとする）

　輸　送　量：①10ケース　②100ケース　③600ケース

図表6-2-2●輸送手段の違いによる運賃の比較

輸送手段	航空便 納期：翌日午前	特積便 納期：翌々日以降	貸切便（10t車） 納期：翌々日午前
①の料金 （下段1ケース当たり）	24,750円 （2,475円）	5,370円 （537円）	297,090円 （29,709円）
②の料金 （下段1ケース当たり）	329,650円 （3,296円）	40,580円 （406円）	297,090円 （2,971円）
③の料金 （下段1ケース当たり）	1,967,000円 （3,278円）	―	297,090円 （495円）

注1）航空貨物輸送の運賃は、フォワーダーの運賃を使用。
注2）自動車貨物輸送の運賃は積合せの平成11年タリフの平均値を使用。
注3）貸切便の運賃は貸切トラックの距離制運賃表（九州運輸局）の標準的な運賃の値を使用。

240

第6章　理解度チェック

次の設問に、○×で解答しなさい（解答・解説は後段参照）。

1　次の①〜④の文章は、各種輸送機関の特徴について述べたものである。正しいものには○、誤っているものには×をつけなさい。
① 自動車貨物輸送は利便性が高く、輸送トン数およびトンキロとも一番多い。
② 鉄道貨物輸送は、環境にやさしい輸送として注目され、輸送トンキロは自動車貨物輸送よりも多い。
③ 船舶貨物輸送は、一度に大量の貨物を長距離輸送するのに適している。
④ 航空貨物輸送は、輸送スピードは速いが運賃は割高である。

2　各種輸送機関を選択する際、考慮すべき項目と思われるものについて、正しいものには○、誤っているものには×をつけなさい。
① 輸送する距離、貨物の容積・質量と輸送コストのバランス
② 納品の緊急性と貨物の運賃負担力
③ 発荷主や着荷主の指定

解答・解説

1　①○　②×　③○　④○
鉄道貨物輸送の輸送トンキロは、自動車貨物輸送、船舶貨物輸送に次いで第3位である。輸送トンキロは、自動車、船舶、鉄道、航空の順。

2　①○　②○　③×
荷主側の指定したものが、必ずしも適正ではないことがあるため、より優れた選択肢があれば、荷主に提案することも必要である。

241

第6章●輸送機関の特性と選択方法

参考文献

（公社）日本ロジスティクスシステム協会『2022年度物流コスト調査報告書【概要版】』2023年

（一社）日本物流団体連合会『数字でみる物流 2022年度』日本物流団体連合会、2023年

（公社）全日本トラック協会『日本のトラック輸送産業 現状と課題2023』2023年

国土交通省総合政策局環境政策課「運輸部門における二酸化炭素排出量」2023年

JR貨物グループ『JR貨物グループレポート2022』2022年

国土交通省海事局「内航海運を取り巻く現状及びこれまでの取り組み」2019年

国土交通省自動車局貨物課「令和4年度 宅配便・メール便取扱実績について」2023年

国立社会保障・人口問題研究所「日本の将来推計人口 令和3年1月推計」

（公益）鉄道貨物協会「令和4（2022）年度 本部委員会報告書」2023年

国土交通省総合政策局情報政策本部情報政策課「交通関係基本データ」2023年

味の素（株）ホームページ「活動レポート：モーダルシフトってなに？環境負荷を減らしドライバー不足も解消する物流ソリューションとは」2023年

佐川急便（株）ホームページ「SAGAWA News Letter 2021年10月1日号（Vol. 17）」2021年

国土交通省「『てぶら観光』の促進に関するこれまでの検討結果と今年度の取組」2014年

ヤマト運輸（株）ホームページ：
https://www.yamato-hd.co.jp/news/h27/h27_119_01news.html

ヤマト運輸（株）ホームページ：
https://www.yamato-hd.co.jp/news/2023/newsrelease_20230517_1.html

（株）ジェイアール東日本物流ホームページ：
http://www.jrbutsuryu.jregroup.ne.jp/pdf/20230529_hoteldelivery.pdf

佐川急便（株）ホームページ「佐川急便環境データ集2022」2022年

国土交通省港湾局「港湾・海運を取り巻く近年の状況と変化」2020年

国道交通省自動車局技術・環境政策課　安全・環境基準課「自動運転を巡る最近の動向」2021年

日本自動車工業会ホームページ：

https://www.jama.or.jp/operation/truck-bus/platooning/

国土交通省「トラック隊列走行について 実現に向けた課題対応」

経済産業省・(一社)ロボットデリバリー協会「自動配送ロボットの社会実装に向けて」2023年

日本水素ステーションネットワーク合同会社「水素ステーションの現状と課題』」2022年

(公社)日本通信販売協会「送料無料表示の見直しについて」2023年

福井県トラック協会ホームページ「積合せの運賃率表（平成11年3月26日)」1999年

国土交通省・(公社)全日本トラック協会「一般貨物自動車運送事業に係る標準的な運賃について」2020年

第 **7** 章

輸配送システムの計画

この章のねらい

　第7章では、輸配送システムの計画に必要な基礎知識を学習する。

　第1節では、輸配送システムの基本設計に必要な、輸配送のサービスレベルと物流コストの関係、代表的な輸配送方式および輸配送ネットワークについて学ぶ。

　第2節では、輸配送計画作成のツールとなる最新IT技術を学ぶ。

　第3節では、物流コストの削減、物流の効率化、環境負荷の軽減などの視点から、現在注目されている物流の共同化を学ぶ。そして、共同輸送と共同配送について学習する。

　第4節では、特殊貨物や特殊車両による特殊輸送の基礎知識を習得する。

第7章●輸配送システムの計画

| 第 1 節 | # 輸配送システムの基本設計 |

学習のポイント

◆輸配送システムを設計するにあたっては、ノード（物流拠点）とリンク（輸送経路）を考える必要がある。

◆輸配送システムを構築する際、自社の効率化だけでなく、着荷主の利便性も考慮しなければならない。

◆輸配送システムを設計した段階で、今後発生する物流費の大枠は決まる。

1 物流センターの数の設定

(1) 物流センターの数と輸配送費のトレードオフ

　輸配送ネットワークを構築する際には、物流センターの位置と配送エリアを設定する必要がある。このとき、主要仕入れ先（製造業の場合は工場も含む）や主要販売先の所在地、地域別の販売比率、倉庫の相場、配送のリードタイムなどを考慮する必要がある。

　そこで、ここでは、物流センターの数について、その設定の考え方を考えることにする。

　輸配送ネットワークは、ノード（Node）とリンク（Link）で構成される。第6章第1節**1**(2)でも触れたように、ノードとは物流センターや店舗などの結節点施設を意味するが、特に物流センターでは、商品の積み替え、あるいは一時留めおく場所ということになる。リンクとは、ノードとノードを結ぶ線（輸送経路）をいう。

246

図表7-1-1 ●物流センターの数と輸送コスト、配送コストの関係

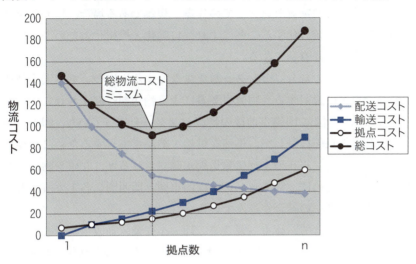

　一般的に、物流センターの数が多くなると、配送の距離が短くなり配送コストは減少するが、一方で物流センターにおける保管コストや荷役コストおよび総在庫量などが増加するとともに、物流センターまでの輸送コストが増加する。物流センターの数が少なくなると、配送の距離が長くなり配送コストは増加するが、一方で保管コストや荷役コストおよび総在庫量および物流センターまでの輸送コストなどが減少する。このように、配送コストと物流センターまでの輸送コストおよび物流センターでのコストの間には、トレードオフの関係がある。→図表7-1-1

　　総物流コスト＝拠点コスト（保管、荷役等）＋輸送コスト＋配送コスト

（2）物流センターの数が少ないと有利な場合

　物流センターの数が少ないと有利な場合とは、一般に、物流センター数の減少に伴う配送コストの増加よりも、物流センターのコスト（保管コスト、荷役コスト等）の減少が大きく上回り、総コストが減少する場

合である。具体的には、多くの在庫を持ち、小口ピッキング作業や流通加工、包装などの物流センターでの作業が複雑である場合、物流センターの数を減らし統合化することにより、自動化・機械化のための設備投資がしやすくなり有利になる。

物流センターの統合（センター数を少なくする）について、大手製造業の場合を例に説明する。物流事業者による輸送網が確立されていなかったころは、全国に10拠点前後の物流センターを持っていた。卸売業や小売業など得意先に対して、迅速な供給・納品を実行するために必要であった。しかし、現在のように輸送網が確立されると、在庫や物流コストを削減するために、物流センターは関東圏と関西圏に各1カ所、といった物流センターの統合が進んでいる。

近年の傾向として、荷主（製造業、卸・小売業、通販事業者など）の商品を扱う物流センター（DC）では、物流センターの自動化、少量多品種貨物への対応、トータル在庫圧縮、リードタイム短縮、荷主へのサービスレベル向上を図るという目的で、物流センターの統合・集約が進んでいる。

（3）物流センターの数が多いと有利な場合

物流センターの数が多いと有利な場合とは、一般に、物流センター数の増加に伴う物流センターのコスト（保管コスト、荷役コスト等）の増加よりも、配送コストの減少が大きく上回り、総コストが減少する場合である。

物流センターの分散（センター数を多くする）の例として、配送頻度が高い（納品リードタイムが短い）場合には、顧客へのサービスレベルを高めるために、物流センターを増やすことがある。たとえば、大都市中心部に置かれている宅配便のサービスセンター（デポなど）やジャスト・イン・タイム納品を要求されている納品先工場近くの部品センターなどでは、頻繁な配送による短い納品リードタイムの実現を優先し物流センターを分散する場合がある。

第1節●輸配送システムの基本設計

（4）物流ネットワーク計画で考慮すべき物流サービス

物流センターと輸配送ネットワークの計画では、費用の検討だけでなく、物流サービスレベルの検討も必要である。

輸配送ネットワークを設計した段階で、今後発生する物流コストと物流サービスレベルの大枠は決まる。

一般的に考慮すべき物流サービスには、次の6つがある。

① 納品リードタイム

発注（売り手の立場から見ると受注）から納品までの時間

② 配送サービス

配送時間帯指定、多頻度納品の実現など

③ 受注方法や時間

受注時間の延長や休日・時間外対応など

④ 発注単位

ケース単位からピース単位など、最低発注単位の小ロット化

⑤ 供給率（アベイラビリティ：Availability）・注文充足率

発注した商品が欠品等なく指定した納期どおりに供給される

⑥ 付加的サービス

流通加工、納品先での棚入れ、開梱・設置など

（5）物流サービスと物流コストの関係

輸配送ネットワークを設計する際には、物流サービスと物流コストのバランスを考えなければならない。一般的に、物流サービスレベルを上げると物流コストは上昇し、物流コストを削減すると物流サービスレベルは下がるといわれている。

しかし、実態として、物流コストの圧縮を重視する企業、物流サービスレベルの向上を重視する企業など、各社の経営方針や営業戦略により、優先順位や比重が異なるため、2つのバランスをとることが必要である。特に、顧客に対する物流サービスの維持を重視すれば、物流コストに基づく物流センター数の計画が変わることもある。

249

第7章●輸配送システムの計画

　たとえば、顧客の要求に合わせて高い物流サービスレベルを維持するためには、物流センターを分散して数多く持たなければならない。なぜならば、物流サービスの中でも、納品リードタイムと受注締め切り時間は大変重要となる。この2つは、取引先の販売支援や在庫削減にも関係し、発注する側にとって、受注締め切り時間は遅いほどよく、納品リードタイムは短いほどありがたいからである。

　逆に、長い納品リードタイムが許容されれば、物流センターを1カ所に集約することが可能となる。

　受注から納品までのリードタイムが長くなると、買い手側の心理としてサービスの低下と感じる。それでは、商取引そのものに悪影響を及ぼしかねない。

　また、東日本大震災やコロナ禍による物流の停滞の経験から、リスク分散のために物流拠点を分散させたり、在庫を増やす企業もある。

2　物流センターの配送エリアの決定

（1）物流センターの配置の検討

　先述したように、輸配送ネットワークを設計する際は、物流センターの位置と配送エリアを設定する必要がある。そして、本節**1**では、物流センターの数の考え方について説明した。

　そこで、ここでは、配送エリアの決定について説明する。

　配送エリアの決定は、第1に物流センターをどの地点に置くか（配置の検討）、第2にどのような物流センターとするか（DC、TCなど）、第3に配送エリアをどのように決定するか、という手順になる。配送エリアの決定は、取引先への物流品質や物流サービスを決定づける意味で、きわめて重要である。

　第1に物流センターの配置にあたって、3つの検討条件（納品先の分布、仕入先・調達先の分布、中期的な経営戦略）について説明する。

①　納品先の分布

250

第1節 ● 輸配送システムの基本設計

　納品先の分布は、物流センターの配送エリアを設定するとき、「物流サービスレベル（納品リードタイムなど）」や「保管コストや配送コストなどのバランス」を考慮し、物流センター設置場所を検討するために必要なデータである。

　たとえば、地域別の販売比率が関東圏40％、中部圏20％、関西圏25％、その他15％の食品メーカーの場合、1つは関東圏に設置される。しかし、倉庫費用が安いからといって、東京から遠く離れた地方に物流センターを設けると、保管コストの削減分より、日々発生する配送コストが増加し、納品リードタイムも長くなる。

　逆に、販売構成比の高い地域（あるいは近い地域）に物流センターを設けることで、配送コストの削減と納品リードタイムの短縮が可能となる。しかし、地代の高い都心部に物流センターを構えることは難しいため、隣接した県が関東圏の物流センターの立地候補として挙げられる。

　物流センターの配置計画は、配送先顧客サービスの向上を最優先しつつ、制約条件の中、土地価格、配送コスト等との関連の中で決められる。

② 仕入れ先・調達先の分布

　仕入れ先や調達先の分布は、物流センターの設置位置によって変化する「仕入れ（調達）コスト」や「調達リードタイム」を検討するために必要なデータである。主要な仕入れ先や工場から遠距離の場所に物流センターを設けると、調達時の配送距離が長くなり調達のための輸送コストが大きくなる。

　たとえば、ある食品加工メーカーでは、信州の生産農家から野菜を原料として調達し加工し製品を生産していたため、野菜産地の近隣に工場と物流センターをつくった。その後、仕入れ値がより安価な海外産野菜を原材料として調達先が変更となったため、現在は関東の港に輸入されたものを信州まで陸送し、信州工場で生産、物流センターから関東圏への配送となった。この事例は、仕入れ先と調達先の将来予測が的確でなかったために当初の設備投資がムダになり、新たに事業再編するためには莫大な経費が必要となった事例である。

251

第7章 ● 輸配送システムの計画

③ 中期的な経営戦略

　輸配送ネットワークを設計する場合、中長期的な経営戦略や方針を考慮することが重要である。なぜならば、輸配送ネットワークを設計した段階で、今後発生する物流コストの大枠は決まってしまうからである。

　もしも、中期的な経営戦略として、原料の調達を国産品から輸入品への変更が事前にわかっていれば、物流センターや工場の立地も変わったはずである。

　たとえば、アパレルや雑貨など、海外生産の製品や商品を輸入・販売している企業の物流センターが、関東圏や関西圏の港湾地区あるいは港から近いエリアに設けられることが多いのは、調達先の海外比率が高いだけでなく、販売先が人口に比例して、関東圏や関西圏に多いためである。これらの企業は、調達先や販売先のことを考慮して輸配送ネットワークを設計している。

④ シミュレーションの活用と物流センターの位置

　このように輸配送ネットワークを設計する際は、物流コスト（輸配送コストや保管コストなど）や物流サービス（納品リードタイムなど）、納品先や仕入れ先・調達先の所在地など、中長期的経営計画のもと検討を進めなければならない。

　中長期経営計画のもと、物流センターの配置計画、輸配送ネットワーク計画を作成する場合、作成案を実際に稼働させた場合の状況、期待効果などについて、シミュレーション・モデルを作成し検証することが多い。作成案に対する稼働後の予測を見える化し、経営判断するための方法として大変有効である。具体的には、主要仕入れ先や主要販売先の所在地、地域別の販売比率、配送のリードタイムなどを過去の実績値から統計手法を使い数値化し、シミュレーション・モデルを作成し検証することになる。最近は市販のシミュレーションソフトも販売されているので、目的に合ったソフトを購入し検証してみるという方法もある。ただし、シミュレーションは最適解（物流センターの最適立地を算出）を算出するものではなく、作成案の検証に用いるものであることを理解する

第1節 ● 輸配送システムの基本設計

必要がある。

（2）物流センターの設定（DC（流通センター）とTC（通過型センター））

第2に、どのような物流センターを設定するか、について説明する。

一般に、物流センターには、DC、TC、PC、SP、DPの5つがあるが、代表的な物流センターとしてDCとTCおよびSPについて説明する。

DCは、ディストリビューション・センター（流通センター＝Distribution Center）の略で、DCまたはD/Cと表記される。DCは、顧客の出荷要求に迅速に対応するために在庫を持ち、出荷指示に従い迅速に出荷配送の機能を優先している。一般的に物流センター、流通センターやロジスティクスセンターと呼ばれている物流センターは、DCに分類されることが多い。

TCは、トランスファー・センター（通過型センター＝Transfer Center）の略で、TCまたはT/Cと表記される。TCは、在庫を持たず、入荷したものを仕分け・積み替えを行った後、出荷する機能を優先する（物流センターに商品や製品は滞留しない）「通過型センター」である。最近では、大手流通業の物流センターではDC機能、TC機能を兼ね備えた複合型の大型物流センターが多く建設されている。

DCおよびTCの主要機能と概略フローを図式化したものが、図表7-1-2・3である。

なお、保管を主要機能とするストックポイント（Stock Point：SP）がある。SPは、より在庫を重視したもので、特定の地域や納品先に対応するため、需要の動向を見て一定期間保管する「保管型倉庫」である。

輸配送ネットワークを設計する際、各物流センターをDCにするか、TCにするか、両方を組み合わせて使うか、あるいは、特定の地域や納品先にはSPも使うかなどが明らかになる。よって、物流センターのタイプ（DC、TCなど）も、輸配送ネットワークの中で求められる役割によって決まることになる。

253

図表7-1-2 ● DC（ディストリビューション・センター）の業務内容と概略フロー

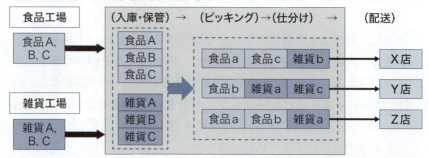

図表7-1-3 ● TC（トランスファー・センター）の業務内容と概略フロー

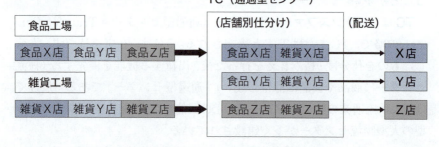

（3）配送エリアの決定

第3に配送エリアをどのように決定するか、について説明する。

配送エリアの決定方法については、大規模物流センターからの全国配送の場合と、複数地域にある小規模DCまたはDP（デポ）からの地域配送の場合とでは、検討項目、方法が大きく異なる。

① 複数の大規模物流センターから全国配送の場合
- 配送先所在地、配送量、配送単位等の実績データ、または予測データを収集・整理する。
- 複数（既存、新設）の大規模物流センターの位置を日本地図上にプ

ロットし、概略の設備能力（保管能力、入出荷能力等）を記載する。

・配送量の地域別（たとえば、県別）集計を行い、大規模物流センターごとの全国配送のバランス、エリア分け案を作成する。

・エリア分けした後の、大規模物流センターごとの保管量、入出荷量等から必要能力を検討・確認する。

・出荷量の月間変動を予測し、各物流センターの能力検証を行う（シミュレーションを行う）。

　配送エリアの決定に必要な出荷量、保管量等は、実績データをもとに、将来の需要予測を行い、定量的に解析し設計しなければならない。量的前提条件を明確にすることが最も重要なことである。

② 　小規模DCまたは地域DPから地域配送の場合

・地域（市区町村ごと）の配送先所在地、配送量、配送単位等の実績データ、または予測データを収集・整理する。

・小規模DCまたは地域DPの位置を地図上にプロットする。

・小規模DCまたは地域DPに隣接する地域（市区町村）ごとに、仮の配送エリアを設定し、配送量を合計・整理する。

・配送量のバランスを見て、配送エリア区分を入れ替えてみる（シミュレーション）。

・配送量、仮の配送ルート、配送上の制約条件（交通渋滞、交通規制等）から、配送エリア区分を検討する。

・配送エリアを決定する。

　小規模DCまたは地域DPからの地域配送の場合は、配送量の変動、交通量の変動等、変更要素が多い。このため、一度決めた配送エリアについても、一定期間経過ごとに見直す必要がある。

　各物流センターにおける配送エリアを決定した後、物流センター単位で、各納品先への配送ルートを決定することになる。

　配送ルートの決定にあたって考慮する条件としては、「物量」「納品先や届け先の所在地」「納品時間（時間指定、午前・午後指定の有無）」「納品時に倉庫に格納するなどの付帯作業の有無」「交通事情や道路事情」な

どがある。しかし、先述したとおり、ルート決定の条件は変化するため、条件の変化に応じてルートを見直す必要がある。また、配送ルート決定には市販の配車システムを利用することにより、効率的にルート設定や配車等が行えるようになるため、使用することも検討するとよい。なお、実際の運用は、各物流センターに委ねられることが多い。

3　配送手段の選択と組み合わせ

（1）自家用トラックと営業用トラックの比較

　トラック輸送において、車両保有台数で比較すると自家用トラックが80.8％であり、営業用トラックは19.2％である。自家用トラックの保有台数が多いことがわかる。→図表7-1-4

　しかし、実際に自家用トラックが運んでいる貨物量は、図表7-1-5に示すように少ない。

　トラックの車両台数の割合では、わずか19.2％しかない営業用トラックが、質量ベースで66.9％、トンキロベースで87.6％の貨物を運んでいる。

図表7-1-4●トラック車両台数の割合（2023年6月末）

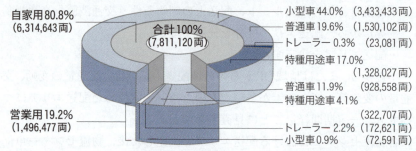

注）トラック車両台数には、軽自動車は含まれていない。
出所：（一財）自動車検査登録情報協会調べ

図表7-1-5 ●トラック輸送の分担率（2021年度）

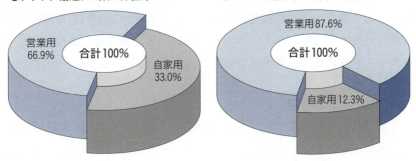

注）軽自動車は除く。
出所：（一社）日本物流団体連合会「数字でみる物流2023年度」

（2）輸配送のアウトソーシング（外部委託）

　自家用トラックの保有台数が多いにもかかわらず、輸送トン数やトンキロが少ないことから、自家用トラックの積載効率が低く、近距離配送が中心であることがわかる。一般的に、自家用トラックより営業用トラックによる配送のほうが効率的でコストも安いため、配送の**アウトソーシング**（外部委託）を進めるほうが経済的で、環境負荷軽減にも役立つ。
　なお、荷主企業が自家用トラックで配送しているものを、運送事業者の営業用トラックに変更して配送することを、「**自営転換**」（自家用の自→営業用の営）という。

（3）物流のアウトソーシングと3PL

　配送業務に限らず、荷主企業は物流業務のアウトソーシング化を進めている。企業間の競争が激化するに伴い、企業体質のスリム化（自社倉庫など物流関連資産の売却、物流部門社員の削減など）や、コア事業（基幹事業）への経営資源集中が進められ、荷主企業にとって本業でない物流業務を外部へ委託する傾向がある。
　従来、配送は輸送事業者へ、保管と庫内作業は保管事業者へ外部委託

するように、物流の機能別に業者を選定していたが、昨今では**サードパーティ・ロジスティクス**（Third Party Logistics＝**3PL**）と呼ばれる、物流業務全般を包括的に外部委託する場合もある。この3PL市場は成長産業といわれており、従来の物流事業者に加え、卸売業、商社、コンサルティング会社など、異業種からの参入もある。

（4）輸送手段の選定

日本国内での輸送手段としては、宅配便、特別積合せ貨物（特積み）輸送、JRコンテナ輸送、貸切トラック（チャーター便）等がある。配送先、輸送貨物量、納期、運賃などを判断材料に、どの輸送手段を選択するか検討する必要がある。輸送手段は図表7-1-6に示す。

図表7-1-6●輸送手段の選定

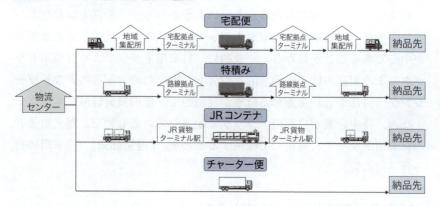

（5）物流事業者の選定

物流事業者を選定する場合に考慮すべき事項は、以下の5点である。
① 費用対効果

物流事業者ごとに、費用やサービスの内容が異なる。自社が求めるサービスを提供しているか、費用とのバランスが取れているかを、最初に確認する必要がある。

② 必要なサービス

　自社が必要な物流サービスを明確にし、それに対応できる物流事業者を候補として選定する。取り扱い貨物（製造業部品、特殊化学品、危険物、流通業一般消費財、食品、青果物等）の輸送経験があるか、ノウハウが蓄積されているか等も十分に確認する必要がある。

③ 事業規模拡大への対応力

　将来の事業拡大（取り扱い量拡大、販路拡大、取り扱い商品拡大、新規事業等）への対応能力があるか、事業の将来予測のもと将来においても物流業務のパートナーとして十分な可能性があるかを確認する必要がある。

Column　コーヒーブレイク

《荷主と運送会社》

　飲料メーカーの工場から全国物流センターへの商品配送は、夏場の需要増に備え備蓄するため5月の連休前あたりが繁忙期となる。物流センターに在庫をためて、夏場の需要増に対しお客様店舗、販売店、大型流通店舗への商品供給に備えるためである。5月の連休前は他荷主にとっても、配送ピークとなるため、配送トラックが不足することとなる。運送会社にとって荷主は大切なお客様であり、荷主の要求にはほぼすべて対応していた。ただし、運送会社にとっても限られた保有トラックの中で、複数荷主の要求に対応する必要があるため、苦労することとなる。

　このようなとき、荷主からは「優先的にトラック回してね」「できないならいいよ！」「運送会社はたくさんあるからね」といわれてしまう。運送会社は常に弱い立場にあった。しかし、現状はトラックドライバー不足で荷主の要望に応えることが困難になってきている。

　なおかつ、2024年4月施行の「自動車運転者の労働時間等基準の改正」（改善基準告示）が適用され、ますますトラック不足が加速化する。荷主も運送会社と一緒になって、輸送方法を検討しなければ、輸送を行うことができなくなる。「運送会社はたくさんあるよね」などといっていると、商品を運べなくなる可能性が高くなる。荷主の物流に対する意識改革が求められている。

第7章●輸配送システムの計画

④　物流提案力

　単にモノを運ぶ物流事業者ではなく、物流のプロとして効率化、問題解決力等の物流提案力を保有しているかも重要な要素となる。

⑤　物流パートナーとしての信頼性

　自社の物流を任せる事業推進のパートナーである。経営者の考え方、管理責任者、ドライバーの意識、教育等を見て、信頼できる事業者であるかを見極める必要がある。

4　多様な方法の事例

（1）ルート配送

　ルート配送とは、製造業や流通業の荷主が指定された場所から指定された貨物を、取引先などの決められた場所に決められたルートで、決められた時間に届ける配送方式である。運ぶ貨物と配送先が毎回異なる場合と違い、同じトラックドライバーが同じルートを走るのがルート配送である。

　トラックドライバーにとって毎回同じルートを走るため、道路事情、貨物量の変動、配送先担当者とのコミュニケーション等のノウハウが蓄積され、トラブル対応等も迅速的確に行えるというメリットがある。具体的事例として、コンビニエンスストアやスーパーマーケットへの食品配送や日用品メーカーから定期購入している顧客事務所への配送などがある。

　スーパーマーケットの食料品の物流センターから店舗へのルート配送の事例を説明する。毎日食品メーカー、問屋から夕方食料品が納品される。物流センターでは夜間の内に店舗別に仕分けし、出荷荷ぞろえする。配送トラックは朝、担当の複数店舗の商品を積み込みルート配送する。各店舗への供給は午前中に完了する。→図表7-1-7

図表7-1-7 ●スーパーマーケット生鮮食料品のルート配送

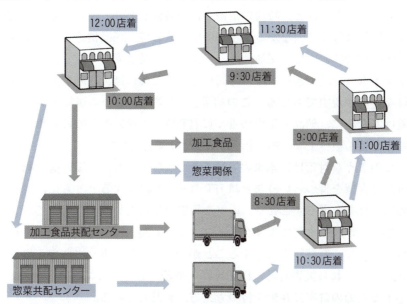

(2) ジャスト・イン・タイム (Just In Time：JIT) 納品

ジャスト・イン・タイム (Just In Time：JIT) 生産方式について説明する。JIT生産はトヨタ自動車(株)が開発した生産方式であり、世界中の多くの製造業で採用されている生産方式（リーン生産方式）である。簡単に説明すると、「必要なモノを、必要な量だけ生産する」という考え方であり、生産工程で発生するムダな在庫をなくす。工程で発生するムダ（つくりすぎ、運搬、加工、在庫、不良品、動作、手待ち（7つのムダ））をなくす。徹底的に管理し生産効率を向上させるための手法である。

これに対し、JIT納品とは、JIT生産方式（考え方の導入も含む）を導入している製造工場に対し、部品・原材料を「指示されたモノを、指示された時刻に、指示された量、指示された場所に」(JIT) で納品する方法である。JIT生産を行っている工場では、部品・原材料が欠品し供給が遅れると生産がストップする。したがって、欠品は許されない。

第7章●輸配送システムの計画

しかし、道路での運行時間は渋滞や事故などが起きるので、運行時間の変動が大きいほど、時間の余裕を持つ必要があり、この余裕は、通常時には待機時間につながることが多い。そして、部品供給元から顧客工場への輸送において、交通渋滞、天候等の変動要素を考慮し、納品リードタイム（納品できるまでの時間）を守るためには、在庫を持たざるを得ないのが現実でもある。この結果、JIT納品している事業者は欠品を避けるために、納品先工場の近くにJIT納品の対応のための倉庫を設け、在庫を持ち顧客工場の納品指示に従いJIT納品している。

このような対策は、本来のJITの考えからすると、工場の前工程（倉庫）に在庫を持つということはJITの考え方に反するとともに、倉庫での物流作業を増やすことや、ムダな投資を生むという指摘もある。

また、地震や水害により交通インフラ（道路、港湾等）が破壊された場合、部品・原材料を供給することができず生産ストップとなる事象が起こる。これら災害対応（BCP＝事業継続計画）として、JIT納品に対応するための倉庫に在庫を持つ考え方が普及している。

（3）トランスファー・センター（TC）を活用した物流

本節**2**(2)で説明したTC（Transfer Center）は、共同配送や一括納品を実施するときに活用できる。→前掲図表7-1-3

一般的に、物流センターは在庫を持って、そこから出荷・納品していたが、小売業では、在庫を持たない物流センターを中心に調達物流を構築してきた。

事例として、百貨店の納品代行センターと食品スーパーマーケットの日配品物流センターの説明をする。

○百貨店納品代行センター

百貨店では多くの納品事業者（製造業、問屋等）が、商品を複数ある百貨店店舗に納品している。取引の境界線は店舗の荷受け場であり、納品側と店舗側が相互で検品（品質、数量）し、確認することにより所有権、支払いが生じる。複数の納品事業者がそれぞれ店舗の荷受け場に納

図表7-1-8 ●百貨店納品代行センターからの配送事例

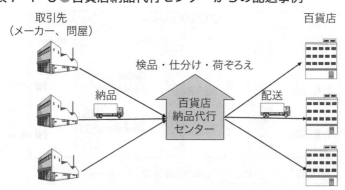

品すると、荷受け場が混雑する。

　そこで、納品代行センター（物流センター）で納品の受付・検品を行い、各店舗別に仕分けし、各店舗への配送を請け負う。納品代行センターは百貨店側の施設であり、通常、物流事業者がこれらの作業を請け負う場合が多い。→図表7-1-8

○食品スーパーマーケット日配品配送センター

　食品スーパーマーケットでは、牛乳、練り製品等温度管理が必要な食品を日々複数店舗に供給している。食品には賞味期限、消費期限があり、かつ温度管理が必要なモノがほとんどである。これら食品を店舗供給するための日配品配送センターを食品スーパーマーケットが運営している。日配品物流センターの作業は、物流事業者が請け負っている。

　日配品の特徴は、日々納品が必要であり、温度管理が必要なことである。日配品物流センターの業務は、以下の順番で行われている。①食品メーカー、問屋から夕方配送センターに納品され、②夜間に温度管理された配送センターで作業者がピッキング、仕分け作業、出荷荷ぞろえを行い、③翌日朝、配送トラックが商品を積み込みルート配送し、商品は午前中に食品スーパーマーケットの店舗に納品される。

　配送センターの業務は、毎日夜間作業となり、作業要員の採用が非常に困難な状況となっている。→図表7-1-9

図表7-1-9●食品日配品配送センター事例

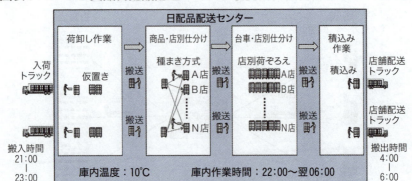

（4）ミルクラン方式

ミルクラン方式とは、発地・発荷主が、トラックを手配して着地・着荷主へ輸送するのではなく、着地・着荷主が、トラックを手配して複数の発地・発荷主のところを巡回して貨物を集荷する方法（巡回集荷）である。たとえば、自動車メーカーが手配したトラックが複数の部品メーカーの物流センターを巡回し自動車部品を集荷する、あるいは小売業の物流センターから店舗に納品を終えたトラックが復路に卸売業や製造業の物流センターに立ち寄り仕入れる商品を集荷するようなケースで活用されている。

ミルクラン方式の導入により、①納品車両台数の低減、②車両の有効活用（復路の活用）、などの効果が見込まれる。なお、「ミルクラン」の語源は牛乳メーカーが生乳を確保するために各牧場を巡回して集荷した方法に由来している。

また、ミルクランを導入することにより、仕入れ価格の低減につながる可能性もある。一般的に日本の商慣行では、取引価格に納品の物流費が含まれている。着店価格など表現はさまざまであるが、元払いで発送元が運賃や料金を負担していることである。すなわち、取引価格には、本体価格と納品コスト（主に運賃など）が含まれている。よって、着地・着荷主側が貨物を引き取りに行くことで、納品のための運賃分の値引き

第1節 ● 輸配送システムの基本設計

交渉の余地が出てくる。元払いの運賃のほうが安い場合は仕入れ価格低減の効果はないが、購入側が引き取りに行くことにより運賃を安くすることができる場合や、復路の空車トラックを有効活用するなどにより運賃の低減が見込めるのであれば、実施することで仕入れ価格の低減の可能性もある。

ミルクランの事例として、アパレル量販店の調達物流を事例に説明する。アパレル製品では、卸売事業者から量販店店舗への納品は、小ロット多頻度納品が求められており、配送効率も悪く、配送コストが高くなっている。この問題に対応するために共同物流センターを設立し、卸から量販店店舗までの配送を共同配送にすることとした。

共同配送の車両はアパレル量販店側で配車し、ミルクランで集荷することとした。共同物流センターから全国の店舗、地域物流センターへの納品は専用便による共同配送とした。ミルクランと専用便による共同配送により、積載効率の高い運用を実現することができ、配送コスト削減が可能となった。また、多種多品目の商品の納入がスムーズに行われるようになり、アパレルメーカー、アパレル卸の利用社数の拡大も図れるようになった。本システムは物流事業者からの提案により実現し、実運用は提案した物流事業者が実施している。

5 トラックの原価計算

（1）機能別物流費比率

荷主企業における機能別物流費比率の平均は、配送費が57.6％、保管費が16.4％、その他（包装費、荷役費、物流管理費）が26.0％となっている。荷主企業の業種・業態や営業戦略により差はあるものの、この比率に該当する荷主企業は多いと思われる。→図表7-1-10

図表7-1-11は、売上高物流費比率の推移を示したグラフである。全業種平均では約5％で推移している。

図表7-1-12は、業種ごとの売上高に対する物流費比率を示したもの

図表7-1-10●機能別物流費比率（日本）

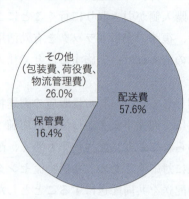

出所：(公社) 日本ロジスティクスシステム協会『2023年度物流コスト調査報告書【概要版】』

図表7-1-11●売上高物流費比率の推移（全業種）

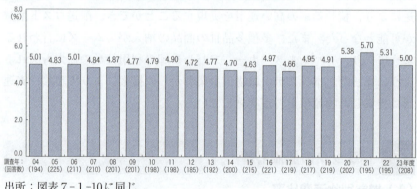

出所：図表7-1-10に同じ

である。業種ごとに多少の違いはあるが、ほぼ5％前後であることがわかる。荷主企業に提案する場合、該当企業の業種における売上高物流費比率や輸配送費比率を把握しておくことが必要である。

(2) トラックの原価構造

運送事業者だけでなく、物流に携わる仕事をしている者にとって、ト

第1節 ● 輸配送システムの基本設計

図表 7 -1 -12 ● 売上高物流費比率（業種大分類別）（2023年度）

	業　種	売上高物流コスト比率
製造業		5.16%
非製造業		4.70%
	卸売業	4.13%
	小売業	5.32%
	その他	5.42%
全業種		5.00%

出所：図表 7 -1 -10に同じ

ラックの原価構造を知っておくのは重要なことである。トラックのコストで代表的なものは、「**運行三費**（うんこうさんぴ）」と呼ばれる燃料・油脂費、タイヤ・チューブ費、修繕費である。この運行三費は、運行にあたって目に見える形で日々発生するコストであるが、実際には、車両費や保険料、ドライバーの人件費なども必要である。ここでは、総合的な視点から、トラックの原価構造を説明する。

　貸切トラックの運賃は、直接運送原価と管理費および利益で構成される。直接運送原価には、車両関連費、労務費、運行費、そして車庫費や有料道路使用料など、その他の費用がある。

① **車両関連費**

　車両関連費には、車両減価償却費と諸税および保険がある。車両価格が高額なので車両関連費に金利を含める場合もあるが、営業外費用として計上する場合もある。車両関連費に金利を含める場合は、償却期間の平均簿価に対し、金利を掛けて出すことになる。

　減価償却制度が2007年に改正され、従来、残存価格を10％残して償却していたが、残存価格は０％となった。あわせて償却限度の95％も廃止された。これは償却資産の陳腐化が早く、償却前に設備機器の廃棄損が発生するリスクの増大に対応したものである。

　運送原価算出の目的は、荷主企業との運賃料金交渉のためであったり、

267

第7章●輸配送システムの計画

収益管理のためや、業務改善に利用したりするためである。

　営業用トラックの法定耐用年数は積載量が2t以下では3年で、2t超は4年となっている。一方、自家用トラックは軽トラックを除き法定耐用年数は5年となっている。税法上の償却費は、必ず法定償却年数を使わねばならないが、実際的コスト把握の場合には、実耐用年数が使われる。トラックの使用状況やメンテナンス状況で、実耐用年数は異なる。

　軽量貨物の輸送が多かったり、走行距離が短かったり、運転操作やメンテナンスなどの経営努力によって実耐用年数は伸びるが、逆の場合は短くなる。

　諸税には、車両取得時のみにかかる自動車取得税と、毎年継続して負担する自動車重量税と自動車税がある。諸税は営業用トラックと自家用トラックでは税率が異なるので注意が必要である。標準税率は、営業用トラックのほうが安く設定されている。トラックの税制については年度で変更になるため、（公社）全日本トラック協会（国土交通省自動車局貨物課監修）の「トラック税制の基礎知識」を参照のこと。

　保険には、自賠責保険と任意保険がある。任意保険の場合、自社の事故率や事故費用の実績から、保険料を払うより万一の場合の費用を社内で積み立てたほうが経済的な場合は、任意保険に入らない輸送事業者もある。

　自賠責保険以外の自動車保険料は、事故率により会社ごとに大きな差がある。事故が多い運送事業者は保険料が割り増しされ高くなり、無事故を継続している企業は保険料が最大60%割引される。適用されている保険料の割増率あるいは割引率を確認して、それに合わせて計算する。

　これは経営努力の要素でもあるので、見積もり原価として提出する場合は、業界の平均的な割引率を使うなどの考慮が必要である。

　これらの車両関連費は、リースに置き換わる場合もあるが、固定費となる。

② 労務費

　労務費は、乗務員の人件費が中心となる。基本給は固定費で、残業代

第1節 ● 輸配送システムの基本設計

は変動費となるが、実態として残業が固定化している場合もある。その他の労務費も固定費的要素が大きい。賃金水準は個別企業で異なるので、賃金実態については、(公社) 全日本トラック協会などの団体から公表されているデータを参考にする。

　乗務員が有給休暇などで休む場合を考慮し、交代の予備人員分として、乗務員1人当たり平均労務費の10%増しを原価に織り込む場合もある。

③　運行費

　運行費には「運行三費」といわれる、燃料・油脂費、タイヤ・チューブ費、修繕費がある。タイヤ・チューブ費の代わりにバッテリー費を入れている輸送事業者もあるが、バッテリー費は通常、修繕費に含まれている。運行費は、車検・定検費のような一部固定費的要素の費用も含まれるが、大半は走行距離に比例する変動費となる。単位当たりの運行費は、乗務員への教育訓練のレベルによって会社ごとに大きく変わる。急発進・急加速・急ブレーキ・空吹かしを減らし、定常運転とアイドリングストップを心がけ、減速にはエンジンブレーキを有効活用することや、タイヤの空気圧を適正に保つことが省燃費運転（エコドライブ）の基本である。

④　その他の費用

　その他の費用には、車庫費や有料道路使用料・フェリー料のほか、事故費（免責金額、交通費、見舞金など）やデジタコなどのリース料など

Column　　コーヒーブレイク

《エコドライブのメリット》

　エコドライブのメリットは、燃費向上といった直接的なものだけではない。急発進・急加速・急ブレーキなどがなくなることにより、事故が大幅に減少する。某中堅運送会社では、エコドライブ導入後、事故が約80%減少し、事故処理軽費の削減、任意保険料の割引が適用されるなど軽費の削減ができた。ちなみに、燃費は平均10%向上したという。

第7章●輸配送システムの計画

がかかる。ただし、有料道路使用料・フェリー料の実費が荷主から支払われる場合は、トラックの原価から外す。

　以上を踏まえ、営業用4t、アルミバン車の運送費計算例を図表7‐1‐13に示す。

　このような試算表を活用して、運送原価を算出することとなる。基本的な項目は変わらないであろうが、会社によって指標が異なる場合は、自社の実情にあった内容に変更する。

第1節 ● 輸配送システムの基本設計

図表7-1-13 ● 営業用4t車アルミバン車の運送原価の例

車両償却4年　月間22日稼働　1日平均300km走行

			内　容	月額(円)
車両費等	車両費	A. 車両償却費	6,500,000円÷48（法定償却による定額法）	135,417
		B. 自動車取得税	6,500,000円×0.02÷48	2,708
		C. 自動車重量税	2,600円×車両総質量8t÷12	1,733
		D. 自動車税	15,000円÷12	1,250
		小計①		141,109
	保険	E. 自賠責保険	70,650円÷12	5,888
		F. 任意対人保険（無制限）	137,000円×0.3（優良割引）÷12	3,425
		G. 任意対物保険(1,000万円)	224,710円×0.3（優良割引）÷12	5,618
		H. 車両保険(av.300万円)	246,460円×0.3（優良割引）÷12	6,162
		小計②	ただし、対物、車両保険の免責5万円	21,093
労務費	労務費	I. 給与（固定給）	会社規定による	242,000
		J. 給与（変動給）	会社規定による	35,000
		K. 賞与	会社規定による	25,000
		L. 退職金引当金	会社規定による	5,000
		M. 法定福利費	会社規定による	49,389
		N. 福利厚生費	会社規定による	10,500
		小計③		366,889
運行三費	燃料費	O. 燃料費	6,600km÷5km×100/L	132,000
		P. オイル費	6,600km÷660km×500円/L	5,000
	タイヤ・チューブ費	Q. タチ費	(20,000円×6本÷75,000km)×(300km×22日)	10,560
	修繕費	R. 修理費（車検・定検）	270,380円×3÷48	16,899
		S. 一般修繕費	160,000円÷12	13,333
		小計④		177,792
その他の費用		T. 通行料	有料高速道路使用料、フェリー料など	50,000
		U. 車庫費、事故費など		70,000
		小計⑤		120,000
V. 運送費計 ⑥	①+②+③+④+⑤			826,883
W. 一般管理費⑦			828,371円×12%	99,226
X. 営業外費用⑧			828,371円×2.5%	20,672
Y. 営業利益 ⑨				41,344
Z. 運送費合計	⑥+⑦+⑧+⑨			988,125
稼働1日当たり			988,125円÷22日	44,915
走行1km当たり			988,125円÷(300km×22日)	150

注）減価償却費の対象に消費税を加えるかどうかは会社の規定による。
　　課税事業者の場合で税抜き経理を選択している場合は消費税を外す。

271

第7章 ● 輸配送システムの計画

| 第 2 節 | **輸配送計画のための ツール** |

学習のポイント

◆最適な輸配送計画を立てるためには、配車システムや道路状況システム、貨物追跡システム、求荷求車システムなどのIT（情報技術）を活用したソフトウェアが注目されている。

◆最適な輸配送計画を立てるためには、実際の交通事情（渋滞する時間、渋滞箇所など）や各種道路規制、納品先の荷受け場の条件なども考慮しなければならない。

1 輸配送計画の考え方

輸配送管理システム（Transportation Management System＝TMS）は、配車計画や運行管理など輸配送の業務支援を行う情報システムである。

物流拠点における庫内作業には、WMS（Warehouse Management System＝倉庫管理システム）が導入されていることが多い。

一方、輸配送管理において、配車業務や運行管理には常に複雑な判断が求められ、経験豊富なベテラン担当者でないと対応できないと考えられてきた。このため、ベテランの配車担当者の経験と勘に依存することが多く、システム化やIT化が遅れているとされてきた。

しかし、ハード面・ソフト面における情報技術の進化もあって、輸配送管理システムの導入が進みつつある。ここでは、輸配送管理システムのIT化について解説するとともに、輸配送を取り巻く周辺の情報技術について説明する。

第2節 ● 輸配送計画のためのツール

2 配車システム

（1）配車とは

　配車とは「顧客の注文に応じて、貨物の品目、荷姿、質量・容積に適した車両を割り当てること」で、「配車にかかわる作業および事務等を計画し、効率的に実行していくこと」を配車管理という（日本ロジスティクスシステム協会『基本ロジスティクス用語辞典』1997年）。

　配車担当者の仕事は、輸配送する貨物に合わせて最適な車両を割り当てるだけでなく、運転者の労働強化にならないよう配慮することも重要である。配車業務の精度は配送費に大きな影響を与えるため、輸送事業者にとって、配車の出来不出来が業績を左右しているといえるほど、配車担当者の責任は重大である。このような重要な仕事であるにもかかわらず、配車担当者の経験と勘だけに依存する管理が長年行われてきた。

　近年は、IT（情報技術）の進歩とソフトの進化、ITS（Intelligent Transport System＝高度道路交通システム）などのインフラの整備、電子地図情報の精度向上などにより、コンピュータを活用した**配車システム**が比較的安価な費用で導入され活用されている。

　そして、これまで蓄積された配車担当者のノウハウと、シミュレーション・システムなどを駆使した配車システム導入により、効率化が進んでいる。

（2）配車システムの理論的背景

　コンピュータを活用した配車システムは、さまざまなアルゴリズムにより解を出している。ここでは、配送時の最適ルートを求める最短経路探索システムを例に、その理論的な考え方を以下に示す。

① 古典的手法（ダイクストラ法など）

　古典的手法は、最短経路を解くためのアルゴリズムであり、出発点から目的地までのすべての経路を調べ、その中で最短経路を選ぶものである。最寄り駅から目的地の駅までを検索する路線検索のソフトウェアな

273

どにも活用されている手法である。ただし、配車の場合、最短経路が必ずしも最適な経路とは限らないこともある。

② 遺伝的アルゴリズム（GA：Genetic Algorithm）

遺伝的アルゴリズム（GA：Genetic Algorithm）は、生物の進化を模倣した学習的アルゴリズムで、シミュレーションにより最短ルートを求めようとするものである。仮にA、B、C、D、Eの5つの地点を立ち寄る最適な配送ルートを組む場合、ランダムに配送順を作成し、その中から距離が長いものほど選択される可能性を減らして淘汰させ、最終的に残ったものを選ぶ。

③ AI（Artificial Intelligence＝人工知能）

AI（Artificial Intelligence＝人工知能）は、コンピュータを利用して、人間の持つノウハウや経験知を実現化しようとするものである。交通事情や配車業務には、例外事項が多く、それらを学習しながら、解の完成度を高めていく。たとえば、A、B、C、D、Eの5つの地点を立ち寄る際、距離はA→B→C→D→Eの順になるとする。しかし、配車担当者やドライバーの経験則から、A→D→B→C→Eの順にしたほうが距離は長くなるが右折の回数が少なくなり、運行がスムーズになるといった例外的事項を学習していくことで、より最適に近い解を算出していく。

（3）配車の最終決定の効率化

コンピュータによる配車システムを利用したとしても、最終的に配車計画を決めるのは配車担当者である。配車システムによって算出された解は100％の最適解ではなく、最終的な判断や調整業務は人によってなされる。それでは、「投資をしてまで配車システムを導入することはなく、従来どおりベテランの配車担当者に任せておけばよいのか」というと、そうではない。

これまで複数人で担当していた配車業務を、システムを導入することにより1名でできるようになるなどといった成果が期待される。人がゼロから考えるより、80％はコンピュータを活用し、残り20％をベテラン

第2節 ● 輸配送計画のためのツール

の配車担当者のノウハウを駆使して完成度を高めていけば、業務の効率化が図れる。

3 道路情報システム

　配送の業務を行う際、通常は公道を利用する。公道を利用するのは輸送事業者のトラックだけでなく、自家用トラック、バス・タクシーなどといった旅客車両、あるいは自家用車なども含まれる。

　いろいろな目的で利用される公道には、交通集中や事故による渋滞などが発生する一方で、配送には、本章第1節**4**で説明したようなJIT納品、時間指定納品などの定時性が求められている。

　このような課題を解決するのが、ITS（高度道路交通システム）である。ITSとは、最先端の通信技術を利用して、道路交通を制御する総合システムで、車両自動識別、自動料金徴収、貨物運行管理、交通管制などにより、安全性や快適性、輸送効率の実現を目指している。

　渋滞情報などを提供するVICS（Vehicle Information and Communication System＝道路交通情報通信システム）は、距離と平均時速に加え、目的地までの経路の渋滞情報を参考に到着予想時間を換算している。VICSは（一財）道路交通情報通信システムセンターが収集・処理・編集した道路交通情報を、電波などを使って送信し、カーナビゲーションなどの車載端末に表示させている。

　また、電子地図によるナビゲーション・システム（Navigation System）は、自家用車だけでなく、営業用車両（貨物・旅客）にも多数導入されている。

　これまでに行ったことがない納品先を探す際、住所・地番を頼りにすることが多いが、小規模のオフィスや宅地の場合、なかなか見つけられないことがある。紙の地図を確認しながらの運転では、歩行者などへの注意力が散漫になり、事故につながる危険性も高くなるため、電子地図によるナビゲーション・システムは、大変役に立つ。

275

4　貨物追跡システム

（1）貨物追跡システムの内容

　「食の安全や安心」に対する関心が高まり、消費者や産業界においてトレーサビリティー（Traceability）が注目されている。トレーサビリティーとは、Trace（追跡）＋Ability（能力）の造語で、履歴追跡や追跡可能性などと訳される。

　トレーサビリティーには、2つの視点がある。

　1つは生産履歴の確認である。農産物の場合は生産者情報や農薬散布回数の履歴などで、畜産物の場合は飼育環境や飼料（餌）の内容と流通経路の履歴などである。また、加工食品の場合は原材料や調味料、生産工程、製造年月日などの情報について、履歴追跡と遡及性が求められる。牛海綿状脳症（BSE）問題の後、店頭に並んでいる牛肉には個体番号が記載されるようになった。

　もう1つは貨物の追跡である。貨物がいつ、どこを経由して、現在どこにあるか、あるいは届け人へ到着しているかを把握するためである。企業－消費者間（Business to Consumer：B to C）、消費者間（Consumer to Consumer：C to C）で利用される宅配便は、貨物追跡システムが最も進んでいるが、企業間（Business to Business：B to B）においても、貨物追跡システムが導入されている。特に食品の場合、配送途中の温度の変化や経由地などの履歴を残し、万一、クレームや商品トラブルが発生した場合、同送貨物が、どの顧客に届けられたかなど、迅速にトレースできるようにしている。

　また、工場へ部品を定時納品している車両については、「○○時納品予定の車両Aは、現在××地区を走行中」などと車両の動態管理をして、遅延防止と定時運行に役立てている。

（2）宅配便業界における貨物追跡システム

　貨物の追跡システムが最も進んでいるのは宅配便業界で、1つひとつ

図表7−2−1 ●宅配便の貨物追跡の概念図

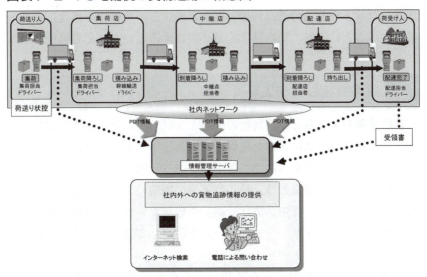

の貨物に個体番号（送り状の問い合わせ番号）があり、その貨物がいつ、どこを経由して、いまどこに向かっているか、あるいは、いつ誰に受領されたかを検索することができる。→図表7−2−1

　宅配便業界における貨物追跡は、従来、遅延や貨物事故が発生した場合、迅速に顧客に情報提供するための社内システムであったが、通信販売や小売店向けなどの小口貨物が増加するに従い、貨物追跡情報の提供が顧客サービスの向上につながるため、公開されるようになった。

　インターネット通販で買い物をすると、出荷完了のeメールが届けられ、「○月○日、○○便で出荷いたしました。伝票番号は××−××××−××××です」などといったメッセージが付いている。

　荷主にとって、貨物の配達状況を追跡するという狭義のトレーサビリティーは、「委託した配送業務が、委託内容どおり正確に円滑に実行されているのであれば、コストをかけてまで貨物追跡システムを導入しなくてもよい」ということになる。しかし、貨物追跡の目的は、配達の状況・結果の確認だけでなく、万一、商品・製品トラブルなどが発生した場合、

①流通段階で発生したのが明らかであれば、どの段階で起こったのか、②当該ロットをどこの誰に何個納品したか、という情報を迅速に把握・提供することにより、二次災害を最小限にするということも可能になる。

5 求車求貨システム

　求車求貨システムとは、貨物の配送を委託したい荷主企業と空きトラック・空きスペースに貨物を確保したい運送事業者のニーズをマッチングさせたり、輸送事業者間で空きトラックや貨物を融通し合うしくみのことである。輸送事業者は、納品終了後の復路の貨物を確保することで実車率を向上させ、荷主企業は、納品を急がない貨物や運賃負担力のない貨物を空きトラック・空きスペースを利用して輸送費を低額に抑えられるといったメリットがある。

　また、トラックの実車率や積載効率を高めることで、温室効果ガス（CO_2、NOxなど）の排出抑制や交通渋滞の緩和など、社会環境にもやさしいしくみといえる。電話やファックスといった旧来のコミュニケーション手段では限界があったものが、Webなどでオープンにされることで、より多数の情報が集まることが期待されている。

　このように、輸送事業者・荷主・社会にとって、理想的なしくみともいえるが、解決すべき課題も多数残っている。たとえば、輸送事業者・荷主双方にとって1回限りの取引となる場合、「運送費が確実に入金されるのか」「指定した時間・場所に、正確に、丁寧に納品してもらえるのか」といった心配がある。

　また、貨物には、それぞれ固有の特性や取り扱いのノウハウがある。たとえば、臭いの強い商品を輸送した車両で衣料品が運べるか、テールゲートリフターが装着されていない車両で重量物が輸送できるか、雑貨などダンボール外装された商品しか取り扱ったことのないドライバーに、無梱包に近い大型家具の取り扱いノウハウがあるかなどの問題もある。

　一時、行政や物流団体がオープンな求車求貨システムを開発・運営し

ていたことがあるが、成功している事例は少ない。求車求貨システムは、物流事業者と荷主双方の思惑が合致するが、前記のような課題が解決されない限りお互いが安心して利用できないからである。

これらの問題について、地域や取り扱い商品群を制限し（たとえば、清涼飲料水やビールといった飲料系の貨物）、荷主・輸送事業者の信用調査を徹底している限定的な求車求貨システムが誕生し、利用されている。完全にオープンな求車求貨システムより、参加者や取り扱い商品群を限定したセミ・クローズドのほうが、継続率・成功率・利便性が高いと思われる。

以上、配送業務におけるIT（情報技術）の活用方法について説明した。基本的な考え方は変わらないと思われるが、ITは日々進化しているため、常に新しい情報を入手して、効率化や安全・品質向上に役立てる必要がある。

第7章 ● 輸配送システムの計画

| 第 **3** 節 | # 物流の共同化
（共同輸送、共同配送） |

学習のポイント

◆共同輸送とは、他社と共同で輸送するものであり、いくつか
の種類と特徴がある。

◆共同配送とは、異なる企業の貨物を同じトラックを使い共同
で配送することである。共同配送のメリットは、物流費の削
減や環境負荷の軽減などが挙げられる。しかし、これらのメ
リットが常に得られるとは限らない。

◆在庫管理を含めた共同化には、VMIやCRPがある。

◆物流の共同化には、5つの検討項目と10の手順がある。共同
配送の実現・継続に大切なのは、「目的の明確化と共有化」で
あり、自社都合を優先させたいという「エゴ」の排除である。

1 共同輸送の特徴と種類

（1）共同輸送の特徴

　輸送とは、原則として中長距離の幹線輸送（1対1）を指すことが多
い。このため、共同輸送も中長距離の輸送が対象となる。

　共同輸送は複数の荷主の貨物を積み合わせることが多いため、共同輸
送は基本的に一般貨物運送事業における運行が多い。なお、荷主が行う
共同輸送としては、卸売業などが一度買い取って自社貨物として積み合
わせて輸送するような例や、石油製品等の輸送でタンクローリー車の油
槽に積み合わせるような例がある。

280

第3節 ● 物流の共同化（共同輸送、共同配送）

（2）共同輸送の種類

共同輸送の代表的な例には、4つの種類がある。→図表7-3-1

第1は、同一方面での積合せによる共同輸送である。これにより、積載率の向上と車両数の削減が期待できる。たとえば、東京から大阪に貨物を運びたい複数の企業（A社とB社）が、それぞれ1社の貨物では満載にならないときに、2社が積み合わせるような例である。

第2は、輸送途中で貨物を追加して積み込む共同輸送である。第1の共同輸送の変形として、2社の出発地が異なるとき、運行経路の途中で積み合わせることである。たとえば、大阪に向けて東京を出発するとき満載にならない（C社）としても、運行経路の途中の静岡などで空いたスペースに他社の貨物（D社）を積み合わせるような例である。

第3は、帰り便利用による共同輸送である。同一車両を他社と往復で利用することにより、片荷の解消と積載率の向上を期待できる。たとえば、東京の百貨店（E社：東京から大阪に送る荷物の多い）と、大阪の百貨店（F社：大阪から東京に送る荷物の多い）が提携し、運送事業者が往復で貨物を確保することにより、積載率の向上を目指すものである。販売ではライバル（競争相手）であるが、輸送はパートナー（協調仲間）ということになる。なお、帰り荷の貨物を探すマッチングシステムは、共同輸送に含めないことが多い。

第4は、車両と貨物は発地から着地まで移動するが、荷主の了解のもとに輸送途中で2社（G社とH社）のドライバーが交代するものである。複数の事業者が共同輸送するものであり、中継輸送（リレー輸送）といわれることもある。第3の帰り便利用の発展形として、時間外労働時間の削減や、ドライバーが自宅に帰る勤務形態の確保ために考えられたものである。このために、高速道路でも、中継施設を設けている例がある。

281

図表7-3-1●共同輸送の代表例

① 同一方面での積合せによる共同輸送
　（目的：車両数の削減、積載率の向上）

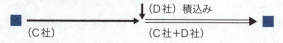

② 輸送途中で積み込む共同輸送
　（目的：車両数の削減、積載率の向上）

③ 帰り便利用による共同輸送
　（目的：車両の往復利用、片荷の解消）

④ 輸送途中でトラックドライバーが交代する共同輸送
　（目的：車両の往復利用、トラックドライバーは中継地点で交代）

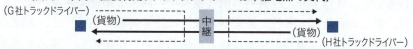

2　共同配送の特徴と種類

（1）共同配送の特徴

　配送とは、原則として短距離であり、センターや倉庫などから複数の店舗や住宅などに貨物を配ること（1対多）である。このため、共同配送も、都市内や地域内などでの面的な配送が対象となる。

　共同配送の効果としては、輸送機能に着目すれば、一般に、トラックの積載率の向上やトラックの総走行台数の削減などの効果とともに、さらに二次的効果として、物流コストの低減、交通渋滞の緩和、総走行距離の削減、地球温暖化・環境問題の解決への寄与、などが期待されている。また、共同配送センターがDCとして、在庫や品ぞろえの機能を持つならば、納品先への配送も効率化される。

　この一方で、期待される効果の間にはトレードオフ（例：多くの貨物

を積むことで積載率を向上させると、配送時間が長くなりリードタイムを守れないこともある）が存在するため、複数の効果を同時に得られるケースは少ない。

共同配送は、物流システムの効率化対策として期待が高いものの、実現のためのハードルが高い。よって、どの効果を重視するかによって、共同配送の意義や役割も変わることになる。

（2）共同配送の種類

共同配送の種類には、主導者別（荷主主導、輸送事業者主導）、利用者の業種別（同業種間、異業種間）、地域別（地域内、広域）、共同の形態別（共同配送、統合納品）などがある。

ここでは共同配送の配送方法に着目して、第1に一般的な共同配送、第2にルート配送、第3に平面的に広がる共同配送について、考えてみる。

第1の複数配送先の共同配送を直送と比較してみると、次のような特徴がある。→図表7-3-2

直送では、着地での車両台数が各3台（計9台）と多く、配送経路は9本であり、荷役（積・降）回数は計18回である。なお、総走行距離は、

図表7-3-2●直送と共同配送の比較

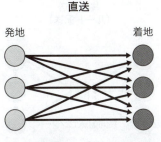
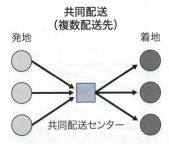

直送
(1) 車両台数　：各3台、計9台
(2) 配送経路　：各3本、計9本
(3) 荷役回数　：積・降で計18回
(4) 総走行距離：道路距離で変化
(5) 到着台数　：3台/着地

共同配送（複数配送先）
(1) 車両台数　：最少6台、積載率で変化
(2) 配送経路　：6本
(3) 荷役回数　：積・降で計12回
(4) 総走行距離：センターの位置で変化
(5) 到着台数　：1台/着地

道路や共同配送センターの位置によって変わる。

共同配送センターがTCのように積み替え機能だけを持つような場合には、発地で満載であれば直行するが、積載率が低ければ積み合わせることで有利なことも多い。また、共同配送センターがDCのように在庫機能や品ぞろえ機能を持つ場合には、共同配送センター（DC）に集約することで、効率的な品ぞろえや配送が実現することが多い。

第2の共同配送（ルート配送）には、限られた地域において、類似の商品をルート配送する例がある。→図表7-3-3

直送では、3つの発地から、それぞれ3つの配送先に3台で配送している。車両台数が多くなるが、走行経路は直送ゆえに最短経路をたどりやすい。共同配送（ルート配送）では、配送先がほぼ同じであれば、配送ルートをまとめて1台で運ぶことになる。

たとえば、共同配送センターがDCの機能を持ち、常温の日用雑貨品やスポーツ用品などを複数の店舗に配送する場合は、半径20km程度の地域を対象にすることがある。また、共同配送センターはTCとして複数の物流事業者の貨物を集めて各店舗などに配送する場合では、大都市中心部や商店街など（福岡市、武蔵野市など）で行われている。

図表7-3-3●直送と共同配送（ルート配送）の比較

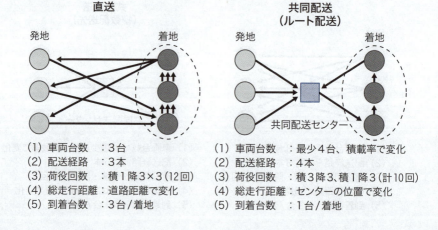

また、コンビニエンスストアの店舗配送のように、共同配送センター（DC）で在庫してある多品種の商品を品ぞろえして、多くの店舗に配送する場合に適している。このとき、コンビニエンスストアの共同配送センターは商品特性ごとに5つ程度（米飯、常温、チルド、フローズン、雑誌）に分かれているので、商品特性ごとに共同配送センターを設け、かつ地域を分割していることになる。

第3の平面的に広がる共同配送は、多方面から共同配送センターに商品や物資を持ち込み、仕分けし直してから配送先に向かうものである。このため、条件次第で共同配送の効果も左右される。→図表7-3-4

たとえば、平面的に広がる都市内配送では、積載率の向上と配送先でのトラックの到着台数の削減は可能なので、局地的な渋滞解消には効果がある。しかし、必要なトラック台数の増加や総走行距離の増加により、CO_2の排出が増加する可能性ある。

このように、共同配送においては、どの効果や影響を優先するかによって対策の選択は変わり、これに効果や影響が逆転してしまうことは多

図表7-3-4 ● 直送と配送先が平面的に広がる場合の共同配送の比較

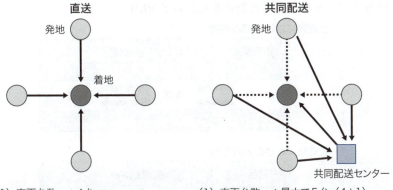

い。この意味で、共同配送が万能ではないことに留意すべきである。

3　在庫管理を含めた物流の共同化

（1）VMI

VMI（Vendor Managed Inventory＝納入業者在庫管理方式）とは、バイヤー（発注者）の在庫情報や出荷情報をサプライヤー（納入業者、受注者）に伝え、サプライヤーが在庫を補充することである。

VMIには、在庫補充量の決定方法、店舗やセンターの在庫の所有権の移転時期、在庫情報の共有範囲などにより、さまざまなバリエーションがある。→図表7-3-5

小売業におけるVMIの例として、「大手GMS（General Merchandise Store）（バイヤー、発注者）と卸売業（サプライヤー、受注者）の間のVMI」がある。ここでは、両社が同じ在庫補充量の決定方法を採用することにより、GMSにとっても卸売業の補充量が妥当なものとなっている。在庫の所有権は、卸売業が店頭に納めた時点で、GMSに移る。この方法によ

図表7-3-5●小売業と製造業におけるVMI

小売業におけるVMIの例

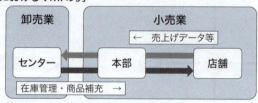

製造業におけるVMIの例

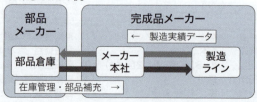

り、卸売業は店頭の自社製品の棚を確保できるメリットがあり、GMSでは店頭の発注業務をなくせるメリットがある。

製造業におけるVMIの例として、「完成品メーカー（バイヤー、発注者）と部品メーカー（サプライヤー、受注者）の間のVMI」がある。ここでは、在庫情報、生産計画、ラインでの使用実績を納入業者との間で共有している。また、在庫は使用直前まで納入業者の資産としている。これにより、完成品メーカーは、自社資産の部品在庫の極小化している。

（2）CRP

CRP（Continuous Replenishment Program＝納入業者主導型センター在庫管理）とは、小売業のセンター在庫について、メーカー側が在庫管理と補充量決定を行う方法である。日本におけるCRPでは、小売業（店舗）と卸売業（小売業専用DC）とメーカー（DC）の間で、行われている例がある。たとえば、小売業の物流センター（DC）の運営を任されている卸売業だが、ここでの在庫管理を、納入するメーカーが決定する。

その目的は、正確な在庫管理の実現と欠品の削減である。もしも、卸売業が発注を行う場合、発注担当者1名が担当する商品は2,000アイテム程度となる。このため、きめ細かな管理ができず、欠品や少量発注が増えてしまうことがある。一方、卸売業に納品するメーカーが在庫管理を行えば、対象アイテム数は数十程度となる。

このように、小売業におけるCRPの最大の効果は、納入業者が在庫を管理して自動補充してくれるために、的確な在庫管理に基づく「店頭在庫欠品の減少」が可能である。これにより「販売機会損失の削減」もできる。このことが、輸送効率を考慮した配送の実現にもつながる。これ以外にも、各メーカーのDCにおける在庫管理の適正化とともに、輸配送の面では、定期配送、工場直送、パレット納品、積載率の向上などの効果があるとされている。→図表7-3-6

図表7-3-6 ● CRPのしくみ

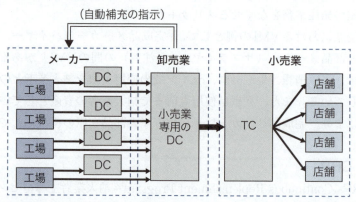

参考：(一財)流通システム開発センター資料

4　物流共同化の検討項目と進め方

(1) 物流共同化の5つの検討項目

　物流共同化の成立条件として、第1に貨物特性の確認、第2に輸送条件の確認、第3に直送に比較した共同配送のメリットの確認、第4に共同配送の阻害要因の確認、第5に共同配送の事業継続性の確認、が必要である。→図表7-3-7

　第1は、貨物特性の適合性である。貨物特性とは、3Tと呼ばれているもので、貨物の品質を維持するために、①温度（Temperature）、②発送時刻や納品時刻（Time）、③質量や取り扱いに注意が必要な壊れ物などの物性（Tolerance）、である。共同配送する貨物は、これらが共通していることが望ましい。

　第2は、輸送条件の適合性である。輸送条件には、①出荷日時や納品日時の一致、②輸送量や運賃負担力があること、などがある。たとえば、出荷日時や納期が一致していない限り、貨物を積み合わせることはできない。また、輸送量（質量、容積など）が大きいために一緒に積むことができないこともある。そして、高価な商品は運賃負担力も高いため、

安価な商品を一緒に運ぶことは少ない。さらに、集荷場所や配車の都合、貨物の総数量（質量）、荷姿なども大きく影響する。

第3は、効率化の効果である。直送との共同配送の比較で示したように、①発地での積載率が低いとき、②総走行距離を削減したいとき、③到着台数を削減したいときは、共同配送に向いている。しかし、これらの効果の間にはトレードオフが存在し、すべての効果を同時に得ることが難しいので、効果の分析と、どの効果を優先するかについて、検討しておく必要がある。

第4は、共同配送の阻害要因の排除である。経営レベル（①）としては、各企業間の利害対立と調整が必要である。技術レベル（②）としては、包装形態・容器・伝票類・品番などが、共通でないとすれば、共通にする業務が必要なことは多く、特に情報システムの不統一は、きわめて大きな阻害要因になる。運営レベル（③）では、作業時間の標準化や、業務基準が不徹底なままスタートしたことによる混乱、効率・サービス水準の低下、遠隔地での共同配送センターの設置による配送距離の増加などがある。

第5は、共同配送の事業継続性である。採算性の問題（①）では、利幅の薄い貨物が共同配送に回されることで採算が合わないことがある。企業の機密保持（②）では、ライバル会社が取引先の情報が漏れてしまうことがある。共同化をすることで、各社のセールスドライバーの特徴を出せずに、物流サービスの差別化（③）が困難になる。運賃・料金とコスト負担の問題（④）では、共同配送の運営主体への支払い問題が大きい。リーダー、コーディネーターの確保（⑤）は、共同配送に慣れている専門家が少ないことである。従来利用していた輸送事業者との関係（⑥）では、長い付き合いのあった輸送事業者との関係を切りにくい場合は多い。

（2）物流共同化の進め方

　共同配送の5つの項目を検討した結果、共同配送の導入が決まると、次に進め方が重要となる。共同配送では、強力な荷主のリーダーシップ

第7章 ● 輸配送システムの計画

図表7-3-7 ● 共同配送導入のための検討項目

（1）貨物特性（3T）の適合性
　①貨物の温度（Temperature）
　②発送時刻や納品時刻（Time）
　③重量や壊れ物などの物性（Tolerance）
（2）輸送条件の適合性
　①出荷日時や納品日時の一致
　②配車計画との整合
　③輸送量（重量や容積）の整合
（3）効率化の効果
　①積載率の向上
　②総走行距離の削減
　③到着台数の削減
（4）阻害要因の排除
　①経営レベル（企業間の利害対立、コスト配分）
　②技術レベル（容器・伝票・品番、情報システム）
　③運営レベル（サービス低下、配送距離の増加）
（5）事業継続性
　①採算性の維持
　②機密保持
　③物流サービスの差別化の維持
　④適正な運賃・料金と、適切なコスト負担
　⑤リーダー、コーディネーターの確保
　⑥従来の輸送事業者との関係

によって進められることも多いが、ここでは多様な関係者の合意に基づく共同配送の進め方として、以下に10の手順を説明する。これらをクリアすることによって、具体的に共同配送を導入できることになる。→図表7-3-8

① 「物流共同化による効率化の可能性の検討」では、現状の物流の問題点（コスト・サービス）を整理するとともに、パートナー探しと条件（事業者数と立地、配送圏と密度、サービス水準、取り扱い商品の輸送特性、物流施設の状況など）の整理が必要になる。

第3節●物流の共同化（共同輸送、共同配送）

図表7-3-8●共同配送の進め方

①物流共同化による効率化の可能性の検討
②参加構成員の意思統一と輸送事業者への呼びかけ
③物流共同化推進主体の確立（事業協同組合等の設置など）
④共同配送システムの設計
⑤基本的な運営ルールの合意と策定
⑥運営開始にあたっての留意点
⑦行政の支援策を受けるための効率化計画の申請と認定
⑧資金の調達
⑨事業立ち上がりでの検討
⑩実施状況のチェックと共同配送システムの改善

② 「参加構成員の意思統一と輸送事業者への呼びかけ」では、各社経営トップの共同配送実現への強固な意志の表明と、優秀な事務局人材の確保と、共同配送システムに詳しい専門家・コンサルタントや輸送事業者の確保が不可欠である。

③ 「物流共同化推進主体の確立」では、事業協同組合等の設置などを行う。

④ 「共同配送システムの設計」では、共同物流センターの立地選定とともに、配送システム・共同物流センター・情報システムなどの設計とシミュレーションを行う。

⑤ 「基本的な運営ルールの合意と策定」では、配送ルール、荷姿・パレットなどの標準化、運賃・料金を決定する（共同化によるコスト削減メリットを、メンバー間で均一配分するメリット均一配分方式、すべてのメンバーに同一の運賃料金体系を適用する同一運賃料金方式など）。

⑥ 「運営開始にあたっての留意点」としては、納品先との調整や、既存の輸送事業者との調整などがある。

⑦ 「行政の支援策を受けるため効率化計画の申請と認定」は、市町村によって対応が異なるが、補助なども含めて積極的に利用すべき

291

である。

⑧ 「資金の調達」では、施設資金（土地・共同物流センター・物流システム機器）とともに、事務局運営費も忘れずに計画に入れることが重要である。

⑨ 「事業立ち上がりでの検討」では、物流要員の確保と教育、物流事業者への委託、福利厚生、共同化の収支目論見、運営主体の活動開始ということになる。

⑩ 「実施状況のチェックと共同配送システムの改善」では、新規メンバーの拡大など事業拡大・トータル化への検討を行うことになる。

第4節 ● 特殊輸送

| 第 4 節 | **特殊輸送** |

学習のポイント

◆超重量物、超長尺物、危険物などの輸送を特殊輸送といい、安全性や道路管理面から各種制限が設けられている。

◆特殊輸送を実施するにあたっての法規制などについて学習する。

◆また、通常の輸配送とは異なる、特別な荷扱いや車両・設備を必要とする貨物、特殊な物流サービスについても理解する。

特殊貨物（special cargo）とは、「液体、粉粒体、動物、植物、冷凍・冷蔵品、貴重品、高価品、易損品、危険品、汚わい品、特大品、引越貨物などで、特別の荷扱い及び積付けを必要とする特殊な貨物」と、JISでは定義されている（JIS Z 0111：2006）。

ここでは、重量品、冷凍・冷蔵品、危険品などの特殊貨物の輸送（特殊輸送）について説明する。

1 かつ大品と重量品の輸送

かつ大品とは広く大きい（闊大）ことで、かさばる貨物であり、重量品とはきわめて重い貨物のことである。

道路、橋梁やトンネルなどの保全、および交通安全などの目的で、「道路法の車両制限令」「道路交通法」などにより、車両の幅・質量・高さ・長さおよび最小回転半径などについて次のような制限がある。この制限は、道路や橋梁などの交通インフラの向上、車両などの技術的な進歩により、改正が行われ現在に至っている（ただし、緊急自動車や災害救助

293

などの用務のための車両については、本規定は適用されない）。

一般的な制限値は、以下のとおりである。

幅……2.5m

質量…総質量20t（高速自動車道路または重さ指定道路は25t）

高さ…3.8m（高速自動車道路と高さ指定道路にあっては4.1m）

長さ…12m（セミトレーラー連結車は16.5m、フルトレーラー連結車は18m）

最小回転半径…12m

これらの制限を超える車両を**特殊車両**といい、通行の際は許可を得る必要がある。

また、建設資材や製造設備などで、分割して制限内に収めて輸送できない貨物についても、通行経路や使用する車両などに関して、事前に出発地の警察署等に通行許可を申請する必要がある。そして、車両の構造、道路や交通の状況を確認して支障がないと判断された場合は許可が下り、輸送が可能となる。

申請に必要な書類としては、以下などがある。

① 特殊車両通行許可・認定申請書

② 車両内訳書

③ 車両諸元に関する説明書

④ 車両諸元に関する説明書（包括用）

⑤ 通行経路表

⑥ 通行経路図

⑦ 自動車検査証の写し

⑧ 軌跡図

なお、最近は「特殊車両通行許可オンライン申請サイト」（http://www.tokusya.ktr.mlit.go.jp/PR/）からインターネットを通じて申請することが可能となっている。

今後、法改正が実施される可能性が高いため、かつ大品、重量品などの輸送が発生する際は、地元警察署や地方整備局の窓口に問い合わせ、

第4節●特殊輸送

都度確認する必要がある。

　なお、「長さ」については、車両制限令では12m、道路交通法では自動車の長さの10％を超えたはみ出しを禁止している。貨物がはみ出す場合、前方に白布、後方に赤布の目印となるものをつけなければならない。

2　要冷品の輸配送

　要冷品とは、冷凍・冷蔵が必要な商品のことである。冷菓（アイスクリーム）や生鮮食料品、あるいは特殊な医薬品や電子部品など、輸配送中においても温度管理が必要な商品は、われわれの身近に多い。要冷品の輸配送には一般的に保冷車が利用されている。保冷車とは、貨物室に冷蔵・冷凍の設備を備えた車両である。

　たとえば、冷凍食品やアイスクリームなどが解凍されない状態で、適切な温度管理のもと、輸送・保管など行われる物流を定温物流という。定温物流の中で、特に冷凍（フローズン、－20℃）やチルド（－5℃～5℃）といった低い温度帯のものを低温物流という。低温物流はコールドチェーンシステム（cold chain system）ともいい、JISでは「生鮮食料品、冷凍食品などを、品質維持のため品物の温度を必要十分に低く保ちながら、生産から消費まで流通させる仕組み」と定義されている（JIS Z 0111-1005）。

　全国規模で低温物流のネットワークを持つ企業には、加工食品メーカーや乳業メーカーの物流子会社、あるいは食品卸売業などがある。これらの会社は、保冷車だけでなく冷凍・冷蔵倉庫を持っている場合もある。また、地域の特定荷主を対象にした中規模・小規模の低温物流を得意とする輸送事業者もある。

　保冷車は保冷設備が必要なため、同じ車格の車両でも、購入費用は倍程度になる。保冷車にも、冷凍あるいは冷蔵どちらかの温度帯だけに対応できるものと、1車両で冷凍（－20℃）、チルド（－5℃～5℃）、冷蔵（－2℃～10℃）の部屋をつくり、3つの温度帯に対応できるものがある。

295

要冷品の輸配送は、貨物量がまとまる企業間取引だけではない。通信販売や産直販売などの企業 – 消費者間、中元・歳暮といった消費者間など、1個口や2個口などの小口貨物にも要冷品の配送のニーズはある。このような小口貨物の要冷品配送には、宅配便業者などがクール便などの名称でサービスを提供している。通常の宅配便の運賃に加え、付加料金が必要である。

グルメブーム、外食チェーンの増加などで、定温物流（特に低温物流）のニーズは今後ますます高まるものと思われる。

3 危険物等の輸送

可燃性や引火性の固体や液体などの危険物、あるいは高圧ガス（圧縮ガスや液化ガスなど）を輸送する際は、危険物取扱者や高圧ガス移動監視者などの有資格者のもと、法令に従い車両にその旨を標記したうえで実施することになる。→図表7-4-1・2

危険物は消防法により、図表7-4-3のように第1～6類までに分類されている。これらの危険物を移送する際は、「危険物取扱者」（国家資格）の同乗が必要となる（同資格の試験は、（一財）消防試験研究センターが実施している）。

図表7-4-1●危険物積載車両のマーク（例）

図表7-4-2●高圧ガス積載車両のマーク（例）

第4節●特殊輸送

図表7-4-3 ●消防法が定める危険物の分類

類	名　称	性　状
第1類	酸化性固体	固体
第2類	可燃性固体	固体
第3類	自然発火性物質、禁水性物質	液体、固体
第4類	引火性液体	液体
第5類	自己反応性物質	液体、固体
第6類	酸化性液体	液体

　なお、危険物を移送するタンクローリー車は、「移動タンク貯蔵所」と定義され、車両でありながら保管設備でもある。危険物の規制に関する政令では、タンクローリー車で危険物を輸送することを「移送」という。一方、ガロン缶などの運搬容器で輸送することは「運搬」と呼び、区分している。

　工業用や燃料等の圧縮ガスや液化ガスなど、高圧ガスの取り扱いは、「高圧ガス保安法」の適用を受ける。高圧ガスを輸送する場合、「高圧ガス移動監視者」の講習の修了証が必要となる（本講習は、高圧ガス保安協会が開催している）。

　高圧ガス・危険物とも、1日9時間を超える運転をする場合の交替運転要員の同乗が必要である。

　火薬類の輸送は「火薬類取締法」などが適用され、一定量以上の火薬類を運搬しようとする場合には「運搬証明書」の交付を受け、輸送中は携帯しなければならない（例：火薬200kg超、爆薬100kg超、がん具煙火2t超など）。本証明の申請は出発地の各都道府県公安委員会に行う。また、火薬類を輸送する場合、

　　D＝(高速自動車国道移動距離・km÷340)＋(高速道以外の移送距離・km÷200)

のDが1を超えるときは交替運転要員の同乗が必要となる。証明書の申

297

第7章 ● 輸配送システムの計画

請方法など、詳しくは各警察署に問い合わせること。

消防法や高圧ガス保安法などが定める危険物以外でも、放射性物質や毒物・劇物などについては各種規制があるので、該当貨物を輸送する場合は、事前の確認が必要である。

また、これらの各種危険物の積載車両は長大トンネルや水底トンネルなどの通行も制限されているため、輸送経路が通行規制に該当しないか事前の確認が必要となる。

4 廃棄物輸送

廃棄物は、大きく「一般廃棄物」と「産業廃棄物」に分類される。

一般廃棄物は、その処理責任は市町村などの自治体にあり、その処理は（運搬も含め）市町村あるいは市町村が委託している業者が行う。

産業廃棄物は、事業活動に伴って生じた廃棄物のうち、法令で定められた20種類と、爆発性や感染性などの特別管理産業廃棄物がある。これらの処理責任は、排出した事業者にある。

産業廃棄物を輸送する場合、各都道府県単位で廃棄物の収集・運搬の免許を取得しなければならない。また、廃棄物もいくつかに分類されるが、収集・運搬の免許を取得すると、どんな廃棄物でも収集・運搬できるのではなく、ガラスや汚泥など取り扱う廃棄物に制約がある。また、廃棄物処理を含めた「環境関連ビジネス」の市場規模約40兆円のうち10兆〜12兆円が、廃棄物収集・運搬やリサイクル品回収業務を含めた静脈物流と推定され、非常に大きな市場といえる。

産業の活動において、各種の廃棄物は必ず発生している。廃棄物の輸送も、ロジスティクスの重要なテーマとして、今後は考えなければならない。

第4節 ● 特殊輸送

5　その他の特殊輸送

（1）ダンプ・トラック（ダンプカー）

　ダンプ・トラックは、建設用の砂利や土砂などを運搬することに利用されることが多い。あるいは解体工事後の廃材、残土などを輸送することもある。

　白ナンバーの自家用ダンプ・トラックを見かけることもあるが、これは建設業者などがみずから所有するダンプ・トラックである。

（2）生コン車（コンクリート・ミキサー車）

　生コン車とは、建設現場等に生コンクリートを運搬するための特殊車両である。コンクリート・ミキサー車が正式な名称であるが、「生コン車」と呼ばれることが多い。

　工場で配合され練り合わせた砂・水・コンクリートなどの生コンクリートを運搬する際、撹拌しながら輸送している。これらの材料は比重が異なるため、撹拌しなければ車の振動で比重の重いものは下へ沈み、軽いものは浮き上がって分離してしまう。そのため、運搬中も撹拌を続けている。

　なお、白ナンバーの自家用の生コン車を見かけることがある。これは、生コンの工場の車両の場合と、生コンを仕入れて自家物として建設現場まで運搬する場合があるからである。もちろん、生コンの運送を手がけている緑ナンバーの営業用車両もある。

（3）バイク便

　バイク便は、サンプル品や書類などの小口貨物を数時間内に配達する場合などに利用される。特に交通渋滞の激しい都市部などでは、その速さを売りものにしている。バイクの荷台にボックスがあり、そこに貨物や書類を入れて配送する。

　一般的には、輸送する距離で料金が設定されている。以前は中型バイ

クなどが中心であったが、都心部などではスクータータイプの小型バイクを見かけることが多くなった。

　ニッチ（すき間）な市場ではあるが、緊急物の配送として、オフィス街や医療関係機関で利用されている。

　バイクのほか、自転車を利用した同様のサービスもある。

（4）引越

　引越も、特殊輸送の範囲と考えられる。個人宅の引越だけでなく、オフィスや学校などの法人の引越もある。数十年前、引越専業の運送会社が登場した。当初、引越需要は個人宅の場合、学校や企業の年度の変わり目である4月の前後に集中し、それ以外の月の仕事の確保ができないため、継続は難しいといわれていた。

　しかし、オフィスの引越業務の開拓などで、仕事の平準化を図っている。また、引越時に発生する周辺業務（エアコンの取り外し・取り付け、引越後の部屋の掃除、最近では引越先での盗聴・盗撮の調査など）を行うことで成長している。

　また、引越輸送で習得した家具や家電の設置・据え付けのノウハウを活用して、家具量販店や家電量販店の大型家具や大型家電の配送・設置・据え付け業務を受託している輸送事業者もある。

（5）メール便

　カタログやパンフレットなど、これまで郵便で送付されていたものに対して、宅配業者などが「メール便」のサービスを行っている。

　宅配便のネットワークを活用して幹線輸送し、末端配送は地域のパートタイム労働者やアルバイトが行っている場合が多い。宅配便は、配達先に手渡しして受領印を受けることが基本であるが、メール便は郵便と同じように会社や家庭の郵便受けに投函するので、受領印を必要としない。

　少子高齢化、勤務時間の多様化などにより、通信販売は今後ますます拡大していくと予想されている。インターネットを活用したネット通販

だけでなく、カタログ通販などが増加していくことも予想され、カタログやパンフレットの送付物は、今後も増加していくと思われる。

なお、個人あての「信書」は、これまで郵便でしか送付できないことになっていたが、2003年5月より民間事業者の参入が可能となった。ただし、信書便差出箱（ポスト）の設置など参入のハードルは高い。

信書便事業の参入条件、手続方法の詳細については、地域の総合通信局または総務省で問い合わせができる。

（6）パソコン便

現在では、各家庭や事務所にパソコンがあると思われる。万一、故障してメーカーへ修理に出す際、困った方も多いのではないだろうか。購入時のパソコン設置後、外装箱はかさ張るため処分してしまい、メーカーの修理工場へ送る際に適切な梱包材が手元にないことがある。

これを解決したのが、パソコン便（商品名は各社異なるが、内容は似ている）である。

パソコンの修理をメーカーのサービスセンターに依頼すると、梱包用のケースが送られてくる。この梱包材は繰り返し利用できるものが多く、その梱包材で梱包し宅配業者に引き取ってもらう。修理完了後、同じケースに入れられて宅配便で送られてくる。中身を取り出した後、梱包材を宅配業者に引き取ってもらうしくみである。

現在は、パソコンや周辺機器が対象であるが、大型液晶テレビなどの各種AV機器にも、このサービスは展開していくものと思われる。

第7章 理解度チェック

次の設問に、○×で解答しなさい（解答・解説は後段参照）。

1 ある製造業の物流管理者は、現状の物流全体のコストを調査したところ、物流センター費用（保管費や荷役費）が増大していることに着眼した。物流コストの削減を目的に、各地に分散している物流センターを1カ所に集約することを経営者に提案した。

2 事業パートナーとなる物流事業者の選定においては、自社が求めるサービスを提供できるか、取り扱い貨物の輸送経験があるか、事業拡大に対する対応能力があるか、物流の専門家として提案能力があるか等を総合的に評価して選定する必要がある。

3 警察庁、経済産業省、国土交通省および環境省で、エコドライブの普及・推進を進めている。エコドライブのメリットとして燃費向上による燃料費削減効果とともに、事故防止の効果も期待される。

4 配車システムを導入するとシステムが100％の最適解を決定するため、これまでの配車担当者は不要となる。

5 一定数量以上の火薬類を運搬する際は、運行経路上のすべての公安委員会に申請して、「運搬証明書」の交付を受け、輸送中は携帯しなければならない。

第7章 理解度チェック

解答・解説

1 ×
物流センターの輸配送ネットワークの計画では、納品リードタイム、配送サービス、輸配送コスト等を総合的に見て、最適解を求めて計画を作成する必要がある。物流コスト面だけで判断し計画を進めると、顧客が離れ売上げが減少する、などのリスクがある。

2 ○
単に輸送料が安い等の理由で選定するのではなく、事業のパートナーとして信頼できる企業かどうかを見極めて選定することが重要である。

3 ○
物流会社では、トラックドライバーへの運転技能教育等を徹底することも重要である。

4 ×
配車システムを導入しても100％の最適解をつくれるわけではない。最終的な判断調整業務は人でなければできない。したがって、配車担当者が不要になることはない。ただし、最近の配車業務は多数の条件のもとで配車決定する必要があり、配車システムの重要性が増している。

5 ×
一定数量以上の火薬類を運搬する場合は、運行経路上のすべての公安委員会に申請して、「運搬証明書」の交付を受けるのではなく、出発地の公安委員会より「運搬証明書」の交付を受ける。輸送中は携帯しなければならない。

参考文献

（一社）日本物流団体連合会『数字でみる物流 2023年度』日本物流団体連合会、2023年

（公社）日本ロジスティクスシステム協会『物流技術管理士資格認定講座　第2単元テキスト』『同　第3単元テキスト』『同　第5単元テキスト』日本ロジスティクスシステム協会

物流効率化事典編集委員会『物流効率化事典』産業調査会事典出版センター、1993年

ロジスティクス用語辞典編集委員会『基本ロジスティクス用語辞典〔第3版〕』白桃書房、2009年

（公社）日本ロジスティクスシステム協会『2023年度JILS業種別物流コスト調査報告書【概要版】』2023年

道路交通執務研究会・野下文生『執務資料　道路交通法解説（19訂版）』東京法令出版、2024年

（一財）日本規格協会『JISハンドブック　物流・包装　2022』日本規格協会、2022年

浜崎章洋・藤原廣三・新谷眞瑜・平戸幸男・成田暢行「チェーンストア向けアパレル共同配送の取り組み－大阪アパレル物流協議会（OAP）の事例－」『日本物流学会誌　第24号』日本物流学会、2016年

プラネット物流ホームページ

国土交通省ホームページ

（一財）消防試験研究センターホームページ

高圧ガス保安協会ホームページ

（一財）自動車検査登録情報協会ホームページ

総務省ホームページ

第4部

国際化と社会への適応

第 **8** 章

国際輸送

この章のねらい

　第 8 章では、国際輸送について学習する。

　グローバル化が進む中で、重要性が高まっている国際輸送は、長い歴史の過程で固有の制度やしくみが形成されてきた。このような中で効率的な国際輸送を実現するためには、海上輸送、航空輸送、国際複合輸送などについて、それぞれの実情を十分に理解する必要がある。

　そこで、第 1 節では、諸外国の物流事情と国際輸送に関する諸条約や規定を学ぶ。

　第 2 節では、海上輸送の運賃体系、船荷証券、コンテナ貨物の船積みについて学ぶ。

　第 3 節では、航空輸送の制度と航空運送の概要を学ぶ。

　第 4 節では、国際複合輸送について、複合運送人やフォワーダーの役割を学ぶ。

第8章●国際輸送

| 第 1 節 | 国際輸送に関する
諸条約・諸規定 |

学習のポイント

◆グローバル化により内陸輸送を含めた輸送ネットワークの重
要性が高まっていることから、諸外国の物流事情について学ぶ。
◆国際輸送において、運送人の責任・権利・免責の範囲等の規
範となる国際条約の概要を理解する。
◆輸出者と輸入者の取引条件については、国際的に定型化され
ているトレード・タームズを理解する。
◆貿易管理制度として、安全保障のための貿易管理、輸出承認
が必要な貨物、廃棄物の輸出規制などを学ぶ。

1 諸外国における物流事情

　海外進出や海外貿易を行っている日本企業は、調達・生産・販売にか
かわる物流の効率化を進めている。しかし、世界各地の制度や物流産業
の発展の差異等により、諸外国の物流の実態はさまざまである。このた
め、諸外国の物流事情を理解することが重要である。

（1）米国の物流事情

① 概況

　米国では、1970年代後半から物流産業に対する規制緩和が進展した。
それまで州をまたがる鉄道、自動車、内航海運、航空などを管轄してき
た州際通商委員会（ICC＝Interstate Commerce Commission）が廃止さ

308

第1節 ● 国際輸送に関する諸条約・諸規定

れ、参入・退出、運賃等に対する経済的な規制が緩和された。現在では、連邦交通省の関連当局が、残された安全規制等を管轄している。各州内の輸送についても、州際輸送（州をまたぐ輸送）と同様に大幅に規制が緩和されてきた。

米国でもトラックが最大の輸送分担率を占めているものの、広大な国土を反映して鉄道やパイプラインが重要な役割を果たしている。2020年の国内輸送機関分担率（トンマイルベース）を見ると、トラック46％に対し、鉄道27％、パイプライン18％、水運10％である（US. DoT、National Transportation Statistics）。

② トラック輸送

トラック輸送では、1980年の自動車運送事業者法の施行以降、急速に新規参入が増加し、競争が激化した。自動車運送事業者法の施行前には、労働組合が組織されたトラック輸送事業者が上位を占めていたが、規制緩和後は労働組合員を雇用せず運賃競争力が高い新規参入事業者がシェアを高めていった。

米国では、早い段階からトラック輸送でトレーラーやコンテナが用いられていた。これが海上輸送に導入され、コンテナリゼーションにつながった。トラック輸送では、国際海上コンテナに加え、国内輸送専用の47ft、52ftコンテナが普及している。また、トレーラーの普及が進み、一部の州ではダブルスやトリプルトレーラーの走行も許可されている。

③ 鉄道輸送

鉄道輸送では、1980年の鉄道規制緩和法により、鉄道会社間の競争が激化した。鉄道各社はコンテナ・トレーラー専用の貨車を導入し低廉な契約運賃を導入するなど、複合輸送に積極的に取り組むようになった。1980年代後半には、大陸を横断する長距離路線を中心にコンテナを2段積みする専用列車DST（Double Stack Train）が導入された。DSTを活用した効率的な複合一貫輸送が可能になり、国際輸送でも多用されている。

規制緩和後しばらくは運賃低下が続いたが、2000年以降になると運賃の上昇傾向が見られるようになった。21世紀に入ると、寡占化や労働力

309

不足の影響で運賃上昇が続いた。コロナ禍で運賃の大幅賃上げを要求する労働組合と鉄道会社との労働交渉は長期化し、2022年には鉄道ストライキを阻止する法律が可決された。

鉄道会社間の買収・合併等が続き、現在では大手4社による寡占化が進んでいる。寡占化による弊害が指摘される一方、2023年にはカナダ太平洋鉄道とカンザスシティ・サザン鉄道の合併が認められ、カナダ、アメリカ、メキシコを結ぶ初の鉄道会社が誕生した。

④　水上輸送

米国内の水上輸送では、河川・湖沼での内陸水運、沿岸海運等があり、石炭、石油、穀物等の輸送で重要な役割を果たしている。

国際海上輸送では、1984年の米国海運法により、定期船輸送で認められてきた海運同盟の拘束力が大幅に削減された。同法により、海運同盟から独立して各船会社が荷主とサービス契約を結ぶことが可能になり、運賃水準は大幅に低下した。

同法では、NVOCC（Non-Vessel Operating Common Carrier＝非船舶運航業者）が規定され、船会社と同等に公共運送人として認められた。NVOCCは、海上輸送だけでなく陸上輸送も同時に手配し、複合輸送を提供するようになった。荷主企業にとっては、船会社に直接委託するだけではなく、NVOCCも利用できるようになった。

コンテナリゼーションを開始した米国の主要コンテナ船社は、激しい国際競争の中で他国の船会社に買収されるなどして消滅したが、荷主企業は運賃低下によって貿易費用を大幅に削減することが可能になった。しかし、海運市場の寡占化が進む中、コロナ禍では急激に運賃が上昇した。

⑤　航空輸送

国内航空輸送では、1977年に航空貨物輸送規制が緩和され、1985年には航空輸送の経済的規制を管轄していた民間航空局自体が廃止された。これにより、新規参入が厳しく制限されていた航空業界に多数の企業が参入するようになった。

それまでフォワーダーと航空会社の分業によって成り立っていた航空

第1節 ● 国際輸送に関する諸条約・諸規定

貨物輸送産業は、両方の機能を統合した**インテグレーター**の登場によって様変わりした。インテグレーターは、米国内で航空機を用いた翌日配達サービスを開始し、急成長を遂げた。インテグレーターに対抗するため、有力な航空フォワーダーもみずから航空機を運航するようになった。

1980年代には、国内だけでなく国際輸送の分野でも急送サービスを開始し、欧州、アジアに輸送路を拡大するようになった。現在では、米国のインテグレーターが開始した国際急送サービスは重要な輸送手段となっている。

越境ECの急成長に加え、コロナ禍で旅客便下部貨物室による貨物輸送が停滞したこともあり、インテグレーターの規模はさらに拡大している。2021年の定期航空貨物輸送量（国際および国内）ランキングで、米国のインテグレーターは世界1位と3位を占めている。

⑥　3PL（サードパーティ・ロジスティクス）

規制緩和により競争が激化した物流事業者は、新たなビジネスモデルである3PLに取り組むようになった。1980年代は、荷主企業が本業に集中し物流業務のアウトソーシングを行い始めた時期であり、3PLの需要も高まり始めた。

3PLの市場規模は、リーマン・ショックやコロナ禍の影響を除けば、順調に拡大を続けている。2021年の市場規模は3,429億ドルと推定されている（Armstrong & Associates調べ）。

（2）欧州の物流事情

①　概況

欧州連合（EU）では、市場統合措置による自由化と調和が行われ、物流面でも市場統合が進んだ。国境での複雑な通関手続が不要となり、物流コストが低減した。

トラック輸送、鉄道輸送、海上輸送、航空輸送などの輸送事業に対する加盟各国の規制は、欧州委員会の指令により自由化が進められた。これにより、加盟国において設立された物流事業者は、EU域内で差別さ

れることなく、自由に事業ができるようになった。

EUにおける自由化の特徴は、米国のように短期間で規制を撤廃するのではなく、時間をかけて段階的に規制を緩和することである。輸送分野では、まず国際輸送を自由化し、次いでEU域内の外国事業者による国内輸送を認めている。事業免許の発行でも、まず免許発行数を増やすことにより輸送枠を拡大し、次いで質的基準（財務状況、法令遵守等）で参入を認めるようにしている。慎重に自由化を進めたため、当初計画より大幅に遅れたが、物流事業の自由化はほぼ完了している。

市場統合後、欧州内の貨物輸送需要は拡大を続けてきたが、その大部分はトラック輸送が担っている。EU27カ国における各輸送機関の分担率（2020年、トンキロベース）を見ると、トラック53％、鉄道12％、内陸水運4％、沿岸海運28％、パイプライン3％となっている（EU Transport in Figures）。

欧州では、地球環境問題への対応が重要な政策課題として掲げられている。欧州委員会は、長期の政策目標を示す「交通白書」を2001年と2011年に発表し、温室効果ガス削減目標と施策を示してきた。2021年には、その後継となる「持続可能なスマートモビリティ戦略」を発表し、温室効果ガス排出削減目標を2050年までに1990年比90％まで高め、ゼロエミッション車導入、モーダルシフト等のさまざまな施策を提唱した。

② フォワーダー

欧州の物流における最大の特徴は、フォワーダーが大きな市場支配力を持っていることである。

市場統合前は、フォワーダーが国境通過に必要な複雑な手続や一貫輸送の手配を行っていた。市場統合により、通関事業は大きな打撃を受けたが、広域的なロジスティクスの需要拡大に対応して、3PL（サードパーティ・ロジスティクス）事業を拡大した。

現在では、国境を越えた買収・合併により、世界最大規模のフォワーダーが誕生している。海上コンテナと航空貨物の取り扱い量に基づく2021年ランキングでは、キューネ・アンド・ナーゲル、ドイツポストDHLグ

ループ、DSV、DBシェンカーが世界トップ4を占めている（Armstrong & Associates調べ）

③　トラック輸送

　市場統合前のEU各国におけるトラック輸送規制は、鉄道保護の観点から厳しく参入を規制していたドイツのような国もあれば、いち早く自由化していたイギリスなどバラバラであった。EUは、域内市場で質的基準に基づく参入規制と運賃自由化を行う指令を導入した。指令はEU法令の形態の1つで、加盟国政府は指令の政策目標を達成するために国内立法等の措置をとることが求められた。

　その結果、市場統合によるロジスティクスの需要の広域化もあり、トラック輸送事業者間の国際競争が激化している。特に中東欧諸国が加盟するようになり、輸送コストが低いこれらの国々の事業者が市場シェアを高めている。

④　鉄道輸送

　EU加盟国の鉄道輸送は、もともと各国の国有鉄道をベースに国内市場を中心に発展してきた。市場統合では、欧州全域での鉄道輸送を発展させるため、鉄道改革が行われた。すなわち、鉄道のインフラ部門と列車の運営部門を分離する上下分離政策の導入と、運営部門では民営化である。これにより、競争が促進されている。

　しかしながら、このEUの鉄道改革（上下分離、運営の民営化）は加盟各国の反対もあり、トラック輸送ほど自由化が進展していない。欧州でも、長距離輸送での鉄道貨物輸送を促進するマルチモーダル政策がとられているが、大きな成果を上げていない。21世紀に入ってから、鉄道貨物輸送量はほぼ横ばいを続けており、輸送機関分担率は低下傾向が続いている。

　「持続可能なスマートモビリティ戦略」では、鉄道による貨物輸送量を2015年比で2030年までに1.5倍にすることを掲げている。その施策として、汚染者負担・利用者負担の原則を交通分野に導入し鉄道輸送とトラック輸送の競争条件をそろえること、汎欧州運輸ネットワーク（TEN

－Ｔ）の中核ネットワークを整備することなどを掲げている。

⑤　郵便事業者

　欧州では、郵便事業の民営化が進められている。ドイツ、オランダ、フランスを中心に、成熟化した郵便市場から、成長が期待される物流市場に進出する事業者もある。これらの事業者は、郵便事業と関連性が強い小型貨物を中心に事業を拡大している。なかでもドイツポストはインテグレーター、フォワーダー、トラック輸送事業者の買収を続け、ドイツポストDHLグループとなり、現在では世界最大規模の物流事業者となっている。

（3）アジアの物流事情

　アジアは、経済規模や発展段階が異なる多様な国で構成されている。企業は、アジア地域を中心に国際水平分業を行っており、物流はこれを支える重要な役割を果たしている。以下、国際輸送の大部分を担うコンテナ輸送を中心に、主要国の物流事情について紹介する。

①　中国

　1990年代以降、中国は世界の工場として急速な経済発展を続け、物流需要が急増した。大規模港湾が急ピッチで整備され、現在では世界最大級のコンテナ港湾が中国に集中している。世界の港湾のコンテナ取り扱い量ランキングトップ10のうち、中国の7港湾が占めている（2021年「数字で見る海事」）。

　上海港は、世界最大のコンテナ取り扱い港である。従来の長江沿いのターミナルに加え、沖合の島間を埋め立てて大水深バースが整備されている。さらに華中では、寧波舟山港が整備され、中国2位（世界ではシンガポールに次ぐ3位）のコンテナ取り扱い量を誇っている。

　華南では、深圳港が中国3位、広州港が中国4位を占めている。かつて香港は、コンテナ取り扱い量世界1位をシンガポールと競ってきたが、中国7位となっている。これは、中国本土側の港湾整備により直接輸出入されるようになり、香港の中継機能が低下してきたためである。

第1節 ● 国際輸送に関する諸条約・諸規定

華北では、青島港が中国5位、天津港が中国6位を占めている。

② 韓国

韓国では、東アジアのゲートウェイを目指して、大規模な港湾整備を進めている。韓国最大のコンテナ港湾である釜山港では、韓国国内だけでなく、日本や中国等の周辺諸国に発着する貨物を取り込むことを目標としている。日本の地方港に発着する貨物の中には、韓国を中継港とする貨物も増えている。

釜山では、旧来のコンテナ・ターミナルに加えて、大規模な釜山新港が開発され段階的に供用されている。2021年の釜山港のコンテナ取り扱い量は、世界7位となっている。今後も釜山新港の段階的整備が進められ、さらに隣接地に鎮海新港を整備する計画が立てられている。

③ ASEAN

シンガポールは、ASEANのハブ港湾として世界2位となるコンテナを取り扱っている。その取り扱い貨物の大部分は中継貨物である。他の主要港湾と異なり、シンガポールでは港湾の管理・運営がPSA（Port of Singapore Authority）によって一元的に行われており、先進的な情報システムの導入や迅速な貨物処理等が特徴となっている。

ASEANでは、これまでシンガポールを除き大規模なコンテナ・ターミナルの整備が遅れていた。しかし、最近では、マレーシアのポートケランとタンジュン・ペラパスでコンテナ・ターミナルの整備が進められ、それぞれ世界13位、16位を占めている。

タイでは、チャオプラヤ川沿いのバンコク港でコンテナが取り扱われているが、大型船舶が入港できない。このため、本格的な大水深港湾としてレムチャバン港が整備され、その取り扱い量は世界20位となっている。

2 国際輸送に関する国際条約

荷主企業が運送人と国際運送契約を結ぶ際には、運送人の責任・権利・免責の範囲などを理解する必要がある。これらについて、規範となる国

第8章●国際輸送

際条約が締結されている。

　特に海上輸送では、ヘーグ・ルール、ヘーグ・ヴィスビー・ルール、ハンブルグ・ルールがある。米国はヘーグ・ルール、日本を含む多くの先進国はヘーグ・ヴィスビー・ルール、発展途上国はハンブルグ・ルールをそれぞれ批准しており、中国、台湾、韓国等は独自の国内法を制定している。

（1）海上輸送

① ヘーグ・ルール

　海上運送人の責任などを定めた最初の国際条約は、1924年の**ヘーグ・ルール**（船荷証券統一条約）である（1931年発効）。同条約では、国際運送、積卸し、保管等に関する運送人の最低限の義務・権利・免責を規定した。日本も1957年に批准し、翌年国内法として国際海上物品運送法を制定した。

　ヘーグ・ルールは、船荷証券または類似の海上物品運送に関する証券による運送契約に適用される。物品運送の範囲（責任区間）は、物品を積み込んだ時点から荷揚げした時点までである。運送人は、物品の積込み、取り扱い、積付け、運送、保管、荷揚げに関し、適切・慎重に行う責任と義務を負う。また、航海に際して運送人は、船舶を航海に耐える状態に置くこと（**堪航能力**）に相応の注意を払う義務を負う。

　一方、運送人は、航行または船舶取り扱い上の船長、海員、水先人、使用人の過失（**航海過失**）については責任を負わない。そのほかに、原則として免責される事由として、船舶の火災、天災、戦争、海難、暴動、内乱、ストライキなどを挙げている。また、**遅延損害**についても免責としている。

② ヘーグ・ヴィスビー・ルール

　コンテナリゼーションやインフレの進展に対応して、1968年に**ヘーグ・ヴィスビー・ルール**（船荷証券統一条約改定議定書）が成立した（1977年発効）。ヘーグ・ヴィスビー・ルールは、ヘーグ・ルールの基本的な考

え方である航海過失と遅延損害の免責を踏襲している。そのうえで、運送人の補償責任限度額を引き上げ、コンテナ輸送に対応した梱包単位を規定した。

日本は、1992年にヘーグ・ヴィスビー・ルールを批准し、翌年には改正国際海上物品運送法を施行している。

③ ハンブルグ・ルール

発展途上国の荷主国では、ヘーグ・ヴィスビー・ルールが先進国の船主に有利な運送責任を定めているとの批判が高まった。そして、国連貿易開発会議（UNCTAD）では、航海過失免責・船舶火災免責を廃止するなど、運送人に厳しい責任を課したハンブルグ・ルール（国連海上物品運送条約）を1978年に採択した。

しかし、日本を含め先進諸国は、ハンブルグ・ルールを批准していない。

（2）複合輸送

コンテナリゼーションにより国際複合輸送が進展し、海上輸送だけでなく陸上輸送部分を含めた複合輸送全体を範囲とする規定が求められるようになった。1980年に採択された国連国際物品複合運送条約は、複合運送人が全輸送区間について一定の賠償責任限度を有するユニフォーム・ライアビリティ・システム（同一責任原則）を規定している。

国連国際物品複合運送条約は、運送人の責任限度が高く、日本を含め先進諸国は批准していない。

日本では、複合運送人の責任原則としてネットワーク・ライアビリティ・システム（異種責任組み合わせ型）を採用している。この場合、全輸送区間について一貫責任を負うが、物品の損害賠償については貨物事故の発生区間で適用される規定による。たとえば、海上区間で生じた場合には、ヘーグ・ヴィスビー・ルール、国内トラック輸送では当該国のトラック輸送約款に従うことになる。

第8章 ● 国際輸送

（3）航空輸送

　国際航空貨物輸送における航空会社の責任は、1929年の**ワルソー条約**（国際航空運送についてのある規則の統一に関する条約）で初めて定められた。航空貨物輸送の発展に伴い、1955年の**ヘーグ議定書**（改正ワルソー条約）、1975年の**モントリオール第4議定書**により改定が行われた。

　日本は、モントリオール第4議定書を2000年に批准している。

　モントリオール第4議定書では、航空会社は航空運送中、陸上で管理下にある期間を含め貨物に破壊・滅失・毀損が生じた場合に責任を負う。ただし、貨物固有の瑕疵_{かし}・性質に起因する損害、戦争・武力紛争に起因する損害等は免責となる。

3　国際輸送と取引条件

　輸出者と輸入者が貿易をして国際輸送を手配する際に、重要となるのが取引条件である。なぜならば、この取引条件によって、輸送時の費用負担範囲と貨物の危険負担範囲が決まるからである。取引条件については、国際的に定型化された**トレード・タームズ**（Trade Terms＝貿易定型取引条件）が用いられている。

　世界で最も広く採用されているトレード・タームズは、**国際商業会議所**（ICC）が制定する**インコタームズ**（Incoterms）である。1936年に初めて制定されてから数次にわたって改定が行われ、最近では1980年、1990年、2000年、2010年、2020年に改定されている。貿易取引で、インコタームズを使用するかどうかは契約当事者の任意であり、使用する場合には何年版のものか明記しなければならない。

（1）2020年インコタームズ

　2020年インコタームズは、2010年版と同様に、あらゆる輸送手段に適した規則と、海上および内陸水路輸送のための規則に分類している。2010年インコタームズにあったDAT（Delivered At Terminal＝ターミナル

第1節●国際輸送に関する諸条約・諸規定

持ち込み渡し）条件が削除され、これに代わりDPU（Delivered at Place
Unloaded＝荷卸し込み持ち込み渡し）が導入された。なお、取引条件は
貿易当事者の合意により取り決められるため、すぐに2020年インコター
ムズに切り替わるわけではない。

　これらの取引条件のうち伝統的にFOB（Free on Board＝本船渡し）、
CFR（Cost and Freight＝運賃込み。1990年インコタームズではC&F）、
CIF（Cost, Insurance and Freight＝運賃保険料込み）が一般的に用いら
れている。→図表8-1-1

図表8-1-1 ● 2020年インコタームズによる取引条件

クラス	コード	取　引　条　件	
あらゆる輸送手段に適した規則	EXW	工場渡し	Ex Works
	FCA	運送人渡し	Free Carrier
	CPT	輸送費込み	Carriage Paid To
	CIP	輸送費保険料込み	Carriage and Insurance Paid To
	DAP	仕向地持ち込み渡し	Delivered At Place
	DPU	荷卸し込み持ち込み渡し	Delivered at Place Unloaded
	DDP	関税込み持ち込み渡し	Delivered Duty Paid
海上および内陸水路輸送のための規則	FAS	船側渡し	Free Alongside Ship
	FOB	本船渡し	Free On Board
	CFR	運賃込み	Cost and Freight
	CIF	運賃保険料込み	Cost, Insurance and Freight

（2）FOB、CIF、CFRの比較

　FOBでは、輸出者が輸入者の指定する本船に貨物を積み込むまでの費
用を負担する。海上輸送中の運賃と保険料は輸入者が負担し、輸入者が
船会社と運送契約を結び、保険会社と貨物海上保険契約を結ぶ。

　CIFとCFRは、輸出者が到着地の港湾で輸入者に商品を本船渡しする
条件である。CIFでは、輸出者が船会社との運送契約の当事者となり、
貨物海上保険契約でも当事者となる。CFRでは、貨物海上保険契約につ
いては、輸入者が保険の手配を行うことになる。

319

第8章●国際輸送

図表8-1-2 ● FOB、CFR、CIFの比較

	運賃負担	運賃表示	保険料負担	保険証券	貨物の危険負担
FOB	輸入者	運賃後払い	輸入者	輸入地側で発行	輸出地の港で貨物を積み込んだ時点*
CFR	輸出者	運賃前払い			
CIF			輸出者	輸出地側で発行	

＊2000年インコタームズでは、本船の欄干を超えた時点となっていたが、2010年および2020年インコタームズでは、本船の船上に置かれた時点に変更された。

　損害が起こった場合の危険負担については、いずれの取引条件でも輸出地の港で貨物を積み込んだ時点となる。→図表8-1-2

　これら3条件は、在来船時代に形成された取引条件であり、本船渡しが費用と危険負担の分岐点となっている。コンテナ・ヤード（CY：Container Yard）や**コンテナ・フレート・ステーション**（CFS：Container Freight Station）で貨物が引き渡されるコンテナ輸送に適合したFCA（Free Carrier＝運送人渡し）、CIP（Carriage and Insurance Paid To＝輸送費保険料込み）、CPT（Carriage Paid To＝輸送費込み）が定められているが、実務上あまり利用されていない。

4　貿易管理制度

　日本の外国貿易は原則自由であるものの、外国貿易の正常な発展や国際社会の安全維持などを目的とする外国為替及び外国貿易法（外為法）やその他の法令により、必要最低限の管理や調整が行われている。これを**貿易管理**という。

　これらの法令に基づき、特定の貨物の輸出入、特定の国・地域を仕向け地あるいは原産地・船積み地とする貨物の輸出入などを行う場合には、経済産業大臣や関連省庁の許可や承認が必要となる。

　以下では、輸出にかかわる貿易管理制度を説明する。

320

第1節 ● 国際輸送に関する諸条約・諸規定

（1）安全保障のための貿易管理

　日本を含め主要国では、武器や軍事転用可能な貨物・技術が、国際社会の安全性を脅かす国家やテロリスト等に渡ることを防ぐため、国際輸出管理体制を設けている。この国際輸出管理体制は、旧共産圏を規制対象地域とした輸出管理体制であるココムの廃止後、旧ココム加盟国にロシアおよび東欧諸国が参加して設立された**ワッセナー・アレンジメント**に基づいている。

　日本では、ワッセナー・アレンジメントに基づく安全保障の観点に立った貿易管理（**安全保障貿易管理**）を、外為法や輸出貿易管理令等によって実施している。

① **リスト規制**

　参加国合意のもとで国際輸出管理体制に基づき、大量破壊兵器やその他の通常兵器の開発等に用いられるおそれが高い特定の貨物について規制対象品目がリスト化されている。

　日本では、このリストに基づき、輸出貿易管理令別表第1の1〜15項（1.武器、2.原子力、3.化学兵器、3の2.生物兵器、4.ミサイル、5.先端素材、6.材料加工（工作機械）、7.エレクトロニクス、8.電子計算機、9.通信、10.センサ、11.航法装置、12.海洋関連、13.推進装置、14.その他（軍需品等）、15.機微品目）に、規制対象品目が定められている。

　制対象品目に該当する場合には、輸出先がいずれの国であっても事前に経済産業大臣に輸出の許可を受ける必要がある。輸出通関時には、この許可書を添付して申告する。コンピュータ、電子部品、工作機械等の製品や部品は、規制対象品目であり、十分な注意が必要である。

② **キャッチオール規制**

　リスト規制に該当しない製品でも、大量破壊兵器や武器の開発等が行われていた事実が判明したため、主要国で補完的輸出規制（**キャッチオール規制**）が開始された。

　日本では、2001年の「9.11 米国同時多発テロ」後の2002年にキャッチオール規制が導入され、輸出貿易管理令別表第1の16項が改正された。

321

キャッチオール規制により、輸出しようとする貨物がリスト規制対象品以外であっても、大量破壊兵器や通常兵器の開発・製造・使用に用いられるおそれがあることを輸出者が知った場合（客観要件）、または経済産業大臣から、許可申請をすべき旨の通知（インフォーム通知）を受けた場合には、輸出にあたって経済産業大臣の許可が必要となる。

ただし、輸出管理を厳格に実施している国・地域（輸出貿易管理令別表第3に掲げる国・地域（グループA国））向けの貨物の輸出については、キャッチオール規制の対象外となる。なお、従来ホワイト国と非ホワイト国に分類されていたが、2019年にグループA～D国に改められ、このうちグループA国が旧ホワイト国に相当する。

（2）輸出承認が必要な貨物

国内需要の担保や国際協定の遵守等のため、経済産業大臣の輸出承認が必要となる貨物が輸出貿易管理令別表2で定められている。→図表8-1-3

これらの貨物は、文化財保護法、鳥獣の保護及び狩猟の適正化に関する法律、大麻取締法、覚せい剤取締法、植物防疫法、家畜伝染病予防法等の法令によって規制されている場合がある。その場合には、その法令に基づく許可、承認等を受けてから、輸出申告の審査の際にその旨を証明しなければ、輸出が許可されない。

（3）バーゼル条約

有害廃棄物の国境を越える移動によって、開発途上国で環境汚染が生じ、さらにその責任の所在が不明確という問題が発生した。このような問題に対処するため、有害廃棄物の国境を越える移動等の規制について国際的な枠組みおよび手続等を規定したバーゼル条約が、1992年に発効した。

日本は、地球規模の環境問題へ対処するため、1993年にバーゼル条約に加入し、その履行のための「特定有害廃棄物等の輸出入等の規制に関

第1節 ● 国際輸送に関する諸条約・諸規定

図表8-1-3 ● 輸出承認が必要な貨物
（輸出貿易管理令別表2、2024年改正）

項番	輸出承認品目名
1	ダイヤモンド原石
19	血液製剤（原則輸出禁止）
20	核燃料物質、核原料物質
21	放射性廃棄物
21の2	放射性同位元素
21の3	麻薬、向精神薬原材料等
25	漁船
30	しいたけ種菌（原則輸出禁止）
33	うなぎの稚魚
34	冷凍のあさり、はまぐりおよびいがい
35	オゾン層を破壊する物質
35の2（1）	特定有害廃棄物
35の2（2）	廃棄物の処理および清掃に関する法律に規定する廃棄物
35の3	有害化学物質（ロッテルダム条約、ストックホルム条約関連）
35の4	水銀、水銀使用製品（水俣条約関係）
36	ワシントン条約対象貨物
37	希少野生動植物の個体・卵・器官
38	かすみ網
39	偽造、変造通貨等
40	反乱せん動書籍等
41	風俗を害する書籍等
43	国宝、重要文化財等
44	仕向け国における特許権等を侵害すべき貨物（原産地を誤認させるべき貨物）
45	育成者権侵害貨物、その他の権利侵害貨物
その他	委託加工貿易

323

図表8-1-4 ●バーゼル法の規制対象物（特定有害廃棄物等）の考え方

条約附属書Ⅳ（最終処分目的、リサイクル目的）に掲げる処分作業を行うために輸出され、又は輸入される物

■最終処分作業

- D1 地中または地上への投棄
- D2 土壌処理
- D3 地中深部への注入
- D4 表面貯留
- D5 特別に設計された処分場における埋立
- D6 海域以外の水域へ投入
- D7 海洋投入
- D8 生物学的処理
- D9 物理化学的処理
- D10 陸上焼却
- D11 洋上焼却
- D12 永久保管
- D13 D1〜D12、D14又はD15のいずれかの作業に先立つ調合又は混合
- D14 D1〜D13又はD15のいずれかの作業に先立つ梱包
- D15 D1〜D14のいずれかの作業が行われるまでの間の保管

■リサイクル作業

- R1 燃料、エネルギー回収
- R2 溶剤の回収、再生
- R3 有機物の再生、回収
- R4 金属の再生、回収
- R5 無機物の再生、回収
- R6 酸、塩基の再生
- R7 汚染除去のために使用した成分の回収
- R8 触媒の再生
- R9 廃油の精製再生
- R10 土壌改良
- R11 R1〜10の残滓利用
- R12 R1〜11用の交換
- R13 R1〜12用の集積

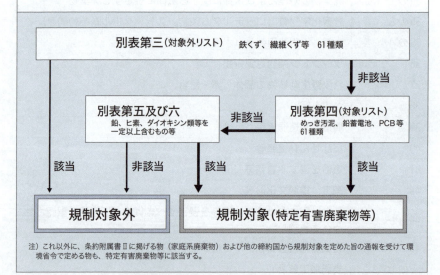

注）これ以外に、条約附属書Ⅱに掲げる物（家庭系廃棄物）および他の締約国から規制対象を定めた旨の通報を受けて環境省令で定める物も、特定有害廃棄物等に該当する。

出所：環境省「廃棄物等の輸出入管理の概要」より

第1節●国際輸送に関する諸条約・諸規定

する法律（バーゼル法）」を定めた。

　バーゼル法では、特定有害廃棄物等を規定し（→図表8-1-4）、その輸出時の許可制や事前通告制、不適正な輸出や処分行為が行われた場合の再輸入の義務などを規定している。特定有害廃棄物等に該当する場合には、外為法に基づく経済産業大臣の承認、環境大臣による確認等を受けたうえで、関税手続を行わなければならない。また輸出国は、事前に輸入国に対して輸出の概要を通告し、同意を得てからでないと輸出できない。

　鉄くず、繊維くず、中古品等の有価物であったとしても、有害性があれば特定有害廃棄物等とみなされる。有害物を含む鉄くずや、リサイクルが困難なブラウン管テレビ等が税関で発見され輸出が認められなかった事例が発生しており、注意が必要である。

第8章●国際輸送

第 **2** 節 ｜ 海上輸送

学習のポイント

◆国際輸送の中心となる海上輸送について、海上運賃、船荷証
券、コンテナ貨物の船積みなどの概要を理解する。

◆海上運賃については、運賃建て、運賃・料金の種類などの体
系を知り、伝統的な海運同盟がほぼ崩壊した実情を理解する。

◆船荷証券は、海上輸送で最も重要な書類であるので、その特
性、記載事項、種類などを理解する。

◆コンテナ貨物の船積みについて、FCL貨物とLCL貨物別に概
要を把握する。

---

1 海上運賃

（1）海上運賃の決定要因

海上運賃は、貨物の海上輸送サービスに対する対価であり、他のサー
ビスと同様に、需要（荷動き）と供給（船腹）とによって決定される。
しかしながら、海運の長い歴史の中で海運固有の特徴を持つ決定方式が
とられている。

定期船（決められた航路を定期的に運航する船。コンテナ船）では、
船会社が多数の荷主から貨物を集荷して混載輸送する。荷送り人は、船
会社と個品運送契約を結び、指定された場所に貨物を持ち込む。船会社
は、貨物と引き換えに船荷証券を荷送り人に引き渡し、海上輸送を行う。
定期船輸送では、これまで航路別に海運同盟が結成され、海運同盟によ
って一律の同盟運賃が決定されてきた。しかし、後述のように、海運同

326

盟の運賃拘束力は大幅に低下している。

　不定期船（荷主の要望に合わせて運航する船。バラ積み船など）では、荷主が船腹を借り切る用船契約を結ぶ。不定期船運賃は、定期船運賃と比べ、自由に運賃が決定され、荷動きと船腹の需給バランスを反映して大きく変動する。

（2）運賃のしくみ
①　運賃と船内荷役料
　荷送り人が船会社と運賃を交渉する場合、船積みや陸揚げにかかる船内荷役料が、運賃に含まれるかどうかを明確にする必要がある。

　定期船では、通常、運賃に船内荷役料が含まれており、バース・ターム運賃（またはライナー運賃）という。この場合、船会社の運送責任は、船積み用の索具から陸揚げ用の索具まで（テイクル・ツー・テイクル：Tackle to Tackle）となる。

　一方、不定期船の場合には、荷主がみずから船内荷役を手配する場合がある。このため、船内荷役料の負担に応じて次のように取り決められる。

　①　FIO（Free In and Out）：両端の船内荷役料を荷主が負担する。
　②　FI（Free In）：荷主が船積み船内荷役料を、船会社が陸揚げ船内荷役料を負担する。
　③　FO（Free Out）：船会社が船積み船内荷役料を、荷主が陸揚げ船内荷役料を負担する。

②　運賃建て
　運賃建てとは、運賃計算の基準となる単位である。この運賃建てには、質量建て、容積建て、従価建て、個数建てがある。貨物の荷姿や包装状態はさまざまなので、運賃を定めるときには、これらを考慮する必要がある。

　一般的な貨物では、「質量建て」または「容積建て」が用いられる。運賃基準に用いられるトンを、フレートトンまたはレベニュートンと呼ぶ。どちらを適用するかは、船会社が高額となる運賃を選択して決定している。

327

① **質量建て**…質量に基づいて計算され、通常はメートル法による1メトリックトン（1,000kg）を1質量トンとしている。ロングトン（2,240ポンド）、ショートトン（2,000ポンド）が用いられる場合もある。

② **容積建て**…メートル法による1m³を1tとする容積トンを基準にする。40キュービック・フィートを1tと計算する場合もある。

③ **従価建て**…貴金属などの高額品の場合には、価格を基準に運賃を計算する。通常はFOB価格が用いられる。

④ **個数建て**…機械荷役を前提とするコンテナ輸送では、積載貨物の品目や質量によって輸送費や荷役費がほとんど変わらない。このため、標準の20フィート（ft）または40ftコンテナ1個当たりで運賃を計算しており、これを**ボックスレート**と呼んでいる。

③ 基本運賃と割増運賃、付帯料金

定期船輸送では、航路別に品目別**タリフ**（運賃率表）が定められている。ここでは、基本運賃に加えて、さまざまなケースを想定して割増運賃や付帯料金が設定されている。

① **基本運賃**…コンテナ船の場合には、ボックスレートが用いられる。積載貨物の品目にかかわらず同一運賃の場合を、品目無差別（FAK：Freight All Kinds）ボックスレートと呼ぶ。一方、品目分類によって運賃が異なる場合を、品目別ボックスレートと呼んでいる。在来船では、品目別運賃率にフレートトンを乗じて基本運賃を計算する。

② **割増運賃**…貨物の形状・特殊性、経済情勢、港湾事情など、さまざまな要因による費用上昇に対応するため、割増運賃を適用する。燃料油割増料金（BAF：Bunker Adjustment Factor）、通貨変動割増料金（CAF：Currency Adjustment Factor）、繁忙期サーチャージ、長尺物割増、危険品割増などがある。

③ **付帯料金**…運賃とは異なり、立替金、手数料等の性格を持つ。コンテナ・フレート・ステーションでの作業費であるCFS（Container Freight Station）チャージ、上屋・倉庫保管料などの港湾料金など

がある。

④　運賃の支払い時期

支払い時期によって、前払い運賃と後払い運賃がある。

前払い運賃は、貨物を船積み時に荷送り人が支払う場合である。一方、後払い運賃は、陸揚げ港で荷受け人が貨物を受け取るときに支払う。

通常、CFR、CIF条件の場合は前払いとなり、FOB条件の場合には後払いとなる。

（3）海運同盟と運賃

①　海運同盟の機能

海運同盟とは、船社間の競争を排除するために、航路別に運賃や輸送力などを協定する国際カルテルである。定期船運賃の決定には、海運同盟が設定し公表する品目別運賃率表が重要な役割を果たしていた。

一方、盟外船とは、同盟に加入しない船社の船を指し、同盟船社より安い運賃で集荷しようとしている。

世界最初の海運同盟は、1875年のカルカッタ同盟とされる。長い歴史の中で、安定的な輸送サービスと運賃の提供に対して海運同盟の公共的な性格が認められ、日本を含む主要国で独占禁止法の適用除外とされてきた。

海運同盟は、加盟船社間で、運賃率表の遵守を義務づける運賃協定と配船船腹量を調整する配船協定を結んでいた。それぞれ価格カルテル、生産カルテルに相当し、加盟船社間の競争を制限していた。

②　海運同盟の崩壊

海運同盟の市場支配力は、コンテナリゼーションの進展、新興盟外船社の台頭、規制緩和の影響により、大幅に低下した。現在、主要航路では海運同盟はほぼ崩壊している。

規制緩和について見ると、最大の貿易国である米国の1984年の米国海運法、1998年の海運改革法（OSRA）が海運同盟の反トラスト法適用除外を容認しながらも、同盟のカルテル機能を大幅に制限した。

第8章●国際輸送

1984年米国海運法では、二重運賃制の禁止、インデペンデントアクション（同盟船会社でありながら、同盟の協定とは異なる運賃設定などの行為を認める制度）の義務づけ、サービスコントラクト（大口荷主に対する特別運賃などの提供）が導入された。これによって、同一貨物同一運賃の原則が崩れ、不定期船と同様に大口荷主とは市況に応じたさまざまな運賃で契約が結べることとなった。

1998年海運改革法では、連邦海事委員会（FMC：Federal Maritime Commission）への運賃率表届け出義務が廃止された。また、同盟船社が個別に荷主とサービスコントラクト（S/C：Service Contract＝積み荷を保証した特定荷主に割安な運賃でサービスを提供すること）を締結できるようになり、運賃やサービス内容などについては非公開とすることが認められた。同盟船社が、同盟協定とは別にサービスコントラクトを結べるようになると、海運同盟の市場支配力は大幅に低下し、米国発着航路では、海運同盟の解散が続いた。

世界的にも、海運同盟の機能を見直す動きが進んでおり、定期船運賃は自由化が進んでいる。EUでは、2008年に海運同盟の競争法適用除外制度が廃止され、競争法が適用されるようになった。その結果、欧州海運同盟は解散し、運賃は自由に決定されるようになった。

日本では、海上運送法で競争法適用除外が規定されているが、諸外国と同様に海運同盟の見直しが進められてきた。国土交通省は2016年、運賃同盟については、すでにその役割が著しく低下しており、今後も運賃同盟の締結件数が減少し、国際海上輸送サービスの安定的提供に支障が生じないと判断される場合には、運賃同盟にかかる独占禁止法適用除外制度を廃止の方向で見直すと発表した。

2 船荷証券

（1）船荷証券の役割

船荷証券（B/L：Bill of Lading）は、荷送り人と船会社が個品運送契

330

約を結んだことを証明する証拠書類である。船荷証券は、海上輸送により貿易を行う際、最も重要な書類である。

船荷証券の表面に記載されている事項と裏面約款が運送契約の内容となっており、運送人の責任と義務が記載されている。前述のとおり、その内容に関しては、ヘーグ・ヴィスビー・ルールが国際条約として成立し、国内法では商法の特別法として国際海上物品運送法が制定されている。

船荷証券は、船会社の受取証、貨物の引換証、有価証券、流通証券としての性質をも持っている。船荷証券は、記載された貨物を化体（権利を有価証券の形で表すこと）しており、これらの性質によって多数の関係者を経て国際輸送を確実に行うことができる。

（2）船荷証券の記載事項

国際海上物品運送法の規定に基づく法定記載事項として、船荷証券には、以下の事項を記載して、運送人、船長または運送人の代理人が署名しなければならない。

① 運送品の種類
② 運送品の容積もしくは質量、または包装もしくは個品の数および運送品の記号
③ 外部から認められる運送品の状態
④〜⑥ 荷送り人、荷受け人、運送人の氏名または商号
⑦ 船舶の名称および国籍
⑧ 船積み港および船積みの年月日
⑨ 陸揚げ港
⑩ 運送費
⑪ 複数の船荷証券を作った場合は、その数
⑫ 作成地および作成の年月日

このほか、任意記載事項として、以下が記載される。

① 本船航海番号
② 着荷通知先

③　運賃支払い地および為替換算率

④　船荷証券番号

⑤　普通約款

⑥　特別約款

（3）船荷証券の種類

　船荷証券は、船積み方法、貨物の状態、荷受け人の表示などにより、区分される。

①　船積船荷証券（Shipped B/L）と受取船荷証券（Received B/L）

　船積船荷証券は、コンテナ船以外の在来船で、実際に船積みされたことを船会社が確認した場合に発行される。

　一方、受取船荷証券は、コンテナ貨物をコンテナ・ヤードやコンテナ・フレート・ステーション等の指定場所で船会社が受け取った場合に発行される。受取船荷証券では、貨物が船積みされたことを証明できないため、船会社が受取船荷証券面に船積みの年月日を追記し署名することで船積みを証明することがある。これを船積証明といい、船積証明により、受取船荷証券は船積船荷証券と同一に扱われる。

②　故障付き船荷証券（Foul B/L）と無故障船荷証券（Clean B/L）

　故障付き船荷証券は、船積みされた貨物の荷造り、数量等に瑕疵があり、リマーク（Remarks＝故障摘要）が記載されたものである。

　無故障船荷証券は、瑕疵なく船積みされ、証券面に故障適用がないものである。

③　指図式船荷証券（Order B/L）と記名式船荷証券（Straight B/L）

　指図式船荷証券は、船荷証券の荷受け人欄に特定荷受け人を記入せず、"Order of ○○"、"Order"のように○○あるいは荷送り人に指図されたものをいう。通常は、指図式船荷証券を発行し、白地裏書（しらじうらがき：荷送人が船荷証券の裏面に荷受け人について記載せずに署名のみすること）をして、次の権利者を指定せず流通性を確保したうえで荷為替決済を行う。

第2節●海上輸送

　一方、記名式船荷証券は、荷受け人欄に特定人が記入されたものをいい、その特定人にしか貨物の引き渡し請求権がない。流通性がないため、信用状を用いた荷為替決済では用いられず、信用状を用いない荷為替決済や送金による決済に用いられる。

（4）複合運送証券

　国際複合輸送で用いられる複合運送証券（Combined Transport Bill of Lading）は、船荷証券とほぼ同様の役割を果たしている。

　国際商業会議所では、複合運送証券を船荷証券と同様に銀行が買い取りに応じると規定しており、荷為替手形による決済で利用することができる。

（5）船荷証券の危機への対応

① 船荷証券の危機

　コンテナ化により海上輸送が迅速化すると、銀行手続を経由して届けられる船荷証券を荷受け人が入手する前に、貨物が到着する場合が生じるようになった。この場合、貨物の引換証である船荷証券がないため、荷受け人は貨物が到着していても引き取れないことになる。

　このような状況を「船荷証券の危機」と呼んでいる。

　船荷証券の危機に対処するために、「海上運送状の利用」「サレンダーB/L扱い」「保証状荷渡し」などが行われている。

② 海上運送状（Sea Waybill）

　海上運送状は、貨物の受取証と運送契約の証拠となるが、有価証券としての特性を持たない。そして、荷受け人を特定するため、すべて記名式となり、原則として記名人以外が貨物を引き取ることができないので、流通性がない。このため荷受け時には、「荷受け人が海上運送状に記載された荷受け人であること」を証明する必要がある。しかし、海上運送状を船会社へ提示する必要がないため、貨物が到着しだい引き取ることができる。

333

第8章●国際輸送

　海上運送状は、貨物引き渡しの遅延を防ぐことができるが、流通性が
ないため、信用状付き荷為替決済には不向きである。また、海上運送状
でも一定の条件を満たせば、銀行が担保として受理することが認められ
ているが、銀行はあまり買い取りを行っていない。

　このため、海上運送状は、企業グループ内取引や信頼のある相手先と
の貿易で利用される場合が多い。日本企業のグローバル化の進展ととも
に、企業グループ内の貿易で海上運送状の利用が増大する傾向にある。

③　サレンダーB/L（Surrender B/L）

　船荷証券発行後、通常の流れとは異なり、船会社が荷送り人から船荷
証券を回収した場合（元地回収）、その船荷証券を**サレンダーB/L**と呼ぶ。
船会社は引き渡し地の支店に、荷送り人は荷受け人に、それぞれ船荷証
券の内容を連絡し、船会社と荷受け人が確認して貨物を引き受ける。

　サレンダーB/Lは、記名式で作成され、荷為替手形を前提としていな
いことから、送金による代金決済の場合に用いられる。

④　保証状（Letter of Guarantee：L/G）

　保証状荷渡しは、貨物が到着していても船荷証券が入手できていない
場合に、荷受け人が保証状を船会社に提出して貨物を引き取ることをいう。

　保証状は、船荷証券なしで貨物を引き取ることによって損害が生じた
場合に、それを補償することを約束した書類である。荷受け人が保証状
を作成・署名したうえで、銀行に連帯保証してもらう必要がある。

3 コンテナ貨物の船積み

（1）FCL貨物とLCL貨物

　荷主がコンテナ輸送を利用する場合、コンテナ単位で貨物がまとまる
かどうかで、コンテナ内部への貨物の積載方法が異なる。コンテナに満
載できる場合を**FCL**（Full Container Load）貨物と呼び、コンテナ単位
に満たず他の荷主の貨物と混載する場合を**LCL**（Less than Container
Load）貨物と呼ぶ。

第2節 ● 海上輸送

FCL貨物では、荷送り人自身の手配でコンテナ詰めされ（Shipper's Pack）、コンテナ・ヤード（CY）まで輸送される。LCL貨物の場合には、コンテナ・フレート・ステーション（CFS）まで持ち込まれ、CFSオペレーターがほかの荷主のLCL貨物と混載しコンテナ詰めする（Carrier's Pack）。

（2）コンテナ・ターミナル

コンテナ輸送では、国際標準規格に基づいたコンテナを対象に機械化が進められており、**コンテナ・ターミナル**と呼ばれる専用施設でコンテナ貨物が取り扱われている。規模の経済が働くコンテナ船輸送では、競争激化とともにコンテナ船の大型化が進んでいる。基幹航路では、2万4,000TEUクラスの大型船が就航し始め、1万3,000～1万4,000TEU型が主力となっている。巨大コンテナ船が着岸できるように、コンテナ・ターミナルも巨大化が続いている。

コンテナ・ターミナルは、コンテナ船が着岸するバースごとに特定の船会社に貸し渡されている。船会社は、ターミナル・オペレーターに貨物の荷役や、貨物の受け渡し、荷さばき、コンテナ詰めなどの業務を委託している。海貨業者（海運貨物取扱業者）は、荷主の委託を受けて沿岸荷役業、はしけ運送業を行っている。海貨業者は、梱包業、倉庫業、トラック運送業、通関業などを兼営していることが一般的であり、港湾での一連の業務を請け負っている。

FCL貨物はコンテナ・ヤード、LCL貨物はコンテナ・フレート・ステーションで、それぞれ受け渡される。コンテナは、ストラドル・キャリアやヤード・トラクターによって、マーシャリング・ヤード内を移動する。コンテナ船への積卸しは、ガントリークレーンによって行われる。

（3）FCL貨物の船積み

FCL貨物の船積みにおいては、港湾施設でコンテナ詰めする場合と、内陸の工場や倉庫でコンテナ詰めする場合がある。

前者の場合には、貨物を港湾地域にある海貨業者の保税蔵置場に搬入する。海貨業者は、輸出者が作成したシッピング・インストラクション、インボイス、パッキング・リスト等に基づいて、輸出申告書と船積み書類を作成する。通関許可後に、海貨業者が貨物をコンテナに詰め込む（バンニング）ため、Forwarder's Packとも呼ぶ。海貨業者は、コンテナ貨物搬入票、コンテナ積付け票、ドック・レシートとともにコンテナ・ターミナルに保税輸送する。

コンテナ・ターミナルのゲートでは、書類やコンテナの外観に問題がなければ、ドック・レシートに署名し、コンテナ・ヤードへの搬入を許可する。コンテナ・ターミナル・オペレーターは、船積み準備のためコンテナをコンテナ・ヤードに蔵置した後、本船積込み計画に基づいて積込み順にマーシャリング・ヤードに移動する。積込み順となったコンテナは、シャーシに積載されトラクタでガントリークレーン下のエプロン（コンテナ・ヤードの岸壁部分）に移され、ガントリークレーンでコンテナ船に積み込まれる。

後者の場合には、内陸の工場や倉庫でコンテナ詰めしてから港湾にあるコンテナ・ターミナルまで輸送し、コンテナ詰めされたまま通関手続を行う。この場合を「コンテナ扱い」という。コンテナ扱いでは、コンテナ・ヤードに到着する前に輸出申告と検査（搬入前申告、搬入前検査）ができるため、NACCSで保税地域への搬入登録を行うと同時に、輸出許可になる場合がほとんどである。従来はコンテナ扱い申出書を税関に提出して承認を受ける必要があったが、2011年から申出書の提出が不要となった。ただし、輸出許可が得られない貨物が積み込まれているなど法令違反が判明すると、以後コンテナ扱いが認められなくなるので注意が必要である。

コンテナ・ターミナル到着後のコンテナ扱い貨物の流れは、保税地域で輸出許可が認められるまで蔵置されることを除けば同じである。

第2節 ● 海上輸送

（4）LCL貨物の船積み

　LCL貨物もFCL貨物と同様に、港湾施設に搬入する場合と、CFSに搬入する場合とがある。

　前者の場合には、海貨業者の保税蔵置場に搬入された貨物は、通関後にCFSに搬入される。CFSオペレーターは、ほかの荷主の貨物とコンテナに混載し、コンテナ・ヤードに搬入する。

　後者の場合には、貨物が直接CFSに搬入され、通関を行う。その後、同様にコンテナに混載され、コンテナ・ヤードに搬入される。

　コンテナ・ヤード搬入後のLCL貨物の流れは、FCL貨物と同じである。

（5）船荷証券の発行

　海貨業者は、FCL貨物やLCL貨物をコンテナ・ターミナルに搬入する際に、受取証明となるドック・レシートを受領する。海貨業者がドック・レシートを船会社に提出すると、交換に受取船荷証券が交付される。海貨業者は、交付された受取船荷証券を輸出者に送付する。

　信用状取引の場合には、船積船荷証券が要求されるため、船会社の船積証明を受けることにより船積船荷証券としての効力を持たせる。

337

第8章●国際輸送

第 **3** 節	**航空輸送**

学習のポイント

◆国際航空輸送は、2国間協定のもとで運営されており、その発展のために国際航空運送協会、国際民間航空機関が設けられている。

◆航空貨物輸送では分業体制がとられ、航空貨物代理店と利用運送事業者（フォワーダー）が重要な役割を果たしている。

◆航空貨物輸送で用いられる航空運送状は、運送契約成立を証明する重要な書類であり、航空会社が発行するMAWBと利用運送事業者が発行するHAWBとがある。

◆航空貨物運賃について、IATA運賃の果たす役割や運賃の種類、運賃適用原則などを理解する。

1 国際航空輸送制度

（1）2国間協定

　航空会社による国際航空輸送は、1944年に締結された国際民間航空条約（シカゴ条約）とそれに基づく2国間協定によって厳しく規制されてきた。「海運自由の原則」により、自由に国際輸送が行われている海上輸送と比べて、航空輸送は2国間協定の厳しい制約下で行われている。

　シカゴ条約では、領空主権が確立され、国際輸送については当事国2国間で協定を結ぶことが定められた。

　シカゴ条約に基づき、1946年に初めて締結された2国間協定が、米国とイギリス間のバミューダ協定である。バミューダ協定は、その後締結

338

された2国間協定のひな型となった。一般的な2国間協定では、当事国間で国際線に就航できる航空会社を指定し、国際航空運送協会（IATA：International Air Transport Association）が決定する運賃を当事国が認可するなどの項目が含まれている。このため、国際航空輸送への参入は指定航空会社に限られ、運賃も自由に決定できない。

規制緩和を進展させている米国は、国際航空輸送分野でも規制撤廃を提唱しており、2国間協定でもオープンスカイ協定を拡大してきた。EUは、域内航空市場を自由化したのち、他国・地域ともオープンスカイ協定を交渉している。米国とEU間、EUとASEAN間で包括的航空協定が締結されるなど、世界の航空貨物輸送市場は自由化が進んでいる。

日本は、アジアゲートウェイ構想のもとでタイ・韓国等と自由化協定を結んだのを皮切りに、2010年には成田・羽田両空港の整備と発着枠拡大を受け、米国とも航空自由化を推し進めた協定を締結した。その後、日本は航空自由化政策を拡大し、現在オープンスカイ協定を締結する国・地域は35となった。しかし、なおも成田・羽田空港の発着能力制約のため自由化を制限する条件が残されるなど、今後の空港整備が課題となっている。

（2）国際航空運送協会（IATA）

シカゴ条約では、運賃、貨物運送状、運送約款などの商業的項目については定められなかった。このため、1945年に世界の定期航空会社は、国際航空運送協会を設立した。

国際航空運送協会の目的は、安全・定期的・経済的な航空輸送を発展させること、航空会社間の協力機関となること、国際民間航空機関（ICAO：International Civil Aviation Organization）などの国際機関と協力することである。

国際航空運送協会は、運賃設定、IATA代理店制度、航空会社と利用運送事業者間の協力体制などで重要な役割を果たしてきた。しかしながら、米国政府が国際航空運送協会の運賃設定に対し、反トラスト法の適

第8章●国際輸送

用除外を疑問視するようになった。さらに、航空会社間の競争が激しくなったことや利用運送事業者が低廉な混載運賃を設定するようになったこともあり、国際航空運送協会の運賃設定は形骸化する傾向にある。

（3）国際民間航空機関（ICAO）

国際民間航空機関は、1947年に、国際民間航空の安全で秩序ある発展を目的として設立された。ICAOはシカゴ条約と不可分の関係にあり、各国はシカゴ条約を批准すると同時に国際民間航空機関に加盟することになった。2023年の加盟国は193カ国に上る。

国際民間航空機関は、安全確保、保安対策、環境対策だけでなく、運送人の民事責任、賠償限度額の設定などを行っている。航空貨物の賠償制度等を規定したモントリオール第4議定書は、国際民間航空機関が制定した条約である。

2 航空貨物代理店と利用運送事業者

（1）航空貨物輸送の分業体制

航空会社は、みずから荷主に貨物輸送サービスを販売することはまれで、ほとんどの場合、航空貨物代理店と利用運送事業者に販売業務を任せている。海上輸送では、船会社みずからが営業活動を行う場合が一般的であり、航空貨物代理店と利用運送事業者への依存は航空貨物輸送の特徴となっている。

この理由として、これまで航空会社は旅客輸送を中心に事業活動を行っており、貨物輸送に必要な集配体制を整備することが困難であったことが挙げられる。また、トラック輸送事業者などの貨物輸送事業者が、成長著しい航空貨物輸送に積極的に取り組んできたことも指摘されている。

日本の国際航空輸送では、このような分業体制が一般的であるが、米国では規制緩和後、フォワーダー（利用運送事業者）と航空会社両方の機能を備えた事業者が急成長している。このような事業者は、インテグ

340

第3節 ● 航空輸送

レーターと呼ばれ、日本発着路線も含めグローバル規模で事業を展開している。

（2）航空貨物代理店

航空貨物代理店は、航空会社を代行して集荷を行う。航空貨物代理店は、特定の航空会社を代行する場合よりも、IATA貨物代理店としてIATA加盟航空会社すべての販売業務を代行する場合が大部分である。

IATA貨物代理店として承認されるには、貨物取り扱い実績、ディプロマ（教育機関から発行される卒業証明書や業績証明書）有資格者数、財務状況などが審査される。現在の日本におけるIATA貨物代理店の数は128社である。

IATA貨物代理店は、貨物営業、梱包、ラベリング等を行って航空会社に引き渡し、その対価として手数料を収受する。直送貨物輸送（荷主が航空会社の代理店を通じて、または直接航空会社に貨物の運送を委託する輸送形態）では、荷主はIATA貨物代理店を通して航空会社と運送契約を結び、空港間の輸送を委託する。

IATA貨物代理店は、代理店契約に基づいて運送を引き受け、航空運送状を発行する。

（3）利用運送事業者（フォワーダー）

利用運送事業者は、航空会社の実運送（みずから運送を行うこと）を利用して航空貨物輸送を行う。貨物利用運送事業法（2003年改正）では、第1種と第2種とに区分されている。第1種は空港間のみで利用運送を行う事業者であり、第2種は空港間の利用運送だけでなく、空港までの集荷と空港からの配達までを含めたドア・ツー・ドア輸送を行う事業者である。通常、フォワーダーと呼ばれるのは、ドア・ツー・ドアで一貫輸送を行う第2種利用運送事業者である。

フォワーダーは、複数の荷主から小口貨物を集荷し、方面別に仕分けて大口貨物に仕立てて航空会社に輸送を委託する。仕向け地では、航空

341

第8章●国際輸送

会社から貨物を引き受けて荷受け人別に貨物を仕分け配達する。このような輸送方式を混載貨物輸送と呼ぶので、フォワーダーは混載業者とも呼ばれている。

　フォワーダーは、ドア・ツー・ドアの一貫輸送サービスを提供し、航空会社より安い運賃を設定している。集荷や配達だけでなく利用運送区間についても責任を負い、発地から着地までの一貫輸送責任を負っている。

　フォワーダーは、航空貨物代理店や通関業など、国際航空貨物輸送に関連する事業を兼営していることが多い。そして最近では、倉庫業やトラック、海運などの物流事業を兼業し、総合的な物流サービスを提供する大手事業者が増えている。

　大手フォワーダーの中には、荷主企業のロジスティクスやサプライチェーン・マネジメント（SCM）に対するニーズに対応して、サードパーティ・ロジスティクス（3PL）事業を展開している企業もある。

3　航空運送状

（1）航空運送状の役割

　航空運送状（Air Waybill）は、船荷証券と同様に、荷送り人と運送人が運送契約を結んだことを示す証拠書類であり、運送人の貨物受領書である。しかし、航空運送状は、有価証券ではなく流通性がない（Non-negotiable）。航空運送状の荷受け人は、常に記名式で発行され、到着地の空港で迅速に貨物が荷受け人に引き渡される。

　信用状（L/C：Letter of Credit）による取引では、銀行を荷受け人として発行することにより、銀行は貨物の担保をしている。真の荷受け人（貨物を最終的に受け取る人）は、航空運送状の貨物到着通知先に記入される。

　航空運送状の作成方法については、ワルソー条約が規定している。原則的には、荷送り人が航空運送状を作成し、運送人に交付することを定めている。しかし、荷送り人に代行して、運送人が作成することも認めており、

342

第3節●航空輸送

実務上は航空貨物代理店が標準化された様式に基づいて発行している。

（2）マスター・エアウェイビルとハウス・エアウェイビル

航空運送状には、航空会社（実際には航空貨物代理店）が発行するマスター・エアウェイビル（MAWB：Master Air Waybill）と、利用運送事業者が発行するハウス・エアウェイビル（HAWB：House Air Waybill）とがある。

混載貨物輸送でのHAWBは、荷主から小口貨物を受託すると、利用運送事業者がHAWBを発行する。利用運送事業者が混載貨物を仕立てて航空会社に輸送を委託すると、航空会社（実際には航空貨物代理店）がMAWBを発行する。この場合、利用運送事業者は航空会社に対しては荷主となる。

MAWBとHAWBへの記載事項は、ワルソー条約によって規定されている。具体的には、荷送り人、荷受け人、航空会社、便名、出発空港、到着空港、貨物の品目、個数・質量、運賃、取り扱い指示などであり、ほぼ共通している。

4　航空貨物運賃

（1）IATA運賃

国際航空貨物運賃は、路線ごとにIATAの決定に基づき、関係国政府に申請し、その認可を受けて発効する。両国が認可しないと発効しない場合をダブル・アプルーバル制と呼び、どちらかが認可すれば発効する場合をダブル・ディスアプルーバル制と呼んでいる。

運賃は、原則として、出発地の通貨で表示される。出発地の空港から到着地の空港までの輸送のみで、梱包、通関、保管、集荷、配達などのサービスは含まない。

IATA運賃は、同一路線のすべての航空会社で同一に設定されているが、実際の運賃水準は激しい競争のために各社が低廉な運賃を荷主に提示し

第8章●国際輸送

ている。しかし、基本的な運賃体系については、IATA運賃が基本になっていることから、その概要を以下に示す。

（2）運賃設定の地域区分

IATAでは、運賃設定や航空輸送の地域区分として、世界を3つのTraffic Conference（TC）に区分している。TC1が南北アメリカ、TC2がヨーロッパ・中近東・アフリカ、TC3がアジア・オセアニアである。この下にさらにサブエリアを設け、運賃設定の区分としている。

IATAの規則では、これらの地域間と地域内で運賃調整を行い、同一地域ではどの国からでも同一運賃を適用している。実際の運賃水準は、市場条件によって大きく変動しているが、この地域区分は輸送の地域区分や統計などでよく用いられている。

（3）運賃の種類

基本的には3種類の運賃率と各種の料金により構成される。

① 一般貨物賃率（GCR：General Cargo Rate）

一般貨物賃率は、特定品目賃率や品目分類賃率が適用されない一般品目に適用される賃率である。質量逓減制（貨物質量が重くなるほど1kg当たりの運賃率が低くなる）が、採用されている。

② 特定品目賃率（SCR：Specific Commodity Rate）

特定品目賃率は、特定区間の特定品目に適用された運賃である。賃率を割安に設定し、最低適用質量が定められ、航空貨物の利用を促進するための運賃である。

③ 品目分類賃率（CCR：Commodity Classification Rate）

品目分類賃率は、新聞、雑誌、書籍、別送品、生動物、遺体などの特定品目に適用される運賃である。

④ 従価料金

従価料金は、高価な貨物を輸送する場合に適用される運賃である。航空運送状の申告価格が1kg当たり20ドル（航空会社の責任限度額）を超

344

える場合には、超過額の一定割合が従価料金となる。

⑤　最低料金

　最低料金は、賃率に質量を乗じた運賃が一定金額に達しない場合の下限料金である。

⑥　その他料金

　前記のほか、危険物取り扱い手数料、着払い貨物取り扱い料、立て替え払い手数料、運送状作成料などの料金がある。

（4）運賃の適用原則

　運賃は、運賃率に貨物質量を乗じて計算する。運賃率については、特定品目賃率、品目分類賃率、一般貨物賃率の順に適用する。

　運賃率を適用する質量（賃率適用質量）は、貨物の実質量と、貨物の容積（貨物の最大長、最大幅、最大高さを乗じて計算）を6,000cm^{3}で割って得た容積質量とを比べ、重いほうの質量を適用する。

（5）利用運送事業運賃

　利用運送事業者は、荷主から集荷した賃率の高い小口貨物を、賃率の低い大口貨物に混載して航空会社に輸送を委託している。このように航空運賃の質量逓減制を利用して得た利益のことを、混載差益と呼んでいる。

　利用運送事業者は、航空会社に支払う運賃に集荷配達の運賃やさまざまな運営費用を加えて、利用運送事業運賃（混載運賃）を設定している。貨物利用運送事業法では、利用運送事業運賃は事後届出制とされている。荷主企業に提示される実際の利用運送事業運賃は、IATA運賃が形骸化し実勢航空運賃が低下していることに加え、利用運送事業者間の激しい競争の結果、大幅に低下している。

第8章●国際輸送

第4節 | 国際複合輸送

学習のポイント

◆国際複合輸送を引き受ける複合運送人の役割と、利用運送事業法における複合運送人の位置づけを理解する。

◆利用運送事業者の事業内容を理解したのち、NVOCCとフォワーダーの役割について理解する。

◆フォワーダーによる、さまざまな国際物流サービスやロジスティクス・サービスを理解する。

1 国際複合輸送の現状

(1) 国際複合輸送の発展

　国際複合輸送は、複数の輸送機関を組み合わせて輸送する方法であり、コンテナリゼーションとともに発展してきた。海上輸送とトラック輸送または海上輸送と鉄道輸送を組み合わせる場合がほとんどであるが、海上輸送と航空輸送を組み合わせたシー・アンド・エア輸送もある。

　内陸地域への企業進出とともに、港間のポート・ツー・ポート輸送だけでなく、内陸の工場や倉庫間を直接ドア・ツー・ドアでつなぐ国際複合輸送に対する需要が高まっている。

　輸送手段や経路によって無数の組み合わせがあるが、代表的な国際複合輸送ルートとして、北米中西部やガルフ地区、東部向けに北米西岸港を経由して鉄道を利用するルート、欧州向けのシベリア・ランド・ブリッジ、アメリカ・ランド・ブリッジなどがある。最近では、アジア内陸部への企業進出を受けてアジア主要港から内陸地までドア・ツー・ドア

第4節 ● 国際複合輸送

輸送を行うルートが注目を集めている。

なお国際複合輸送のうち、海上コンテナなどユニットロードシステム
を用いたとき、特に国際複合一貫輸送という。

（2）複合運送人

複合運送人（CTO：Combined Transport Operator）とは、複合輸送
を一貫して引き受ける運送人のことである。複合運送人は、輸送全区間
の一貫運送責任を引き受け、通し運賃を設定し、複合運送証券を発行す
ることが基本である。ただし、実際にはこれらの条件すべてを満たさな
い場合もある。

複合運送人は、コンテナ船を運航する船会社と、みずからは実運送手
段を持たない利用運送事業者とに大別される。

船会社は、荷主企業のドア・ツー・ドア輸送ニーズに対応して、複合
輸送サービスを提供している。船会社がみずから取り組む場合もあるが、
子会社として利用運送事業者を設立し、他社の海上輸送も柔軟に利用運
送して複合輸送サービスを提供している場合が多い。

（3）利用運送事業

貨物利用運送事業法では、実運送を利用運送する事業者を利用運送事
業と規定している。1990年に貨物運送取扱事業法（さらに、2003年に貨
物利用運送事業法に改正）が施行される以前は、輸送機関ごとに貨物運
送取扱事業として規定されたが、施行以降は複数の輸送機関を横断的に
統合する利用運送事業となった。利用運送事業者は、許可を得れば複数
の輸送機関を横断的に利用運送ができるようになったが、外航海運を利
用する事業者は、慣習として外航海運利用運送事業者と呼ばれている。

日本の利用運送事業者は、FCL貨物の取り扱い量では船会社にははる
かに及ばないものの、小口のLCL貨物の取り扱い量を拡大している。利
用運送事業者は、トラック輸送、倉庫事業、梱包、荷役、流通加工など
のきめ細かなサービスで優れており、複合輸送で重要な役割を果たして

347

第8章 ● 国際輸送

いる。

　利用運送事業者のうち、第2種利用運送事業は、海運や航空などの利用運送とこれに先行・後続するトラック集配により、荷主に一貫サービスを提供する事業である。第1種利用運送事業とは、第2種以外の利用運送事業と規定されている。よって、単一の輸送機関しか利用しない事業者は、第1種となる。

　第2種利用運送事業の参入については、国土交通大臣の許可が必要である。物流事業者系、船会社系、荷主系に大別され、従来は、物流事業者系、船会社系が中心であった。最近では、製造業者、商社等の荷主企業が、みずからの国際物流を効率化するために、物流子会社を通じて利用運送事業に取り組むケースが増えている。

2 NVOCCとフォワーダー

(1) NVOCC (Non-Vessel Operating Common Carrier)

　利用運送事業者は、しばしばフォワーダー、NVOCCとも呼ばれる。しかし、利用運送事業者が、日本の利用運送事業法上の事業区分であるのに対し、NVOCC、フォワーダーは外国で生まれた事業概念であるため、若干の齟齬がある。

　NVOCCは、1984年の米国海運法で規定された事業概念である。同法では、船舶を運航しない公衆運送人（Common Carrier）を指し、船会社（Vessel Operating Common Carrier）と同等の公衆運送人として認知された。同時に、船会社から大口割引運賃を引き出して利用運送できるようになったことから、集荷力の強いNVOCCは海上輸送で大きな力を持つようになった。さらにNVOCCは、海上運賃だけでなく、複合輸送のための通し運賃を定めて複合運送人としても活動している。

　NVOCCは、荷主に対しては公衆運送人であり、船会社に対しては荷主となる。荷主に対し自己の名前で複合運送証券を発行し、一貫責任を負い、通し運賃の複合一貫輸送サービスを提供している。そして、NVOCC

348

は、船会社とサービス・コントラクト（SC）を結び、低廉な海上運賃を引き出す一方で、個別の荷主から小口貨物を混載することで差益を得ている。こうした複合一貫輸送サービスの提供により、付加価値の高いドア・ツー・ドア輸送を提供している。

　このような実態を考慮すると、NVOCC業務のうち海上運送を利用運送する部分については、第1種利用運送事業に相当する。

（2）フォワーダー

　フレート・フォワーダー（Freight Forwarder）は、単純にフォワーダーと呼ばれることもあるが、その実態は複雑である。

　しばしば、利用運送事業者やNVOCCを指すこともあるが、フォワーダーはこれらを含み、さらに多様な物流やロジスティクスに関連する事業を展開している。

　フォワーダーは、欧米起源の事業区分である。フォワーダーに関する基本的な概念は共通しているものの、各国で細部の理解は異なっている。

① 米国

　米国におけるフォワーダー事業には、利用する輸送機関に応じてオーシャン・フレート・フォワーダー、エアー・フレート・フォワーダー、ドメスティック・フレート・フォワーダーがある。

　オーシャン・フレート・フォワーダーは、船会社のサービスを荷主に取り次ぐ範囲にとどまり、NVOCCとは異なり、一貫輸送責任を負わない。

② 欧州

　市場統合前の欧州では、複雑な国際輸送手続を手配し、一貫輸送を提供するフォワーダーが重要な役割を果たしていた。100年以上の歴史を持つ有力フォワーダーが活躍しており、その中には世界的な営業網を持つものもある。

　フォワーダー事業に対する規制は各国さまざまであるが、一般的に実運送業者（実際にみずから運送する輸送業者）に比べかなり緩く、自由な事業活動が行われている。ドイツでは商法で運送取扱人、フランスで

は政令で運送取扱人（Commissionnaire de transport）を規定しているが、イギリスでは規制の対象となっていない。

欧州のフォワーダーは、1992年の欧州市場統合以後、域内国境が廃止され、通関事業は縮小を余儀なくされている。このため新規事業として、国際的な展開と新サービスの開発を進めている。

③　日本

日本では、フォワーダーは事業として明確に定義されていないが、広い意味では取次業として商法で「運送取扱人」として定義されている。取次業は、利用運送事業とは異なり、運送責任を負わず、船会社に運送を取り次ぐにとどまる。

しかし、実際にフォワーダーと呼ばれる事業者は、取次業のみならず、利用運送業を中心に幅広く兼業している。

日本のフォワーダーは、（一社）国際フレイトフォワーダーズ協会（JIFFA）を設立しているが、その会員会社の事業として、外航利用運送事業、梱包、港湾運送、倉庫、自動車利用運送事業、航空利用運送事業など、多様な物流関連事業を挙げている。そのほかに、付帯的機能として、運送関係書類作成、輸送調整、スペース手配、混載、仕分け、集配、道路運送、コンテナ取り扱い、通関、保管、在庫管理、流通加工、梱包、情報処理、保険代理、金融補助などが挙げられる。

このような多種多様な事業を組み合わせることで、フォワーダーはさまざまの総合的国際物流サービスを提供している。このように荷主の多様なニーズに応えることにフォワーダーの存在意義がある。

3　フォワーダーの国際物流サービス

（1）コンテナ貨物取扱実績

外航利用運送事業の2022年度取扱実績を見ると、輸出コンテナ4,854万t、輸入コンテナ7,483万t、合計1億2,337万tとなった。合計取扱量のうち、LCL貨物が4.5％、FCL貨物が95.5％を占めている。

第4節 ● 国際複合輸送

　方面別には、中国・NIEs・ASEANを中心とするアジア地域の貨物量が増加している。2022年度における中国の占める比率は38.9％、その他アジア地域の比率は36.2％に達している。

（2）フォワーダーの海外進出

　日本のフォワーダーは、当初は荷主企業の海外展開に追随するために、また、最近ではみずからのグローバルネットワークを拡大するために、急速に海外へ進出している。日本のフォワーダーの海外進出は、1980年代に欧米地域を中心に本格化した。2000年代には、中国への進出が急増したが、最近では増加率が低下している。2010年代後半には、ベトナム、インドネシア等を中心とする東南アジアへの進出が増えている。JIFFA会員509（2022年）の海外拠点（現地法人、合弁、駐在員事務所）は、2022年には1,307拠点まで増加した。そのうち中国が354拠点を占め、東南アジア地域が527拠点となっている。

　日本のフォワーダーの海外進出では、北米への進出が最も早く、主要都市に主要フォワーダーが拠点を設置している。NVOCCまたはオーシャン・フレート・フォワーダーとして進出する場合が多く、最近では大規模倉庫・冷蔵庫の整備や内陸輸送・3国間輸送ルート（日本を含まない外国間の輸送ルート）の整備などが行われている。

　欧州への進出は、1992年の市場統合に対応して、欧州のゲートウェイとなるロッテルダムやアントワープ周辺での施設拡充が進められた。その後、沈静化したものの、欧州域内全域で倉庫などの拠点やトラック輸送網の整備が進められている。

　アジア地域への進出では、香港が中国華南地域、シンガポールがASEANの拠点として位置づけられている。このため、荷主企業が、香港やシンガポールに国際調達拠点（IPO：International Procurement Office）を設置しており、フォワーダーは、荷主企業からIPOの運営や国際的な調達・販売物流を受託している。中国へは、日系製造業者の進出が続き、フォワーダーもこれに追随した。フォワーダーの進出先は、

351

第8章 ● 国際輸送

沿海部にとどまらず内陸都市にも拠点を拡大している。最近では、貿易摩擦等のリスクに対応するため、フォワーダーは中国への進出ペースを低下させ、代わりに東南アジアへの進出が増加している。

（3）サードパーティ・ロジスティクスへの取り組み

　フォワーダーは、船舶や航空機等の資産を持たない分、キャリアに比べて柔軟なサービスを提供できる。これまでも荷主企業の要請に応え海外展開を進め、さまざまな物流サービスを提供してきた。近年、大手フォワーダーが取り組んでいるのが、サードパーティ・ロジスティクス（3PL）への取り組みである。

　3PLは、荷主企業のロジスティクスにかかわる業務を一括して受注することであり、その内容は多種多様である。たとえば、大手フォワーダーの3PLサービスでは、荷主企業とパートナーシップを築き、情報ネットワークで結んで、最適のロジスティクス・サービスを提供することを目指している。世界各地に生産拠点を受け持つ大手メーカーの調達物流の受託例では、部品調達のオーダーを受け、買い付けを代行して、梱包、通関、船積みチェックまで管理し、海外工場の生産工程に合わせ、部品をジャスト・イン・タイムで納入している。

　取り扱い品目によっては、日本の流通市場に適合させるため、検査・検品、流通加工等が求められることがある。たとえばアパレルの場合には、数回にわたり検査・検針が行われ、アイロンがけ、ハンガーつり、値札付けなどの流通加工が必要となる。このような品目特性に応じた流通加工を付加したロジスティクス・サービスを提供している事例も見られる。

352

第8章 理解度チェック

次の設問に、○×で解答しなさい（解答・解説は後段参照）。

1. インコタームズ（Incoterms）の改定によりコンテナ輸送に適合した取引条件であるFCA、CIP、CPTが導入され、従来の取引条件であるFOB、CIF、CFRは利用できなくなった。

2. 海上運送状（Sea Waybill）は、貨物の受け取り証と運送契約の証拠となるが、流通性がなく有価証券の特性を持たない。

3. 航空会社による国際航空輸送は、WTOサービス貿易自由化の枠組みにより自由化されたため、激しい国際競争が行われており、多くの航空会社が倒産している。

4. 利用運送およびこれに先行・後続するトラック集配により、荷主に一貫サービスを提供する事業は、第2種利用運送事業と規定されている。

解答・解説

1. ×
どの取引条件を用いるかは自由であり、FCA、CIP、CPTは実務上あまり利用されていない。

2. ○

3. ×
国際航空輸送は、国際民間航空条約（シカゴ条約）とそれに基づく2国間協定によって規制されている。

4. ○

第8章●国際輸送

参考文献

『エアカーゴマニュアル』ヨシワールド、2023年

（一社）国際フレイトフォワーダーズ協会『フォワーディング業務の入門手引書〔第5版〕』2021年

国土交通省海事局『海事レポート』2023年

国土交通省航空局『数字でみる航空』2023年

シッピングガイド編集局編『2023年版 国際輸送ハンドブック』オーシャンコマース、2022年

（一社）日本物流団体連合会『数字でみる物流 2023年度』日本物流団体連合会、2023年

日本貿易実務検定協会編『図解 貿易実務ハンドブック－ベーシック版〔第7版〕』日本能率協会マネジメントセンター、2020年

第 **9** 章

ロジスティクスの
社会への適応

この章のねらい

　第9章では、企業のロジスティクス活動が社会に適応するための、考え方や方法について学習する。

　第1節では、代表的な物流機能である輸送と地球温暖化ならびに大気汚染とのかかわりを概観した後、輸送分野の地球温暖化対策とモーダルシフトについて学ぶ。

　第2節では、企業が社会の一員として果たすべき社会的な責任と貢献について、SDGs、コンプライアンス（法令遵守）、CSR（企業の社会的責任）から学ぶ。

　第3節では、日本が置かれている問題として、労働力不足と自然災害を取り上げ、これらと物流との関係について学ぶ。

第9章 ● ロジスティクスの社会への適応

| 第 **1** 節 | # 環境問題と
モーダルシフト |

学習のポイント

◆企業の物流活動が、地球温暖化や大気汚染などの環境問題の
　原因となっていることを理解し、環境問題への対策について
　学ぶ。
◆輸送機関の特性を把握したうえで、地球環境問題への対策と
　して重要とされているモーダルシフトについて学ぶ。

1　輸送にかかわる環境問題

（1）貨物輸送と地球温暖化問題

①　地球温暖化問題

　地球温暖化問題は世界各国の喫緊の課題であり、京都議定書では主要
国が温室効果ガスの削減を約束した。日本は、温室効果ガスを約束期間
（2008〜2012年の5年間）に基準年（1990年）と比べ6％削減すること
を国際的に約束した。

　日本政府は、内閣総理大臣を本部長とする地球温暖化対策推進本部を
1997年に設置し、地球温暖化対策推進大綱（1998年）を閣議決定した。
「地球温暖化対策の推進に関する法律」（地球温暖化対策推進法）に基づ
き、2005年には京都議定書目標達成計画が策定され、分野別に削減目標
が示された。

　京都議定書約束期間中の温室効果ガス平均総排出量は、基準年度比で
1.4％増となった。森林吸収源対策等の吸収量および京都メカニズムクレ

356

第1節 ● 環境問題とモーダルシフト

ジット（他国での排出削減プロジェクトの実施による排出削減量等をクレジットとして取得し、自国の議定書上の約束達成に用いることができる制度）を加味すると、基準年度比8.4%減となり、京都議定書の目標を達成することができた。

2015年、新たな法的枠組みとなるパリ協定が国連で採択された。パリ協定では、世界共通の長期目標として温度上昇を2℃とするのみならず1.5℃とすることも言及された。主要国は、削減目標を5年ごとに提出・更新し、その実施状況を報告することとした（グローバル・ストックテイク）。日本政府は、パリ協定の批准を進める一方で、2016年に地球温暖化対策推進法を改正し、地球温暖化対策計画を策定した。同計画では、中期目標として2030年度に2013年度比で温暖化ガス26%削減、長期目標として2050年までに同80%削減を掲げ、各主体が取り組む施策を明らかにした。

その後、2021年4月に米政府が主催して開かれた気候変動に関する首脳会議（サミット）において、主要国は2030年に向けた温暖化ガスの排出削減目標を相次いで打ち出し、日本は2013年度比で46%減らすと表明した。日本の従来の目標は2013年度比26%削減であったから、大幅な目標の引き上げであった。この前年、菅首相（当時）は日本の温室効果ガスの排出を2050年に「実質ゼロ」にすると宣言しており、実質ゼロ達成のためにも中間に位置する2030年の削減目標の見直しがサミットに合わせて行われたものと考えられる。なお、貨物輸送部門を含む運輸部門の2030年度の温暖化ガスの削減目標は、2013年度比35%削減が掲げられた。

出所：朝日新聞デジタル　2021年4月13日 7：00
　　　Web版日経ESG　どう挑む温室効果ガス46%削減　2021年4月23日 2：00

② 貨物輸送の影響

2021年度のわが国の二酸化炭素（CO_2）排出量9億8,822万t－CO_2のうち、1億8,476万t－CO_2（18.7%）を旅客と貨物を合わせた運輸部門が占めている。運輸部門の排出量は京都議定書の基準年であった1990年度と比べて11.4%減少した。

357

図表9-1-1 ●貨物輸送部門における二酸化炭素（CO_2）排出量の推移

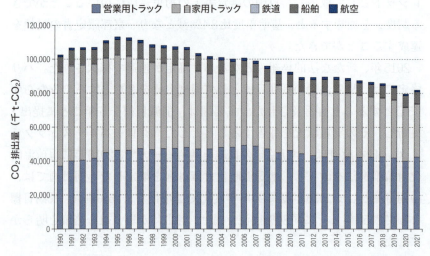

出所：国立環境研究所 温室効果ガスインベントリオフィス「日本の温室効果ガス排出量データ（1990～2021年度）確報値」より作成

2021年度の貨物輸送部門は8,188万 t－CO_2、わが国全体の8.3％、運輸部門の44.3％に相当する。輸送機関別の内訳では、約9割を貨物自動車が占め、営業用トラックと自家用トラックでその半分ずつを分け合っている。貨物輸送部門の排出量は、京都議定書の基準年であった1990年度と比べて20.1％減少した。→図表9-1-1

しかしながら、前述の2030年度の運輸部門の削減目標（2013年度比マイナス35％）を達成するためには、貨物輸送部門の削減目標をこれと同じとすると、排出量を5,817万 t－CO_2抑える必要がある。これは、2021年度の排出量8,188万 t－CO_2から2,371万 t－CO_2の削減、率にして29.0％の削減を行わねばならないことを意味している。

（2）貨物輸送による大都市の大気汚染問題

トラックの排出ガスに含まれる窒素酸化物（NOx）や粒子状物質（PM）

第1節 ● 環境問題とモーダルシフト

は、西淀川公害訴訟や東京大気汚染公害訴訟で国などの責任が認められたように、大都市幹線道路沿いを中心に環境問題を引き起こしている。これまで自動車排出ガス規制が段階的に強化され、ディーゼル大型車を中心に最新規制適合車への代替が進められてきた。一部の自治体や企業では、電気自動車、天然ガス自動車、ハイブリッド自動車などの低公害車の導入が進められてきた。

大都市圏（首都圏、大阪・兵庫圏、愛知・三重圏）では、「自動車から排出される窒素酸化物及び粒子状物質の特定地域における総量の削減等に関する特別措置法」（**自動車NOx・PM法**、2001年）により、粒子状物質も規制対象に含まれ規制適合車への代替が義務づけられた。東京都では、自動車NOx・PM法に上乗せして、都条例で基準を満たさないディーゼル車の流入規制を導入した（2003年）。他の首都圏自治体や大阪・兵庫圏の自治体も、同様なディーゼル車の流入規制を導入している。さらに2007年の自動車NOx・PM法改正により、大都市圏の中でも大気汚染が著しい地区について局地汚染対策、流入車対策が導入されてきた。

時間は前後するが、2005年には新たな「自動車NOx・PM法登録規制」が施行された。新車対策として、"トップランナー方式"という世界一厳しい新長期排出ガス規制2005（規制導入時と比較し、NOx85％削減・PM96％削減）が導入された。続いて2009年には、ポスト新長期規制（規制導入時と比較して、NOx95％削減・PM99％削減）が導入された。さらに2016年7月、車両総重量が3.5tを超えるディーゼル重量車などの排出ガス規制が強化された。「ポスト・ポスト新長期規制」と呼ばれるもので、排出ガス中に含まれる窒素酸化物（NOx）に対する規制について、これまでの「ポスト新長期規制」と比較して約4割低い水準に引き下げる規制強化が行われた。

2018年には自動車の排出ガスの測定方法が変わり、世界統一試験サイクルWLTC（Worldwide harmonized Light duty driving Test Cycle）が導入された。WLTCは、実際の運転状況に基づいて燃費や排出ガスを測定する国際的な試験サイクルであり、これによってより現実的な評価

359

が行われるようになった。

出所：環境庁ホームページ「WLTCの国内導入について」
https://www.env.go.jp/council/07air-noise/y072-53/mat%2002.pdf/02%20
%E8%B3%87%E6%96%9953-2.pdf

（3）地球環境の持続性を確保する物流の実現

　地球環境問題への対応で新たな中長期目標が示される中、荷主企業と物流事業者には、互いに連携してこれらの問題に対処し、地球環境の持続性を確保する物流を実現することが求められている。

　輸送においては、現状、使用されるエネルギーの多くを化石燃料に依存している。輸送分野の「エネルギーの使用の合理化等に関する法律（省エネルギー法）」は、貨物輸送事業者だけではなく、貨物輸送事業者に輸送を委託する製造業や通信販売業などのいわゆる「荷主」も対象とする、省エネ／低炭素化を目的とする法律である。

　また、これまでの総合物流施策大綱では、環境問題への対応が一貫して重要な課題として取り上げられてきた。物流施策大綱（2021年度〜2025年度）では、「地球環境の持続可能性を確保するための物流ネットワークの構築」が掲げられている。具体的な施策としては、モーダルシフトのさらなる推進、荷主連携による物流の効率化、各輸送モード等の低炭素化・脱炭素化の促進などが挙げられている。

① 「エネルギーの使用の合理化等に関する法律（省エネルギー法）」による取り組み促進

　従来、省エネルギー法では、輸送事業者と荷主企業の物流活動は対象外であった。同法の改正（2006年施行）により、一定規模以上の輸送事業者と荷主企業は、5年間で年平均1％以上のエネルギー使用原単位の改善が求められるようになった。

　その後、運輸部門の省エネルギー法は2018年と2023年に大きな改正が行われ、現在に至っている。

　2018年12月の改正では、荷主の定義が見直され、従来の「自らの所有権のある貨物を輸送事業者に輸送させるもの」から「貨物の所有権を問

わず契約等で輸送の方法等を決定するもの」に拡大された。これは、EC（Electronic Commerce：電子商取引）の進展による宅配便の利用件数の増大を受けたものである。

2023年4月の改正では、これまでの化石エネルギーの使用の合理化から、非化石エネルギーも含めた全エネルギーの使用の合理化、ならびに、非化石エネルギーへの転換が求められるとともに、電気の需要の最適化が促される法律に変わった。

出所：経済産業省 資源エネルギー庁「省エネ法の手引き　荷主編 − 令和4年度改正対応 −」

② モーダルシフトのさらなる推進

2019年度の輸送量当たりのCO_2排出量（トンキロベース）は、鉄道がトラックの約13分の1、船舶が約5分の1であり、引き続き低炭素化に向けて有効なモーダルシフトを推進する。

モーダルシフトについては、次項 2 で詳細に述べる。

出所：「総合物流施策大綱（2021年度〜2025年度）」2021年6月15日
https://www.mlit.go.jp/seisakutokatsu/freight/content/001409564.pdf

③ 荷主連携による物流の効率化

発荷主、物流事業者、着荷主等が連携して自動化機器やシステムなど新技術を導入し輸配送を効率化するなど、低炭素化・脱炭素化に向けた取り組みを通じて、サプライチェーン全体での省エネ化を支援する。

出所：「総合物流施策大綱（2021年度〜2025年度）」2021年6月15日

④ 各輸送モード等の低炭素化・脱炭素化の促進（輸送＋α）

物流における主要なCO_2排出源となっているトラックをはじめ、各輸送モードや倉庫等での低炭素化・脱炭素化に向けた取り組み、CNG・LNG・水素等のエネルギーへの転換を促進する。

出所：「総合物流施策大綱（2021年度〜2025年度）」2021年6月15日

2 モーダルシフトへの取り組み

(1) 輸送機関の特性

モーダルシフトとは、温室効果ガスの排出量が多い輸送手段から、少ない輸送手段に変更しようとするものであり、環境問題への重要な対応策として取り上げられている。また、少子高齢化に伴う労働力不足や、省エネルギーでも、対応策として挙げられている。なぜならば、トラックと比べて、大量輸送機関である鉄道や内航海運は、二酸化炭素排出原単位、労働生産性、エネルギー使用原単位で優れた特性を持っているからである。

1tの貨物を1km輸送する際に排出される二酸化炭素の量（二酸化炭素排出原単位）を比べると、鉄道貨物輸送は20、船舶は44であり、営業用トラックの216と比べ非常に小さな原単位となっている（2021年度）。
→図表9-1-2

(2) モーダルシフトの制約要因

モーダルシフトを制約する要因としては、いくつか挙げられる。

図表9-1-2●輸送機関別二酸化炭素排出原単位（2021年度）

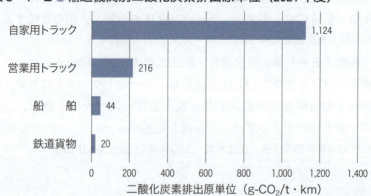

出所：(一社) 日本物流団体連合会『数字でみる物流2023年度』に一部加筆

第1節●環境問題とモーダルシフト

　第1は、輸送機関としての要因である。鉄道や船舶ではドア・ツー・ドア輸送が困難であり、駅や港湾で集配用トラックに積み替える必要があるため、その分費用や時間がかかる。さらに、輸送距離がある程度長ければ大量輸送機関の優位性が生かせるものの、幹線輸送距離が短い場合や集配距離が長い場合などには、トラックに比べ輸送時間が長く運賃が割高になる。

　第2は、輸送スケジュールによる要因である。鉄道や定期船はダイヤが定められているため、荷主が希望する日や時間帯に利用できない場合も多い。また、鉄道や定期船の運航頻度が少なく、多頻度小口輸送や納入期限を見直さざるを得ない。

　第3は、鉄道輸送の特性による要因である。鉄道輸送では、旅客鉄道会社に線路を借りているため、需要の多い路線や時間帯で輸送容量が不足している。また、鉄道で主に用いられている5tコンテナは、現在、長距離トラック輸送で用いられている10tトラックと比べて内容積が小さい。このため、貨物を鉄道で運ぶ場合には、鉄道コンテナに合わせて輸送ロットを見直す必要がある。そこで、10tトラックとほぼ同寸法の31ftが導入されているが、その数は限られている。

　第4は、自然災害などへの対応である。鉄道輸送では、災害や緊急事態による輸送障害発生時に、柔軟に代替輸送が確保できない場合がある。代替ルートでの輸送やトラックやフェリーへの代替が困難であったり、輸送中のコンテナの引き取りに時間がかかる場合もある。

（3）モーダルシフト施策

　モーダルシフト施策は、これまで、官民協力のもとで進められてきた。

　鉄道輸送については、輸送容量の拡大、ダイヤ設定の改善、31ftコンテナなどの輸送容器の拡充、高速貨物列車の導入などが行われてきた。また国際化に対応して、海上コンテナに対応した貨車の増強、大型荷役機器（トップリフター）の導入、港湾における海上コンテナの鉄道への積み替え施設の改善などが進められている。

第9章●ロジスティクスの社会への適応

　内航海運については、複合一貫輸送に対応した内貿ターミナルの整備、コンテナ船・RORO船の拡充などが行われている。港湾の中には、モーダルシフトを試みる企業に対して、補助金を支給しているところもある。

　環境に優しい製品を消費者に選択してもらうことによって、モーダルシフトを促進することも重要である。鉄道貨物や内航海運の利用に積極的で一定の基準を満たしている企業に対しては、エコレールマーク、エコシップマークを製品やパッケージ、コンテナ等に表示することが認められている。

3　企業の環境対応の取り組み

（1）ISO14001の取得

　国際標準化機構が定めるISO14001は、環境負荷を低減するための環境マネジメントシステム（EMS：Environmental Management System）である。組織がみずから環境方針および目的を定め、Plan（計画立案）、Do（実施・運用）、Check（定期的な点検）、Act（見直し）のサイクルにより、環境負荷の低減への取り組みを確立する。それを、第三者機関が審査し認証する。

（2）グリーン経営認証の取得

　（公財）交通エコロジー・モビリティ財団が認証機関となるグリーン経営認証は、グリーン経営推進マニュアルに基づいて取り組みを行っている事業者を認証する。2024年時点で、トラック事業者では4,900を超える事業所が取得している。

　グリーン経営認証は、ISO14001と比べて取得しやすく、より物流に直結したEMSである。交通エコロジー・モビリティ財団の調査によれば、グリーン経営認証を取得したトラック事業者は、認証取得による効果として、燃料費削減、職場モラル・従業員の士気向上、荷主からの評価向上を挙げている。

（3）環境報告書の作成

　環境報告書は、「事業者が事業活動における環境配慮の取り組み状況に関する説明責任を果たすとともに、利害関係者の意思決定に有用な情報を提供するためのものである」（環境省「環境報告書ガイドライン」）。環境報告書は、サステナビリティ（持続可能性）・レポートやCSR報告書なども含んでいる。多くの荷主企業や物流企業が環境報告書を作成し、公表している。

第9章●ロジスティクスの社会への適応

第 2 節 企業の社会的な責任と貢献

学習のポイント

◆物流業が社会の一員として果たすべき社会的責任について、ISO26000などから学習する。

◆企業としての責務であるコンプライアンスや、社会的貢献であるSDGsへの取り組みについても学習する。

1 企業の社会的責任

(1) 社会的責任 (Social Responsibility)

社会的責任 (Social Responsibility) とは、社会を構成する一員として、社会に与える影響に責任を持ち、持続可能な社会の実現に向けてその責務を果たすことである。

環境破壊や貧困などの社会的問題が深刻化するとともに、物流・情報などネットワークの発達によって、企業だけでなく組織や個人を含め活動が社会に与える影響はますます大きく、かつ広がっている。当初は、企業活動に着目されて、企業の社会的責任 (CSR：Corporate Social Responsibility) が問われていたが、今日では、企業以外の組織 (行政・病院・学校やNPOなど) も含めて、Social Responsibility (社会的責任) という用語が一般的である。

こうして、社会を構成する世界中のあらゆる組織に対して、社会的に責任ある行動がより強く求められるようになった。

2010年には社会的責任の国際規格であるISO26000が発効し、その後、

366

わが国でも JIS Z 26000：2012「社会的責任に関する手引」が定められた。

ここでは、ISO26000に沿って、物流業における社会的責任について述べる。

なお、ISO26000は、他のISO9000シリーズや14000シリーズのような認証規格ではない。したがって認証機関もなく、認証も取得できない。

しかし、国際間のコミュニケーションやルール決めの際に、ISO26000の考え方が取り入れられている。たとえば、わが国でも上記のようにJISで定められたほか、（一社）日本経済団体連合会では、従来から定めている企業行動指針をISO26000に沿って改定した。ISO26000は「社会的責任」についてのグローバルスタンダードといえる。

① 社会的責任を果たすメリット

社会的責任を果たす最大のメリットは、社会からの信頼を得ることにあるが、それ以外にも次のような効果が期待できる。

- ・法令違反など、社会の期待に反する行為によって、事業継続が困難になることの回避
- ・組織の評判、知名度、ブランドの向上
- ・従業員の採用・定着、士気向上、健全な労使関係への効果
- ・消費者とのトラブルの防止・削減やその他ステークホルダーとの関係向上
- ・資金調達の円滑化、販路拡大、安定的な原材料調達

② 社会的責任を果たすための「7つの原則」　→図表9-2-1

ISO26000では、社会的責任を果たすための「7つの原則」を提示している。

① 説明責任：組織の活動によって外部に与える影響を説明する。

② 透明性：組織の意思決定や活動の透明性を保つ。

③ 倫理的な行動：公平性や誠実であることなど倫理観に基づいて行動する。

④ ステークホルダーの利害の尊重：さまざまな**ステークホルダー** <u>Key Word</u> へ配慮して対応する。

367

図表9-2-1 ● ISO26000の社会的責任

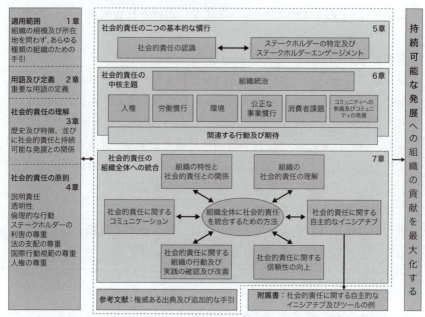

※上図に記載されている章番号は、ISO26000における章番号であり、本書の章番号とは関係ない。

出所：ISO26000国内委員会監修「ISO26000：2010 社会的責任に関する手引」

⑤ 法の支配の尊重：各国の法令を尊重し遵守する。
⑥ 国際行動規範の尊重：法律だけでなく、国際的に通用している規範を尊重する。
⑦ 人権の尊重：重要かつ普遍的である人権を尊重する。

> **Key Word**
>
> ステークホルダー──その組織と利害関係を持つ個人・組織。企業の場合、顧客や取引先（協力会社など）、株主、従業員や労働組合など以外にも、企業の事務所・工場がある地域の住民や行政などまで含まれる。

第2節 企業の社会的な責任と貢献

> **Column** **知ってて便利**
>
> 《CSR、ESG、SDGsの違い》
>
> ■CSR（企業の社会的責任：Corporate Social Responsibility）
>
> CSRとは、企業の社会的責任を意味する。企業は社会を構成する一員として社会に与える影響に責任を持ち、持続可能な社会の実現に向けてその責務を果たすことが求められている。
>
> 従業員や消費者、自然環境への配慮だけでなく、法令遵守、ステークホルダーに対する説明責任のほか、企業の環境保護活動、社会貢献活動までも含まれる（→詳細は本節1を参照のこと）。
>
> ■ESG（「Environment＝環境」「Social＝社会」「Governance＝企業統治」）
>
> それぞれの頭文字をとった言葉で、主に投資家が投資先を選定する際に重視すべき要素として提唱される用語であり、ESGを考慮した投資はESG投資と呼ばれる。具体的には、以下がESGの要素として挙げられる。投資先の側からは資金調達手段として重視される。
>
> 〔Environment〕
> ・自然生態系への配慮や、生物多様性の保護への取り組み
> ・気候変動への対応策や緩和策の実施
> ・温室効果ガス（GHG）の削減への取り組み
> ・水を含む資源の枯渇への対応　など
>
> 〔Social〕
> ・人権への配慮
> ・ジェンダー平等
> ・児童労働に加担していないか
> ・積極的な労働環境の改善　など
>
> 〔Governance〕
> ・コンプライアンス
> ・積極的な情報開示（人的資本など）
> ・社外取締役の設置
> ・役員会の独立性の担保　など
>
> ■SDGs（持続可能な開発目標：Sustainable Development Goals）
>
> SDGsは2015年に国連で採択された、持続可能な社会の実現に向けた世界共通の目標であり、2030年を目標年次としている。SDGsは環境（E）や社会（S）に配

第9章●ロジスティクスの社会への適応

> **Column**
>
> 慮した持続可能な社会を築くための「行動指針」として、17の目標で構成されている（→詳細は本節**3**を参照のこと）。
>
> 　SDGsの目標の中には、ESGと重なるものもあるので、資金調達のためにSDGsやESGを推進する企業もあり、見せかけだけの企業行動として「SDGsウォッシュ」「ESGウォッシュ」「グリーンウォッシュ」などの批判もある。

（2）社会的責任の中核主題

　組織が取り組むべき社会的責任の中核主題（Core Subjects）は、前掲図表9-2-1のように、「組織統治」「人権」「労働慣行」「環境」「公正な事業慣行」「消費者課題」「コミュニティへの参画及びコミュニティの発展」の7つである。

　それぞれについて、物流業での具体的な行動や関連法令などを例示する。関連法令は、物流業として「必須」である貨物自動車運送事業法・貨物利用運送事業法・倉庫業法などの業法は、省略する。

①　組織統治

　物流業が社会的責任を果たすためには、その目的や役割（荷主企業や物流業における物流サービスの提供など）を達成するために、有効な意思決定のしくみが重要である。②以下の6つの中核主題に取り組むときにも、組織としての統治が十分でなければならない。そのためには、監査体制の構築と適正な運営が必要とされている。

　主な関連法令には、会社法などがある。

②　人権

　すべての人に与えられた基本的権利は、大きく分けて「市民的および政治的権利」「経済的・社会的および文化的権利」がある。すべての人が性別・年齢・人種・出身地・障害の有無や身体的特徴などによって差別を受けない社会をつくるためには、企業活動に関係する社内外の人々の人権を尊重し、直接的・間接的に人権を侵害することのないよう、配慮

第2節 ● 企業の社会的な責任と貢献

することが重要である。

　最近は、各種ハラスメントの防止やD&I（ダイバーシティ＝多様性と、インクルージョン＝包摂性）として、LGBTQなどにも配慮する必要がある。

　物流業界では、さまざまな労働環境や雇用区分から、違法な長時間労働やハラスメントなどが発生している。また、女性の活用等も遅れており、これらは人権問題ともいえる。

　物流業界においても、各企業が人権を侵害していないか確認して、職場教育を進めたり、人権問題が発生した場合の速やかな改善が重要である。

　具体的には、「差別のない雇用の実施」「不当な労働条件下での労働の禁止」「女性・障害者・高齢者の雇用促進と活用」などが挙げられる。

　主な関連法令には、労働基準法、男女雇用機会均等法、障害者雇用促進法、高年齢者雇用安定法、最低賃金法、職業安定法などのほか、コラムに掲げた道路交通法などの道路関係法令もある。

③　労働慣行

Column　コーヒーブレイク

《社会的責任と交通安全》

　わが国の物流の90％以上（重量ベース）はトラックで運ばれている。トラック運送業は、公共の資産である道路を歩行者や自転車と共用して、事業を営み収益を上げている（同様に、荷主も、道路を使ってトラックに貨物を運ばせて収益を上げている）。

　歩行者・自転車などの道路上における生存権ともいえる「交通安全」の確保は、荷主・物流業界にとって、何より大きな社会的責任といえる。

　貨物自動車運送事業法の目的の1つに「輸送の安全確保」が掲げられ、重大交通事故につながることの多い「酒気帯び運転」「過積載運転」「最大速度違反運転」「過労運転」が厳しく取り締まられる理由でもある（「過積載運転」以降の3項目は、荷主勧告が発出される類型ともなっている）。

第9章 ● ロジスティクスの社会への適応

　物流業に限らず、企業は労働者を雇用し賃金を支払うことで、労働者の生活水準が維持・向上する。したがって、労働条件や労働環境などの労働慣行が、社会的責任として重視される。

　労働慣行は、直接の従業員との関係だけでなく、派遣労働者や協力会社従業員も対象となる。

　厚生労働省の立ち入り検査結果によれば、「道路貨物運送業の8割が労働基準法違反、6割が改善基準告示違反」であるが、1つには労働関連法令が周知・徹底されていないことがある。これら労働関係法令で定められた最低限の義務だけでなく、従業員（労働組合など）と協議して労働条件や労働環境を改善していくことが重要である。

　具体的には、「職場の安全環境の改善」「非正規社員の正規登用制度」「人材育成・職業訓練」などが挙げられる。

　主な関連法令には、②で掲げた法令以外に、労働安全衛生法、労働組合法、労働者派遣法、パートタイム・有期雇用労働法、育児・介護休業法、独占禁止法、下請代金支払遅延等防止法（下請法）などがある。

④　環境

　現代社会は、天然資源の枯渇、大気・水・土壌などの汚染、気候変動などさまざまな環境問題に直面している。企業を含むすべての組織は、規模にかかわらず、環境に何らかの影響を及ぼしており、環境保全も社会的責任として重視されている（→詳細は本章第1節を参照のこと）。

　前掲Column「社会的責任と交通安全」で述べたように、トラックに依存している物流は、化石燃料を多用して排気ガス等により環境負荷を発生させている。

　環境保全のためには、まず環境関係の法令・条例などを知ることが重要である。そして、省燃費・省エネルギーなど、日常の業務に取り入れやすいところからスタートさせる。

　具体的には、「資源使用量の削減・効率化（省エネルギー・省資源）」「資源の再利用・再資源化」「モーダルシフトの推進」「環境や生物多様性の保全活動」などが挙げられる。

主な関連法令には、環境基本法、廃棄物処理法、大気汚染防止法、地球温暖化対策推進法、資源有効利用促進法などがある。

⑤　公正な事業慣行

公正な事業慣行とは、単に法令遵守（→本節**2**「コンプライアンス」参照）だけでなく、企業として社会に対して倫理的な行動をとることである。

公正な事業慣行は、公正な競争のもとで実現可能となるので、まずは、独占禁止法、下請代金支払遅延等防止法（下請法）を理解し、親事業者等の義務を果たすことから始まる。

さらに、法令がない場合であっても、社会的に考えて「不正」や「不当」と思われるような行動をしないよう、企業の行動基準（企業行動指針・ステークホルダー対応指針など）をあらかじめ策定・公表することも必要である。

交通安全との関連で、「わが社は、飲酒運転を絶対しません」などと、身近な取り組み姿勢を明文化することも、その１つである。そのためには、経営トップの強い姿勢が不可欠である。

主な関連法令には、独占禁止法、下請代金支払遅延等防止法に加えて、不正競争防止法、金融商品取引法、会社法、商標法、著作権法、知的財産基本法、公益通報者保護法などがある。

⑥　消費者課題

消費者に危害・損害を与えないことは、企業の社会的責任の重要な点である。これまでに数多く発生した企業の対消費者問題のように、消費者に不信を与えると、商品やサービスが売れなくなり、企業経営に大きな影響を及ぼしかねない。

物流事業者もみずからが提供するサービスに責任を持ち、サービスが消費者に危害や損害を及ぼさないようにすることが重要である（トラックによる輸送サービスの負の側面については、前掲Column「社会的責任と交通安全」を参照）。

2009年には消費者庁が設立されたが、依然として消費者に関連する問題は数多く存在し、消費者問題に対する社会の意識は高まっているとい

第9章 ● ロジスティクスの社会への適応

えよう。

　具体的行動としては、「お客様窓口の設置・強化」「消費者とのコミュニケーション強化」「わかりやすいマニュアルの作成」「積極的な情報開示」などが挙げられる。

　主な関連法令には、景品表示法（景表法）、消費者契約法、不正競争防止法、個人情報保護法などがある。

⑦　コミュニティへの参画及びコミュニティの発展

　中核主題の最後は、「コミュニティへの参画及びコミュニティの発展」である。企業は社会的な存在であり、社会から離れては存在できない。地域の町内会や商店街から始まって、市区町村・都道府県から広くは国家まで、何らかのコミュニティに、しかも重層的に属している。

　特に、トラック運送業・倉庫業は車庫やトラックターミナル・倉庫・物流センターの立地という点で、みずからが属しているコミュニティとかかわり合いがある。したがって、コミュニティの発展・活性化のために自主的・積極的に対応して、ともに発展をしていくことが重要である。

　それは、単独企業の場合もあれば、都道府県のトラック協会・倉庫協会としての参画も考えられる。

　地域コミュニティとの関係が疎遠となり、車両の出入りや騒音など、企業と地域住民とのトラブルが生じる例もある。

　具体的には、「地域におけるボランティア活動」「地域住民との交流活動」「地域防災活動への協力」などが挙げられる。

　主な関連法令には、社会教育法やNPO法があるが、各自治体の条例等にも留意する。

（3）本業を通じたCSR

　ロジスティクスにおける社会的責任として、安全・安心、物流品質、環境対応、コンプライアンス、BCP（Business Continuity Plan＝事業継続計画）など、戦略的な取り組みが必要となる。

　これらの項目は、物流業の経営にとって欠かせないものであり、逆に

第2節 ●企業の社会的な責任と貢献

いえば、物流（機能やサービス）を提供すること自体が、社会的責任そのものであり、本業を通じた社会的責任の遂行が望まれる。

その取り組み項目の一例として、2006年に国土交通省が示した「CSRの見地からのグリーン物流推進企業マニュアル」を紹介する。これは、広範なCSR全体の中から、「環境対策」としてのグリーン物流の推進のみを取り上げているので、その他の項目は省略する。→図表9-2-2

図表9-2-2 ●物流事業者における取り組み事例

大 項 目	小 項 目
（1）組織としての取り組み	①認証取得への取り組み
	②戦略・計画の策定
	③環境報告書の作成
	④温室効果ガス排出量のモニタリング
	⑤法令遵守
（2）環境に配慮した事業活動	①共同輸配送
	②モーダルシフト
	③荷主企業に対する働きかけ
	④低公害車の導入
	⑤デジタル式タコグラフ（デジタコ）の導入
	⑥物流拠点の整理合理化
	⑦3PLによる合理化
	⑧輸配送システムの導入
	⑨エコ包装
	⑩顧客との環境コミュニケーションの実践
（3）人材の育成	①省エネ・安全運転指導
	②環境教育
（4）事業所内での取り組み	①ゴミ分別・リサイクル・減量化
	②再資源化
	③省エネ活動
	④社内コミュニケーションの活用
（5）地域社会との共生	①清掃活動
	②事業所緑化・植林
	③環境教育の実施

出所：国土交通省「CSRの見地からのグリーン物流推進企業マニュアル」2006年

第9章●ロジスティクスの社会への適応

---

2 コンプライアンス

（1）コンプライアンス（ComplianceまたはBusiness Compliance）の内容

コンプライアンス（ComplianceまたはBusiness Compliance）とは、日本では「法令遵守」と訳されるが、一般企業では「企業内の規律や社会的責任（→本節**1**「企業の社会的責任」を参照）を含めて企業倫理を守ることまでも含むもの」と理解されている。

企業は各種の一般法令その他各業種に適用される「業法」を遵守することはもちろん、従業員にもコンプライアンスを徹底させなければならない。それは、本節**1**で説明したISO26000の「7つの基本原則」の中で、「⑤　法の支配の尊重」として示されている。

コンプライアンスに違反した企業は、以下のとおり、損害賠償訴訟などによる法的責任はいうまでもなく、信用失墜による売上げ低下など社会的責任を負わなければならない。

①　民事責任

民事責任とは、貨物事故・交通事故（人身事故・物損事故）などにおける金銭的な賠償（損害賠償責任や債務不履行責任）のほか、謝罪広告の掲載など信用回復措置も含まれる。

賠償が高額になると、企業の存続自体が危うくなることも起こる。

②　刑事責任

次のように、刑法犯（交通刑法などの行政刑法）として罰金・懲役が科せられる。法人（企業）と個人（事業主・運行管理者・安全管理者など）の両方が罰せられることもある（両罰規定）。

○従業員に対する賃金未払い→労働基準法違反

○トラックドライバーに過積載運行を下命→道路交通法違反（使用者責任）

○物流センターにおける労災事故→労働安全衛生法違反

③　行政責任

企業が行政の規制（たとえば、改善基準告示）に違反した場合には、文書警告・是正勧告や、悪質な場合には業務停止処分など行政責任を問われる。トラック運送の車両使用停止や事業停止処分が該当する。

④　社会的責任（または社会的制裁）

本節■で述べたとおり、企業は社会的責任を問われる時代である。

悪質な違反行為を行った場合には、規制当局から企業名が公表されるほか、企業イメージが低下して売上げや利益の減少を招きかねない。

（2）ロジスティクスにおけるコンプライアンスとその対策

企業を取り巻く法律には、業種を問わず適用される会社法・労働基準法・道路交通法などの一般法令と、特定の業界だけに適用される法律（業法という）がある。

物流に関する業法としては、貨物自動車運送事業法・貨物利用運送事業法・倉庫業法などがある。また、食品物流については「食品衛生法」におけるHACCP（Hazard Analysis and Critical Control Point＝危害要因分析重要管理点）の義務化など、医薬品物流については「医療機器等の

図表9-2-3●会社に関する「決まり」

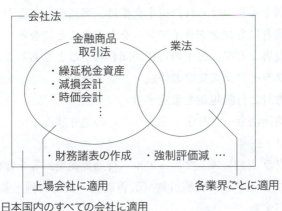

出所：小宮一慶「財務諸表を読む技術わかる技術」

第9章●ロジスティクスの社会への適応

品質、有効性及び安全性の確保等に関する法律」（通称「薬機法」）など、取り扱う品目の特性により適用される法律もある。→図表9-2-3

物流・ロジスティクスがかかわる法令は、100以上にも及ぶとされている。

企業は各種の一般法令その他各種の業法を遵守することはもちろん、従業員にもコンプライアンスを徹底させなければならない。その理由の1つには、前記の民事責任・刑事責任が従業員個人にも及ぶからである（道路交通法違反や損害賠償責任など）。

（3）コンプライアンスの対策

コンプライアンス対策は、以下のとおりである。

① 内部統制の構築

金融商品取引法（2007年）により、一定規模以上の企業は内部統制の構築が義務づけられている。内部統制とは、基本的に、業務の有効性および効率性、財務報告の信頼性、事業活動における法令等の遵守、資産の保全の4つの目的が達成されていることの合理的な保証を得るために、業務に組み込まれ、組織内のすべての者によって遂行されるプロセスをいう。

内部統制を義務づけられた荷主企業は、当然のことながら委託先である物流事業者にもコンプライアンスを求めることになる。それは、過積載や労働災害などで、荷主の責任が問われることもあることによる。

② コンプライアンス文書の作成

○倫理方針と行動規範を策定する

○現行関連法令（会社法・業法など）の遵守状況をチェックする　→図表9-2-4

○コンプライアンス・マニュアル（行動規範集）等を作成する

○コンプライアンス実施計画（改善計画・教育計画・監査計画など）を策定する

○是正計画（企業の内外からの是正指示に基づく）を策定・実行する

法令の遵守状況のチェックは、コンプライアンスの第一歩である。（公社）全日本トラック協会が国土交通省の指定機関として「貨物自動車運送適正化指導」に巡回しているのも、このコンプライアンス・チェックの1つといえる。この適正化指導で一定以上の水準に達していないと、Gマーク（安全性優良事業者証）は取得できない。

倉庫・港湾・海運などの各業界団体もコンプライアンス指導や研修、安全パトロールなどを実施しているので、各社のコンプライアンス推進

Column 知ってて便利

《主な法令（抜粋。通称）》
(1) トラック運送
  1) 業法：貨物自動車運送事業法（輸送安全規則）、貨物利用運送事業法、信書便法
  2) 運輸安全マネジメント：運輸の安全性の向上のための鉄道事業法等の一部を改正する法律（運輸安全一括法）
  3) 道路関係法規：道路法（車両制限令）、道路運送車両法、道路交通法
  4) 労働関係法規：労働基準法（改善基準）、労働安全衛生法、労働者派遣法、パートタイム・有期雇用労働法、労働契約法、男女雇用機会均等法、障害者雇用促進法、高年齢者雇用安定法、育児・介護休業法、入国管理法・外国人雇用届出など（外国人労働力対象）、最低賃金法、労働組合法、健康保険法・雇用保険法・厚生年金法、労働保険法
  5) 経済法規：独占禁止法、下請法
  6) その他：NOx・PM法等の環境関係法規、消防法等の危険物関係法規、食品衛生法、薬機法、自治体の条例など
(2) 倉庫・流通センター
  1) 業法：倉庫業法、建築基準法、都市計画法、流通業務総合効率化法
  2) 労働関係法規：トラック運送4）に同じ
  3) その他、下請法等の経済関係法規、廃棄物の処理及び清掃に関する法律（廃掃法）などの環境関係法規、消防法等の危険物関係法規、食品衛生法、薬機法、JAS法、景品表示法（景表法）、計量法、自治体の条例など

第9章●ロジスティクスの社会への適応

に活用されたい。

③ コンプライアンス体制の構築と周知徹底
○コンプライアンス担当役員・部署を設置する
○監査部門の体制を構築する
○内部通報制度を構築する（公益通報者保護法）
○コンプライアンス規定を作成し、従業員への教育訓練を実施する
○コンプライアンス違反への対応方法（社内処分など）を決めておく

④ 社外への対応
○通常時は、ステークホルダー・取引先への対応を行う
○問題が発生したときには、マスコミ・ステークホルダーへの広報を適切に行う
○新法制定や法改正には、つど迅速に対応する

コンプライアンス対策のチェックリストとして、図表9-2-4も活用されたい。

図表9-2-4●コンプライアンス・チェックリスト

① 会社として遵守すべき法令を特定しているか（重要な法令が欠落していないか）
② 法令の制定・改正に対して迅速に情報収集できる体制にあるか
③ 法令に関する専任者を社内に確保しているか
④ 法令に関する専任者を育成しているか（行政・業界の研修などを受けているか）
⑤ 法令の遵守状況を評価するしくみはあるか（監査の対象か）
⑥ 経営者・管理者は、遵守状況を把握・確認しているか
⑦ 法令違反があった場合の手順は決められ、周知徹底されているか
⑧ 法令違反があった場合には、トップまで報告されているか
⑨ 違反時の対応は適切か
⑩ 関連法令は遵守されているか

（4）コンプライアンスのコスト

コンプライアンスを推進するにはコストが必要となるが、必要経費として惜しんではならない。たとえば、物流業におけるコンプライアンスコストとしては、以下のようなコストがある。

第2節 ● 企業の社会的な責任と貢献

○安全対策費
  ・車検や定期点検等の修繕費
  ・自動車関係の保険料
  ・ドライブレコーダーなどの装着
  ・アルコールチェッカーの導入
  ・従業員教育にかかる費用
  ・運行管理の徹底にかかる費用　など
○環境対策費用
  ・環境規制に対応した車両への代替にかかる費用
  ・デジタル式運行記録計（デジタコ）の導入にかかる費用
  ・省エネ運転教育等にかかる費用
  ・産業廃棄物処理にかかる費用　など
○労働・雇用対策費用
  ・社会保険料の適正負担
  ・福利厚生にかかる費用
  ・適正な賃金の支給　など

　法令遵守（労働基準法・労働安全衛生法・道路交通法など）は最低限のコンプライアンスなので、各事業者は、労働条件・労働環境・交通環境などの改善を通じて、さらなる高みを目指さなければならない。

3 SDGs

（1）SDGsとは

　SDGsとは「Sustainable Development Goals（持続可能な開発目標）」の略称で、2015年の国連サミットで採択された国連加盟193カ国が2016年～2030年の15年間で達成するために掲げた目標である。

　そして、最も重要な理念は、「誰一人として取り残さない（leave no one behind）」ということである。

（2）SDGsの17の目標と169のターゲット

　SDGsは、17の大きな目標（ゴール）と、それらを達成するための具体的な169のターゲットで構成されている。→図表9-2-5

　たとえば、目標3「すべての人に健康と福祉を」の6番目のターゲットでは、「3.6　世界の道路交通事故による死傷者数を半減させる」というように具体的に設定されている。

　たとえば、国土交通省の「事業用自動車総合安全プラン2025」（計画期間2021～2025年度）は必ずしもSDGsと連動していないが、事故削減目標では、全体目標として「24時間死者数225人以下」と具体的に設定されている。

図表9-2-5 ● SDGsの17の目標

目標	各目標のテーマ	目標	各目標のテーマ
目標1	貧困をなくそう	目標10	人や国の不平等をなくそう
目標2	飢餓をゼロに	目標11	住み続けられるまちづくりを
目標3	すべての人に健康と福祉を	目標12	つくる責任 つかう責任
目標4	質の高い教育をみんなに	目標13	気候変動に具体的な対策を
目標5	ジェンダー平等を実現しよう	目標14	海の豊かさを守ろう
目標6	安全な水とトイレを世界中に	目標15	陸の豊かさも守ろう
目標7	エネルギーをみんなに、そしてクリーンに	目標16	平和と公正をすべての人に
目標8	働きがいも 経済成長も	目標17	パートナーシップで目標を達成しよう
目標9	産業と技術革新の基盤をつくろう		

（注）各目標のテーマは、外務省の和訳による。

（3）SDGsの進め方

　ここでは、SDGsに取り組む際の手順書であるSDGコンパス（正式には「SDG Compass－SDGsの企業行動指針－」。コンパスは羅針盤の意）を、物流業界に即して簡単に説明する。→図表9-2-6

■ステップ1．SDGsを理解する

　まず、前述の「SDGsとは何か」ということを全社員が知るステップで

図表9-2-6 ● SDGコンパス　5つのステップ

出所：GCNJ「SDGコンパス」

ある。
　企業がSDGs達成に貢献することにより、新たな事業成長の機会を見いだし、事業リスクを下げることができるということを理解する重要なステップである。
■ステップ2．優先課題を決定する
　自社の事業のバリューチェーン（→図表9-2-7）を作成し、SDGsの目標に対してポジティブあるいはネガティブな影響を与えている可能性が高い領域を特定して、事業機会や事業リスクを把握する。
　17の目標すべてが各企業に重要ではないので、限られた資源（ヒト・モノ・カネ・情報）と業種・業態に応じて、最大の効果（貢献）が期待できる領域を把握・選択するために行う。選んだ領域で指標を選択し、データ収集を行うことで、優先課題を決定する。
■ステップ3．目標を設定する
　自社の取り組み目標におけるKPI（主要業績評価指標）を設定する。

図表9-2-7 ●バリューチェーンにおけるSDGsのマッピング

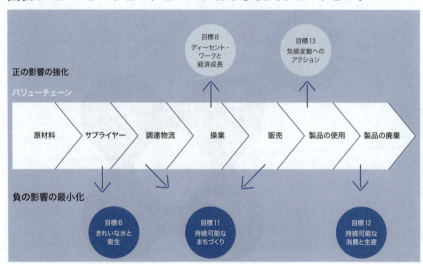

出所：図表9-2-6に同じ。マイケル・ポーター教授の「バリューチェーン」にSDGs目標を、ポジティブ・ネガティブの両影響でマッピングしている

　目標設定は、荷主や納品先等を含んだバリューチェーン全体を向上させる機会をも提供して、事業拡大に結びつく可能性がある。
　ここまでが、PDCAでいえばP（Plan）の段階である。

■ステップ４．経営へ統合する

　設定した取り組み目標や推進方法を自社の事業計画に盛り込んで、ターゲットをあらゆる部門に取り込む。そのためには、経営トップや幹部の積極的なリーダーシップがカギになる。
　まさに、実行D（Do）の段階である。

■ステップ５．報告とコミュニケーションを行う

　SDGsに関する進捗状況を定期的に、できればSDGsに関する社内報告会やレポートのようなもので、ステークホルダー（利害関係者）に報告し、コミュニケーションを行うことが重要である。
　そして、進捗度合いを確認し、翌年度（期）の取り組みに反映させる。

第2節 ● 企業の社会的な責任と貢献

C（Check）とA（Act）の段階で、以降はこのPDCAサイクルを回していくことになる。基本的には他の改善活動と同様に、会社の中でPDCAのサイクルを回すことが、SDGsに取り組むことになる。→図表9-2-7

（4）本業の延長線上での取り組み

本節**1**「企業の社会的責任」でも述べたように、物流（機能やサービス）を提供すること自体が、社会的責任そのものであり、本業を通じた社会的責任の遂行が望まれる。同様に、SDGsも本業を通じた取り組みが長く継続し、成果を生み出しやすい。

SDGsを推進すること自体を目的・目標にすると、「見せやすい＝装いやすい」「上っ面で取り組むと、かえって信用失墜になる」おそれがある。

物流・ロジスティクスにおいて、SDGsの「誰も取り残さない」という視点で考えるには、もう一度自社の事業をSDGsの17の目標に則して見つめ直す必要がある。

具体的には、自社の事業がSDGsの17の目標のどれに合致しているか検討して、SDGs目標に合致した自社の強みを伸ばす取り組みが望ましい。

図表9-2-8はSDGsの17の目標と169のターゲットから抜粋し、対策の例を示したものである。

物流業界におけるSDGsの取り組みとしては、（公社）全日本トラック協会では、「まるわかりトラック運送事業者の今すぐできるSDGs」というパンフレットを全会員に配布して、トラック運送業におけるSDGsの取り組みを推進している。

同パンフレットでは、「トラック運送業界とSDGsとの関わり」や「トラック運送事業者のSDGsへの取組みチェックリスト」「トラック運送事業者のSDGsへの取組み事例」などがわかりやすく説明されている。

また、（公社）日本ロジスティクスシステム協会（JILS）では、「『SDGs×ロジスティクス』入門ガイド」をホームページ上で公開して、ロジスティクス分野におけるSDGsの推進を働きかけている。

2030年に向かって目標を掲げて、社会へのマイナスを減らしながらプ

385

第9章●ロジスティクスの社会への適応

図表9-2-8 ● SDGsへの取り組みの例

目標7　すべての人に手頃で信頼でき、持続可能かつ近代的なエネルギーへの
　　　　アクセスを確保する
　7.3　2030年までに、世界全体のエネルギー効率の改善率を倍増させる
　　　　→燃費のよい車両に買い替える。エコドライブを推進する。

目標11　住み続けられるまちづくりを
　11.3　2030年までに、包括的かつ持続可能な都市化を促進し、すべての国々の
　　　　参加型、包摂的かつ持続可能な人間居住計画・管理の能力を強化する
　　　　→都市内の配送効率化（共同輸配送、再配達の削減等）を推進する

目標12　持続可能な生産消費形態を確保する
　12.5　2030年までに、廃棄物の発生防止、削減、再生利用及び再利用により、
　　　　廃棄物の発生を大幅に削減する
　　　　→物流・ロジスティクスにおいて3R（Reduce・Reuse・Recycle）を推
　　　　進する。具体的には、プラごみ（ストレッチフィルム等）の削減、段ボ
　　　　ールの回収・リサイクル、包装材料の適正化、グリーン購入への切り替
　　　　えなど

ラスを増やすように、本業を通じたSDGsに取り組むことが、荷主・物
流事業者を問わず、また企業の規模を問わず必要である。

第2節 ● 企業の社会的な責任と貢献

| Column | コーヒーブレイク |

《環境報告書から統合報告書へ》

　企業からステークホルダーへの情報開示としては、財務情報（損益計算書・貸借対照表・キャッシュフロー計算書）に始まり、その後、海外での企業不祥事もあって、内部統制報告書や環境報告書などの非財務情報の開示も法的に義務づけられた。

　本節でも述べたように、企業の社会的責任やコンプライアンス、SDGsが求められ、かつISOなどで規格化されるに従い、環境報告書から「環境・社会報告書」へ、そして「CSR報告書」に変化してきた。

　最近の傾向としては、財務情報と非財務情報を統合した「統合報告書」が増加しており、規制者、投資家、企業、基準設定主体、会計専門家およびNGOにより構成される国際的な連合組織である「国際統合報告評議会（IIRC：International Integrated Reporting Council）は、企業報告についての「国際統合報告フレームワーク」を定めて、統合報告書の国際的な普及を図っている。

　なお、わが国では、2023年3月決算期から大手企業には人的資本の情報開示が義務化されている。

387

第9章●ロジスティクスの社会への適応

第 **3** 節 | # 労働力問題と自然災害

学習のポイント

◆物流事業において労働力不足が深刻となっており、物流全体の改革が必要となっている。

◆東日本大震災において、被災地に物資がなかなか供給されないという問題が発生した。物流事業における災害時の対応は、重要な課題となっている。

1 労働力問題

（1）少子高齢化と労働力不足

　日本の総人口は、2010年の1億2,806万人をピークに減少しており、2023年10月1日現在、1億2,435万人となっている。国立社会保障・人口問題研究所の推計では、長期の人口減少過程に入るとされており、2031年の1億2,000万人を下回った後も減少を続け、2056年には1億人を割って9,965万人となり、2070年には8,700万人になるとされている。

　65歳以上人口は、2015年には3,379万人であったが、2025年には3,653万人になり、さらにその後も増え続け、2043年に3,953万人でピークとなり、その後は減少に転じると推計されている。

　65歳以上の者が増加する一方、生産年齢人口（15～64歳）が減少していくことが予想されている。生産年齢人口は、1995年には8,716万人であったが、2010年に8,103万人、2020年には7,509万人と減少してきており、2030年には7,076万人、2040年には6,213万人、さらに2070年には4,535万人にまで減少するとされている。このような生産年齢人口の減少は、

388

図表 9-3-1 ●日本の人口の推移と推計

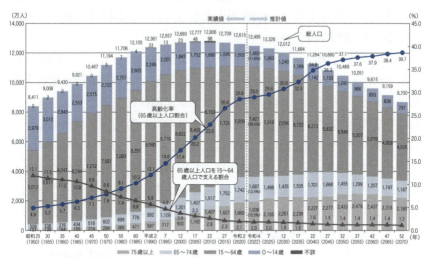

出所：内閣府「令和5年版　高齢社会白書」

労働力不足に深刻な影響を与えることが予想される。→図表 9-3-1

（2）物流事業における労働力不足
① トラック運送業におけるドライバー数の推移

物流事業においては、ドライバー、物流センター内の作業員などの労働力不足が深刻化している。トラック運送業の就業者数の推移を国勢調査で見ると、1960年は33.8万人であったのが、1970年には86.3万人、1980年に106.7万人、1990年に147.9万人、1995年には169.3万人と推移している。全就業者数に比べて、トラック運送業の伸びは顕著であった。全就業者数は、1995年をピークに、2000年以降減少に転じているのに対して、トラック運送業は、伸び率は低いものの2000年、2005年とも増加となっている。しかしながら、2005年の176.5万人をピークに、2010年は162.0万人で8.2％減、2015年は160.0万人で1.3％減となっている。2005年から2015年におけるトラック運送業の就業者数は9.4％減となっており、同期

間の全就業者数の4.2%減を大きく上回る減少幅であった。2020年のトラック運送業の就業者数は、169.7万人となっており、2015年に比べてわずかながら増加となっている。

トラック運送業のうち自動車運転従事者数の推移を見ると、1980年の64.4万人から1995年には98.0万人となっており、この間52.2%増と大幅に増加した。バブル経済期、さらにバブル崩壊後においても、自動車運転従事者数は確実に増加した。しかしながら、2000年以降は大幅に減少し、2000年の97.3万人から、2005年には88.1万人、2010年には78.4万人と、それぞれ9.5%減、11.0%減となっている。このような動向が、将来に向けての自動車運転従事者数の大幅な減少推計の根拠になっている。その後2015年は76.7万人と減少幅が減り、さらに2020年には77.9万人と若干増加している。→図表9-3-2

トラック運送業就業者数を年齢別に見ると、平均年齢は2000年が41.6歳であったのが、2010年には45.0歳、2020年には48.3歳となっており、高齢化が顕著であり、2025年には平均年齢が50歳代になることが予想さ

図表9-3-2 ●トラック運送業の就業者数と自動車運転従事者数の推移（人）

出所：国勢調査より作成

第3節 ● 労働力問題と自然災害

れる。厚生労働省の賃金構造基本統計調査においても、営業用大型貨物自動車運転者の平均年齢は2010年の45.2歳から2022年は49.7歳、営業用貨物自動車運転者（大型車を除く）の平均年齢は2010年の42.0歳から2022年は47.2歳となっている。

② ドライバーの過不足状況

自動車運転職（ドライバー）の有効求人倍率について見ると、2003年度までは1.0を下回り人手過剰の状態であったが、2007年度には1.56まで上昇した。リーマンショックにより2009年度、2010年度だけは、1.0を下回ったが、2010年、2011年は過不足感がほぼない状態で推移した。2013年後半は消費税率引き上げの駆け込み需要があり、人手不足が顕在化した。その後、2015年度以降は2.0を超え、2018年度が3.01、2019年度が3.05と、非常に高い数値となっている。ドライバーは募集しても集まらない状況が続いている。なお、2020年度はコロナ禍の影響があり、2.0前後で推移している。→図表9-3-3

このように有効求人倍率が高いのと同時に、ドライバーの求職者については、高齢化が急速に進展している。ドライバーでは、60代以上の比率が、2012年度は27.3％であったのが、2020年度は39.8％にまで拡大している。さらに50代以上になると、同じく50.2％から67.4％となっており、ドライバーにおいては、50代以上しか求人ができないという状況にある。そして、20代以下は、7.6％であったのが、5.0％にまで減少している。ドライバーに新しく若い人が入職して、年齢構成が変わることはなく、かつ求職数自体も減っていることから、今後、労働力不足がますます深刻化することが予想される。→図表9-3-4

③ ドライバー需給の将来推計

将来的にドライバー供給が減少し、需給バランスが崩れるという推計については、複数の研究所等が発表している。NX総合研究所は、ドライバー不足により、2030年には輸送能力の19.5％（5.4億t）が不足するとしている。さらに、2024年問題の時間外労働の上限規制の影響と合わせて、輸送能力の34.1％（9.4億t）が不足する可能性があると推計してい

図表9-3-3 ● 有効求人倍率の推移

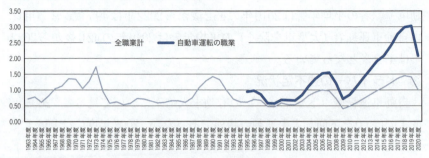

出所：厚生労働省「一般職業紹介状況」より作成

図表9-3-4 ● 自動車運転の職業の求職数年齢別割合の推移

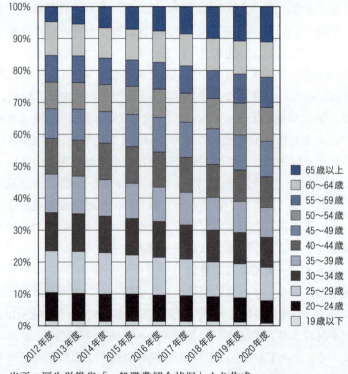

出所：厚生労働省「一般職業紹介状況」より作成

第3節 ● 労働力問題と自然災害

る。野村総合研究所はドライバー数不足により、需要に対して、供給が2025年で10％、2030年で19％不足するとしている。さらに、「物流の2024年問題」を加味すると、2025年で28％、2030年で35％不足するとしている。このように、複数の推計で、約3割の供給不足が見込まれている。

（3）ドライバー不足への対応

① ドライバー不足の背景

　現在、発生しているドライバー不足問題の背景として、生産年齢人口の減少により、労働力確保が難しくなっていること、さらに、物流業界が抱える長い労働時間、安い賃金、人手による作業内容といった問題により、特に若い人がドライバーになりたがらないということがある。トラックドライバーの年間労働時間は、全産業平均と比較して長時間となっており、かつトラック運送業の賃金水準は全産業平均に比べて低い水準で推移している。このため、若い人にとってトラックドライバーは魅力的な職業となっていないといえる。

　（公社）全日本トラック協会によれば、2022年のドライバーの月間労働時間は、営業用大型貨物自動車で2,568時間、営業用貨物自動車（大型車を除く）で2,478時間となっている。産業計の2,124時間を大きく上回っており、ドライバーの長時間労働の解消が大きな課題といえる。一方で、最近の働き方改革の動向は、ドライバー不足問題をますます深刻なものにする可能性がある。ドライバーの長時間労働によって、物流業務が支えられてきた実態がある。労働環境が見直されるなか、従来のような形でサービスを提供することが困難となってきている。また長期的に見ると、さらなる労働時間短縮を求められることも予想される。

　ドライバーの年間収入の推移を見ると、営業用大型貨物自動車（男）では2001年が468.1万円であったが、2010年には405.4万円となっており、この間、13.4％減少している。2010年が底となり増加傾向に転じ、2021年には462.3万円まで増加している。営業用普通・小型貨物自動車（男）についても、2001年が432.1万円であったが、2009年には369.1万円とな

第9章●ロジスティクスの社会への適応

っており、この間、14.6％減少している。その後増加傾向に転じ、2021年には430.6万円まで増加している。このように年間収入については、2000年代は減少していたが、最近は増加傾向にある。

全産業の年間収入は、2021年では489.3万円なのに対して、大型貨物自動車は463.2万円、普通・小型貨物自動車は430.6万円となっている。ドライバーの年間収入の上昇率は高いものの、依然として、安い賃金となっている。

企業規模別に見た場合、年間収入には差異がある。営業用大型貨物自動車（男）では、2021年の年間収入は1,000人以上企業では537.9万円なのに対して、10〜99人では444.6万円と0.83倍となっている。2000年代は0.8倍前後で推移していた。2018年までは両者の差異は縮まる傾向にあったが、2020年、2021年と差異が広がっている。営業用普通・小型貨物自動車（男）では、2021年の年間収入は1,000人以上では485.9万円なのに対して、10〜99人では385.3万円と0.79倍となっている。2000年代から0.8倍前後で推移しており、両者の差異は縮まる傾向は見られない。

② 適正な運賃確保に向けての対応

年間収入が安いことがドライバーのなり手がいない原因ともなっており、そのためには適正な運賃確保が必要となる。国土交通省は、改正貨物自動車運送事業法により設けられた「標準的な運賃の告示制度」に基づき、2020年4月に標準的な運賃を告示した。法令を遵守して持続的に事業を運営する際の参考となる運賃を示すことにより、トラック運送業における取引の適正化・労働条件の改善を促進しようというものである。なお、「標準的な運賃」は、2024年4月に改正告示された。

③ 労働時間短縮に向けての対応

国土交通省の調査によれば、荷待ち時間がある運行においては、1運行は12時間26分となっており、その内訳は運転時間が6時間43分、休憩時間が1時間58分なのに対して、荷待ち時間が1時間34分、荷役時間が1時間29分となっている。拘束時間には、**荷待ち時間**（荷物の積卸しのために待機している時間等）も含まれ、荷物を届けに行っても、荷物

第3節 ● 労働力問題と自然災害

を卸すまでに長時間待たされるといったことが常態化している。荷主の都合により発生する荷待ちが長く発生しており、それをいかに削減するかが大きな問題となっている。

荷待ち時間については、トラック受付予約システムを導入して、ドライバーがあらかじめ時間を指定して納入することができるようにし、荷待ち時間を削減している事例も多くなっている。

また、納品等に要する時間が長いことも問題となるが、最も大きい原因は、手積み手卸しである。パレットを利用し、フォークリフトで積卸しをした場合、15分程度で済むのに対して、手積み手卸しをした場合、10tトラックでは積卸しのそれぞれの作業に2時間程度かかる。導入促進に向けて、パレットの標準化、段ボール箱サイズの見直しなど、導入促進に向けて検討が進んでいる。

④　効率化・生産性向上に向けての対応

物流の効率化が遅れ、生産性が低いことが、ドライバー不足に拍車をかけている。しかしながら、物流事業者だけが改善しようとしても解決できないというところに大きな問題がある。

物流事業者は中小企業も多く、効率化・生産性向上に向けた取り組みが遅れているという側面がある。そして大きな問題は、商慣行なども含めた現状の物流条件が、効率化・生産性を阻害するものとなっていることである。物流現場では、短いリードタイム、多頻度小口、厳しい時間指定といった物流条件を要求され、さらに納品時の積卸し、検品、さらにさまざまな付帯作業が要求されることも多く、効率が悪く、生産性が低いのが実態である。このことがドライバー不足を深刻化させている。

物流事業者は、発荷主企業、着荷主企業と連携して、物流条件の見直しを図っていくことが重要である。

395

2 災害問題

（1）自然災害による物流の課題

　東日本大震災（2011（平成23）年３月11日）において、被災地避難所向けの緊急支援物資供給が混乱し、物資が不足する、あるいは望む生活物資がなかなか届かないという問題が発生した。国、地方自治体、民間企業がさまざまな努力をして、物資供給を実施したものの、災害時の物流システムの脆弱性が顕在化すると同時に、その重要性が改めて認識された。東日本大震災においては、被災地へ緊急支援物資が届かないということだけでなく、被災地外においても、店舗での欠品が多く発生するなどの問題が発生した。さらに、サプライチェーンの途絶も大きな問題となった。原材料、部品などが不足し、その結果、長期間にわたって生産が停止するという事態が起きた。

　東日本大震災では、一部の地域で生活物資が不足した理由としては、①津波による食料品や生活物資の在庫流失、②物資の保管や仕分けでの混乱、③流通業者のデータの破損、④工場や倉庫での製造機械や搬送機器の破損、⑤車両・燃料・ドライバー不足、などが挙げられる。熊本地震（2016（平成28）年４月16日）では、①避難所への仕分け、②指定外避難所の把握、③配送時の交通渋滞、④個人や企業による大量な義援物資、などにより混乱が起きた。

　このように、災害時に緊急支援物資を被災地に送るとしても、そこにはさまざまな障害が起きることは、過去の事例が示している。

（2）被災地への緊急支援物資の供給

　国による緊急支援物資供給は、全国から被災地の都道府県、政令指定都市の１次物資拠点（広域物資輸送拠点）、市区町村の２次物資拠点（地域内輸送拠点）、避難所という流れとなる。国は、都道府県、政令指定都市から要請された物資を調達し、１次物資拠点まで輸送する。都道府県、政令指定都市は、１次物資拠点から市区町村の２次物資拠点へ輸送、市

区町村は2次物資拠点から避難所へ輸送する。東日本大震災、熊本地震においては、1次物資拠点から2次物資拠点、そして避難所に向けてのラストワンマイルに大きな課題が残った。

全国から被災地の1次物資拠点、2次物資拠点、避難所という流れが一貫して行われることが重要であり、避難所の需要に対して必要な物資、必要な量を必要なタイミングで供給するロジスティクスになっていないというのが大きな課題となっている。被災地外から1次物資拠点までは国の役割、1次物資拠点から2次物資拠点までは都道府県の役割、さらに2次物資拠点から避難所までは市区町村の役割と、分断されているという問題がある。

緊急支援物資供給は、従来は被災した地方自治体からの要請により、国が供給するというPULL型のしくみであった。しかしながら、東日本大震災では、被災した地方自治体での情報収集が混乱し、国への要請が遅れることとなった。そこで、国は県からの要請を待たずに物資を確保し、県の1次物資拠点にPUSH型で供給することとした。しかしながら、県は情報が混乱し、かつ当初想定していた1次物資拠点が被災し、使用できなかったこともあり、県の1次物資拠点に物資が供給されても、物資が滞留し、市町村の物資拠点、避難所に物資が到着するのに手間取るという状況が発生した。その後、民間物流事業者の施設を物資拠点として利用し、物流専門家が派遣されるなどによって、徐々に回復していった。

東日本大震災以降、PUSH型供給の明確化、官民連携の重要性が特にいわれた。官民連携については、2013年6月の災害対策基本法の改正により、民間事業者の責務が明確に位置づけられた。同法によれば、「東日本大震災では、災害応急対策等に関し多くの民間事業者の協力があったが、本法に基づく指定公共機関等以外の民間事業者は、これまで法律上、住民としての責務を有するに過ぎなかった。このため、災害応急対策等に関する事業者の責務として、災害発生時における事業活動の継続的実施並びに国及び地方公共団体が実施する防災に関する施策への協力に努めることを規定し、官民が一体となって災害対策に取り組むことを明ら

第9章●ロジスティクスの社会への適応

かにしたものである。また、国及び地方公共団体等は、災害応急対策又は災害復旧についての協力を得ることを必要とする事態に備え、物資供給事業者等（災害応急対策又は災害復旧に必要な物資若しくは資材又は役務の提供を業とする者その他災害応急対策又は災害復旧に関する活動を行う民間の団体をいう。）との協定の締結その他必要な措置を講ずるよう努めることとしたものである」としている。これはその後、各地方自治体の地域防災計画にも反映されている。

　また、都道府県と各都道府県トラック協会の間では、災害協定がすでに締結されている場合が多かったが、東日本大震災以降は倉庫協会との間での災害協定締結が進んでいる。さらに災害対策基本法において、指定公共機関を設定しており、具体的には国立研究開発法人、日本銀行、日本赤十字社、日本放送協会、石油会社、高速道路会社、空港会社、旅客鉄道会社、電力会社、ガス会社、電話会社、日本郵便、さらに物流事業者が指定されている。物流事業者については、従来は1社だけであったが、2013年以降複数の物流事業者、（公社）全日本トラック協会が追加して指定されている。指定公共機関は、災害対策基本法によれば、「災害対策基本法の基本理念にのっとり、防災に関する計画を作成し、実施するとともに、業務について、当該都道府県又は市町村に対し、協力する責務を有する。さらに、その業務の公共性または公益性にかんがみ、それぞれその業務を通じて防災に寄与しなければならない」としている。さらに国土交通省は、災害発生時の物資拠点として利用可能な民間物流施設のリストアップを進め、2022年度には、全国で1,755カ所となっている。

3　企業の防災対策（BCP）

（1）企業の防災対策（BCP）の考え方

　BCP（Business Continuity Planning＝事業継続計画）とは、「企業が災害や事故等、事業や業務を通常通り続けていくことができなくなるリスクや危機が発生した際に、いかに必要最低限の業務を継続し、かつ短

時間で乗り切るかのための計画」である。企業においては、防災対策として、BCP策定が重要とされている。

(一社)日本物流団体連合会の「自然災害時における物流業のBCP作成ガイドライン」をもとに、物流事業者のBCPの作成の基本的な考え方をまとめると以下のようになる。

・自社の営業をいかに早期に開始し、できるだけ短期間で通常どおりに戻すか。事業をいかに存続させるか。
・緊急物資輸送など社会から求められる物流機能をいかに担うことができるか。
・顧客のサプライチェーン（物流システム）をいかに確保するか、早期に復旧するか。

この3つの視点から早期に事業を行うことができる体制を、あらかじめ準備しておくことが重要である。災害等が発生した際に、BCPをもとに行動することによって、"許容限界以上のレベル"で"許容される期間内"により短期間で操業度を復旧させることとなる。→図表9-3-5

図表9-3-5●事業継続計画の概念

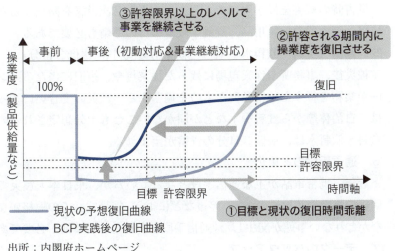

出所：内閣府ホームページ

（2）事前の予防対策（被害緩和（減災）対策）

　自然災害等による災害に対して、あらかじめ準備を行っておくことは、被害を緩和するためにも重要である。事前の防災対策として、以下の項目がある。

　①　ハザードマップ（最新版）等で事業所や施設の危険度を把握

　　自社の重要業務に与える被害程度を想定し、実際に直面する事態の見込みを持つことが必要である。そのために、自社の事業所や施設などが災害に遭遇する危険度について情報を収集する。

　②　必要に応じて防災対策（耐震・遮水・荷崩れ防止等）を実施

　　危険度に関する情報収集の結果、事業所の建物や物流施設などが、耐震性の面で「倒壊の危険性あり」「倒壊しないが使用不能」「軽微な補修が必要」「ほぼ無傷」などの予想される状況に応じ、事前に耐震対策を講じておくことが必要である。

　③　構内・事務所の整理・整頓

　　地震や洪水などの被害をできるだけ軽減するためには、物流施設の構内や事務所の整理・整頓も重要となる。

　④　消火器、救急用品、避難・救難機材の準備

　　災害時の被害を最小限にできるよう、また2次災害を防止するためには、消火器や救急用品、避難・救難機材の準備も必要である。

　⑤　備蓄（食料・飲料水・毛布・救急用資機材等　最低3日分）

　　被災後、事務所や作業現場に残った従業員や、復旧に当たるメンバーが業務を行うために必要なものを備蓄する。被災の度合いによっては、自治体等から食料や水などが届かないことも十分想定されるので、食料・飲料水は、最低3日分の備蓄が望まれる。

　⑥　通信手段の多重化

　　近年、携帯電話が主な通信手段となっているが、東日本大震災では、回線の集中や基地局の被害、停電などにより、携帯電話での連絡がなかなかとれない事態が発生した。通信手段を多重化する準備が必要である。

　⑦　データのバックアップ

第3節 ● 労働力問題と自然災害

　事業継続のためには、業務等に必要な重要書類や電子データのバックアップも重要である。バックアップは、まず必要なデータを確認・判断し、どのような方法でバックアップをとるかを考え、事務所以外の場所に定期的に保管することが望まれる。

⑧　事務所・車両・倉庫など重要代替拠点・設備の確保

　物流業務を継続する場合に、必要な「事務所」「車両」「倉庫などの施設」などのハード面の被害がある場合には、その代替や補完をする必要がある。

（3）災害発生直後の応急対策（初動およびBCP対応）

　災害発生時には、何より「人命が最優先」であることを確認する必要がある。東日本大震災では、会社や仕事、車や荷物を守ろうとしたために、逃げ遅れて被害にあってしまったケースがあり、発災後は、「人命が最優先」として行動することが重要である。

①　避難【人命が最優先】

　被災時には、まず「人命が最優先」である。関係者全員が、あらかじめ想定していた事務所や物流施設などの安全性と災害の状況、今後の2次災害を警戒し、死傷事故にならないように、避難する。

②　発災報告・災害対策本部の設置・BCPの発動

　社内の"災害対策本部を開設"し、状況に応じて"BCPを発動"する。BCPの発動の権限者をあらかじめ決めておくが、発動権限者不在の場合にも対応できるようにする。BCPの発動基準もあらかじめ定めておく必要がある。

③　安否確認

　従業員ならびにその家族の安否確認は、その手段をあらかじめ決めておき、それに基づき行う。物流業の場合、事務所や物流施設など決まったエリア内で従事している従業員だけではないため、日ごろから、"社員リスト"および"緊急連絡網"を用意し、いつでも連絡をとれる体制を整備しておく必要がある。

401

④　被害把握（建物・車両等）

　現在の被災状況（従業員、車両・機材・施設等）を把握し、情報を災害対策本部に集約する。"車両・機材・施設リスト"を用意し、被災状況を記録できる体制を整備しておく必要がある。

⑤　社内報告

　社内の被災情報を集約し、対策を講じる準備を始める。

⑥　従業員招集

　従業員の招集は、施設自体の安全性や施設までの交通手段や道路状況などの情報を確認のうえ、安全だと判断できた段階で招集する。従業員を招集するにあたっては、招集時の移動手段の確保やその支援も行う。

⑦　関係先への連絡（顧客・行政・業界団体）

　業務の復旧・再開に向け、関係先との連絡をとり、被災状況や業務の発生状況などの情報を収集し、災害対策本部に集約する。

⑧　社内での応援・支援体制の整備

　被災の状況によっては、被災地外から応援、支援物資を届けるなど、社内の応援・支援体制を整備し、実施する。

⑨　業務復旧

　被災の状況と、あらかじめ想定しておいた"事務所・車庫・倉庫など重要代替拠点・設備の確保"などを勘案し、業務の復旧に入る。

（4）復旧対策

①　重要業務・物流サービス提供の優先順位の設定

　限られた経営資源や戦力を使って、どの業務を優先して行うかの順位を設定する必要がある。

②　燃料確保

　東日本大震災時には、物流業務に欠かせない軽油や重油、ガソリンなどの燃料が確保できず、業務が行えない事態が多く発生した。燃料の確保は、物流業務の復旧にきわめて重要な条件となる。

第3節 ● 労働力問題と自然災害

③　施設の復旧

　施設の復旧は、大きな費用と時間を要する。東日本大震災では、津波による倉庫被害と同時に、地震による被害を受けた自動倉庫は、復旧に時間を要した。

④　その他物流現場での工夫

　誰でも乗れる自転車や、普通免許保有者であれば乗れる50ccの原動機付き自転車（原付きバイク）を常備しておくことも有効である。

⑤　資金対策

　災害からの復旧にあたっては、即座にキャッシュ（現金）が必要になるケースが多くある。自社のキャッシュフローをもとに、適当な手元資金を準備しておくことが望まれる。

（5）平時からの準備

BCPの運用にあたっては、平時から準備しておくことが重要である。

①　「想定外」を「想定」する（リスクマネジメント）

　「想定外」を「想定」する"リスクマネジメント"を継続することが重要である。想定に対する対策を、シミュレーションしておくことが重要となる。

②　定期的な訓練や反復実施を継続する

　BCPは、経営者、従業員がともに身につくまで社内で定期的な訓練を反復実施することが重要である。

③　BCPの継続的な見直し

　BCPは、想定に対する対策のシミュレーション結果や、他の地域で起こった最新の災害とその教訓などを、自社のBCPに織り込み、より実効性のあるBCPへと継続的に見直し、バージョンアップしていくことが重要である。

　なお、災害発生時には、荷主と物流事業者の連携が欠かせない。そのためには、BCP策定時にも、荷主と物流事業者が連携していくことが重要なことから、国土交通省は、「荷主と物流事業者が連携したBCP

403

第9章●ロジスティクスの社会への適応

策定のためのガイドライン」を公表している。

第9章 ● 理解度チェック

第9章　理解度チェック

次の設問に、○×で解答しなさい（解答・解説は後段参照）。

1　2021年度の貨物輸送部門からの二酸化炭素排出量の内訳で最も多いのは、トラック輸送である。

2　1tの貨物を1km輸送する際に排出される二酸化炭素の量（二酸化炭素排出原単位）を見ると、鉄道貨物よりも船舶のほうが小さい。

3　ドライバーの不足をはじめとする物流に関する人手不足の解消のために、賃金の上昇、労働時間の削減、生産性の向上などの対策が考えられている。

解答・解説

1　○
2021年度の貨物輸送部門からの二酸化炭素排出量の内訳を見ると、営業用と自家用を合わせたトラックが約9割を占めている。

2　×
二酸化炭素排出原単位を見ると、鉄道貨物は20、船舶は44であり、鉄道のほうが小さい。

3　○
政府においても、物流分野の人手不足解消のために、さまざまな対策が考えられている。

参考文献

国土交通省『総合物流施策大綱（2013-2017）』2013年

国土交通省『総合物流施策大綱（2021年度～2025年度）』2021年

国土交通省『CSRの見地からのグリーン物流推進企業マニュアル』2006年

(一社)日本物流団体連合会「数字でみる物流2023年度版」2024年

「新物流実務事典」編集委員会編『新物流実務事典』産業調査会事典出版センター、2005年

苦瀬博仁編著『ロジスティクス概論〔増補改訂版〕』白桃書房、2021年

苦瀬博仁『ソーシャル・ロジスティクス』白桃書房、2022年

岡本亨二『CSR入門』日本経済新聞出版、2004年

高　巌『コンプライアンスの知識〔第3版〕』日本経済新聞出版、2017年

村上芽・渡辺珠子『SDGs入門』日本経済新聞出版、2019年

(公社)日本ロジスティクスシステム協会監修『基本ロジスティクス用語辞典〔第3版〕』白桃書房、2009年

ISO/SR国内委員会監修、日本規格協会編「ISO26000：2010　社会的責任に関する手引」日本規格協会、2011年

(公社)全日本トラック協会「まるわかりトラック運送事業者の今すぐできるSDGs」2022年

(公社)日本ロジスティクスシステム協会「SDGs×ロジスティクス入門ガイド」2022年

索引

[あ]

アウトソーシング 257
安全配慮義務 25
安全保障貿易管理 321

[い]

一貫パレチゼーション 55
インコタームズ 318
インテグレーター .... 229、311

[う]

受取船荷証券 332
売上高物流費比率 265
運行三費 267
運搬活性支数分析 176
運搬工程分析 176
運搬分析 175

[え]

営業用トラック 256
エコシップマーク 364
エコドライブ 222
エコレールマーク 364

[お]

欧州連合（EU） 311
オーダー別ピッキング（摘み取り方式）
.... 120
オペレーション .... 22、158
オペレーションミス 158

[か]

カート表示式デジタルピッキング方式
.... 124
海運改革法 330

海運同盟 329
外航貨物輸送 226
回収物流 17
海上運送状 333
外力 30
貸切便（チャーター便） 219
活動基準原価計算 190
カテゴリー納品 106
火薬類取締法 297
ガントリークレーン 64
管理図 169

[き]

企業の社会的責任（CSR） 366
危険物 296
危険物取扱者 296
危険予知訓練（KYT） 200
技能講習 204
機能別物流費比率 265
キャッチオール規制 321
キャリア 229
求車求貨システム 278
供給率（アベイラビリティ） 249
共通値札 141
共同配送 282
共同輸送 280
京都議定書 356
緊急支援物資供給 396

[く]

グラフ 166
グリーン経営認証 364
クロスドッキング 138

[け]

経済性評価 178
経路の分析 101
検品作業 141

検品（出庫時）情報システム ········ 148

[こ]

高圧ガス ······························ 296
高圧ガス移動監視者 ············ 296、297
航海過失 ······························ 316
航空運送状（Air Waybill）··········· 342
航空貨物代理店 ······················ 341
航空貨物輸送 ························· 229
工程分析 ····························· 186
国際海上物品運送法 ··········· 317、331
国際航空運送協会（IATA）··········· 339
国際航空貨物 ························· 229
国際商業会議所 ······················ 318
国際調達拠点（IPO）················ 351
国際複合輸送 ························· 346
国際フレイトフォワーダーズ協会
（JIFFA）························· 350
国際民間航空機関（ICAO）······ 339、340
国際民間航空条約 ···················· 338
国内航空貨物 ························· 229
国連国際物品複合運送条約 ·········· 317
個品運送契約 ························· 326
混載業者 ····························· 342
混載差益 ····························· 345
コンテナ扱い ························· 336
コンテナ・ターミナル ··············· 335
コンテナ・フレート・ステーション
································ 320
コンテナリゼーション ················ 64
コンプライアンス ···················· 376
梱包用木材の輸入規制 ················ 70

[さ]

サードパーティ・ロジスティクス
（3PL）······················ 258、352
在庫管理 ····························· 127
サステナビリティ ···················· 365

サステナブル・ロジスティクス ········ 6
サプライチェーン ····················· 6
サプライチェーン・マネジメント（SCM）
································ 106
サレンダーB/L ······················ 334
散布図 ······························· 167

[し]

自営転換 ····························· 257
シカゴ条約 ··························· 338
自家用トラック ······················ 256
時間の分析 ··························· 105
事業協同組合 ························· 291
事業用自動車総合安全プラン2025 ··· 382
事前出荷通知（ASN）················ 138
指定値札 ····························· 141
自動車NOx・PM法 ················· 359
自動車貨物輸送 ······················ 218
シミュレーション ···················· 177
社会的責任 ··························· 366
ジャスト・イン・タイム（JIT）····· 261
社内物流 ······························ 16
州際通商委員会 ······················ 308
出荷検品 ····························· 141
ショアリング ························· 69
定温物流 ····························· 295
上下分離 ····························· 313
小集団活動 ··························· 163
消費者包装 ··························· 29
商品包装（個装）作業 ··············· 140
静脈物流 ······························ 17
商流ネットワーク ····················· 9
シングルピッキング方式 ············· 121
人時生産性 ··························· 107

[す]

ステークホルダー ···················· 367
ストックポイント ···················· 253

索引

ストラドルキャリア ……………… 64

[せ]

生産性 ……………………… 176
生産性評価 …………………… 176
生産年齢人口 ………………… 388
船舶貨物輸送 ………………… 226

[そ]

ソーシャル・ロジスティクス ……… 6

[た]

タイムスタディ ……………… 181
宅配便 ………………………… 219
棚入れ・検品（入庫時）情報システム
……………………………… 148
棚表示式デジタルピッキング方式 … 124
多頻度小口配送 ……………… 121
玉掛け ………………………… 206
タリフ ………………………… 328
堪航能力 ……………………… 316
ダンネージ …………………… 69

[ち]

チェックシート ……………… 167
遅延損害 ……………………… 316
地球温暖化 …………………… 356
調達物流 ……………………… 16

[つ]

通過型センター（TC）………… 82
通路別納品 …………………… 106

[て]

低温物流 ……………………… 295
ディストリビューション・センター
……………………………… 253
デバンニング ………………… 67

[と]

動作分析（サーブリッグ分析）……… 185
動脈物流 ……………………… 16
道路交通法 …………………… 293
道路法 ………………………… 293
特殊貨物 ……………………… 293
特殊車両 ……………………… 294
特殊輸送 ……………………… 293
特性要因図 …………………… 166
特別積合せ便（路線便）…………… 219
取っ手 ………………………… 33
ドライバー不足 ……………… 393
トランスファー・センター ……… 253
取り扱い対象物の分析 ………… 93
トレーサビリティー …………… 276
トレードオフ ……………… 11、238
トレード・タームズ ………… 318

[な]

内航海運 ……………………… 226
内部統制 ……………………… 378

[に]

二重作業 ……………………… 123
荷待ち時間 …………………… 394
入荷検品 ……………………… 141
入出庫管理 …………………… 127

[ね]

ネットワーク・ライアビリティ・
システム …………………… 317
値札付け作業 ………………… 141

[の]

ノード（Node）…………… 216、246

409

[は]

バース・ターム運賃 ……………… 327
バーゼル条約 …………………… 322
廃棄物 ……………………………… 298
廃棄物流 …………………………… 18
拼作業 ……………………………… 206
配車システム ……………………… 273
配送型センター（デポ）………… 83
ハインリッヒの法則 ……………… 199
ハウス・エアウェイビル（HAWB）… 343
パレート図 ………………………… 165
パレート分析 ……………………… 99
パレチゼーション ………………… 55
バンニング ………………………… 67
販売物流 …………………………… 17
ハンブルグ・ルール ……………… 317

[ひ]

ピース単位 ………………………… 119
ビジネス・ロジスティクス ……… 6
ヒストグラム ……………………… 168
ピッキング情報システム ……… 148
品質マネジメント ………………… 170
品種別ピッキング・オーダー別仕分け
　方式 …………………………… 121
品種別・オーダー別複合ピッキング方式
　…………………………………… 121
品種別ピッキング（種まき方式）…… 120

[ふ]

フォークリフト …………………… 205
フォワーダー ………… 229、341、349
複合一貫輸送 ……………………… 217
複合運送人（CTO）……………… 347
物資流動 …………………………… 11
物的流通 …………………………… 11
物流 ABC ………………………… 190

物流インフラ ……………………… 13
物流サービス ……………………… 103
物流サービスレベル ……………… 105
物流ネットワーク ………………… 9
物流の 2024 年問題 ……………… 393
物量の分析 ………………………… 98
船積船荷証券 ……………………… 332
船荷証券（B/L）………………… 330
船荷証券の危機 …………………… 333
フレート・フォワーダー ……… 349

[へ]

米国海運法 ………………… 310、330
ヘーグ・ヴィスビー・ルール …… 316
ヘーグ議定書 ……………………… 318
ヘーグ・ルール …………………… 316
返品物流 …………………………… 17

[ほ]

貿易管理 …………………………… 320
包装モジュール …………………… 37
包装モジュールサイズ …………… 38
方面別仕分け ……………………… 138
保管型センター（SP）…………… 83
保管情報システム ………………… 148
保証状荷渡し ……………………… 334
ボックスレート …………………… 328
保冷車 ……………………………… 295

[ま]

マスター・エアウェイビル（MAWB）
　…………………………………… 343

[み]

ミルクラン方式 …………………… 264

[め]

盟外船 ……………………………… 329

［も］

モーダルシフト ……………………… 362
モントリオール第4議定書 ………… 318

［ゆ］

ユーロパレット ……………………… 37
床上操作式クレーン ………………… 204
輸送手段 ……………………………… 11
輸送ネットワーク …………………… 10
輸送包装 ……………………………… 29
輸送包装サイズ ……………………… 38
ユニフォーム・ライアビリティ・
　システム …………………………… 317
輸配送管理システム（YMS）……… 272
輸配送ネットワーク ………… 246、249

［よ］

用船契約 ……………………………… 327
要冷品 ………………………………… 295

［ら］

落下試験 ……………………………… 31
ラッシング …………………………… 69

［り］

リスクアセスメント ………………… 200
リスク対処 …………………………… 201
リスク特定 …………………………… 201
リスク評価 …………………………… 201
リスク分析 …………………………… 201
リストピッキング方式 ……………… 124
リバース・ロジスティクス ………… 17
流通加工 ……………………………… 139
流通加工型センター（PC）………… 83
流通センター（DC）………………… 82
利用運送事業 ………………………… 347
利用運送事業運賃（混載運賃）……… 345

索引

利用運送事業者 ……………………… 341
リレー式ピッキング方式 ………… 121
リンク（Link）……………… 216、246

［る］

ルート配送 …………………………… 260

［れ］

レンタルパレット …………………… 57
連邦海事委員会 ……………………… 330

［ろ］

労働災害 ……………………………… 25
ロジスティクス ……………………… 5

［わ］

ワークサンプリング ………………… 178
ワッセナー・アレンジメント ……… 321
ワルソー条約 ………………………… 318

［A］

ASS …………………………………… 151

［B］

BCP（事業継続計画）……………… 398

［C］

CFR …………………………………… 319
CIF …………………………………… 319
CRP …………………………………… 287

［D］

Data Matrix ………………………… 44
DC …………………………………… 253
DIS …………………………………… 150
DPS …………………………………… 150
DST …………………………………… 309

[E]

EC ···· 12

[F]

FCL貨物 ···· 334
FOB ···· 319

[G]

GS1-128 ···· 43
GS1データバー ···· 43
GTIN ···· 42

[I]

IATA運賃 ···· 343
IE ···· 175
IMS ···· 149
ISO9001 ···· 169
ISO14001 ···· 364
ISO26000 ···· 366
ITF ···· 42

[J]

JANシンボル ···· 42

[K]

KJ法 ···· 164

[L]

LCL貨物 ···· 334
LMS ···· 152

[M]

MOST ···· 183

[N]

NVOCC ···· 310、348

[P]

PDF417 ···· 44
PQ分析 ···· 165
PSA ···· 315

[Q]

QC7つ道具 ···· 165
QRコード ···· 44

[R]

RFID ···· 46
RFタグ ···· 46
RORO船 ···· 71

[S]

SCM ···· 7
SDGs ···· 381
SDGコンパス ···· 382
SLP ···· 108
SP ···· 253

[T]

T11型パレット ···· 37、58
TC ···· 253
TMU ···· 185

[V]

VMI ···· 286

[W]

WMS ···· 151、272

[記号・数字]

2次元シンボル ···· 44
3PL ···· 311、312
3R ···· 18

──ビジネス・キャリア検定試験のご案内──

（令和6年4月現在）

●等級区分・出題形式等

等級	等級のイメージ	出題形式等
1級	企業全体の戦略の実現のための課題を創造し、求める目的に向かって効果的・効率的に働くために、一定の専門分野の知識及びその応用力を活用して、資源を統合し、調整することができる。（例えば、部長、ディレクター相当職を目指す方）	①出題形式　論述式 ②出題数　2問 ③試験時間　150分 ④合否基準　試験全体として概ね60％以上、かつ問題毎に30％以上の得点 ⑤受験料　12,100円（税込）
2級	当該分野又は試験区分に関する幅広い専門知識を基に、グループやチームの中心メンバーとして創意工夫を凝らし、自主的な判断・改善・提案を行うことができる。（例えば、課長、マネージャー相当職を目指す方）	①出題形式　5肢択一 ②出題数　40問 ③試験時間　110分 ④合否基準　出題数の概ね60％以上の正答 ⑤受験料　8,800円（税込）
3級	当該分野又は試験区分に関する専門知識を基に、担当者として上司の指示・助言を踏まえ、自ら問題意識を持ち定例的業務を確実に行うことができる。（例えば、係長、リーダー相当職を目指す方）	①出題形式　4肢択一 ②出題数　40問 ③試験時間　110分 ④合否基準　出題数の概ね60％以上の正答 ⑤受験料　7,920円（税込）
BASIC級	仕事を行ううえで前提となる基本的知識を基に仕事の全体像が把握でき、職場での円滑なコミュニケーションを図ることができる。（例えば、学生、就職希望者、内定者、入社してまもない方）	①出題形式　真偽法 ②出題数　70問 ③試験時間　60分 ④合否基準　出題数の概ね70％以上の正答 ⑤受験料　4,950円（税込）

※受験資格は設けておりませんので、どの等級からでも受験いただけます。

●試験の種類

試験分野	試　験　区　分			
	1 級	2 級	3 級	BASIC級
人事・人材開発・労務管理	人事・人材開発・労務管理	人事・人材開発	人事・人材開発	
		労務管理	労務管理	
経理・財務管理	経理・財務管理	経理	経理（簿記・財務諸表）	
			経理（原価計算）	
		財務管理（財務管理・管理会計）	財務管理	
営業・マーケティング	営業・マーケティング	営業	営業	
		マーケティング	マーケティング	
生産管理	生産管理	生産管理プランニング	生産管理プランニング	生産管理
		生産管理オペレーション	生産管理オペレーション	
企業法務・総務	企業法務	企業法務（組織法務）	企業法務	
		企業法務（取引法務）		
		総務	総務	
ロジスティクス	ロジスティクス	ロジスティクス管理	ロジスティクス管理	ロジスティクス
		ロジスティクス・オペレーション	ロジスティクス・オペレーション	
経営情報システム	経営情報システム	経営情報システム（情報化企画）	経営情報システム	
		経営情報システム（情報化活用）		
経営戦略	経営戦略	経営戦略	経営戦略	

※試験は、前期（10月）・後期（2月）の2回となります。ただし、1級は前期のみ、BASIC級は後期のみの実施となります。

●出題範囲・試験日・お申し込み方法等
　出題範囲・試験日・お申し込み方法等の詳細は、ホームページでご確認ください。

●試験会場
　全国47都道府県で実施します。試験会場の詳細は、ホームページでお知らせします。

●等級区分・出題形式等及び試験の種類は、令和6年4月現在の情報となっております。最新情報は、ホームページでご確認ください。

●ビジキャリの学習体系

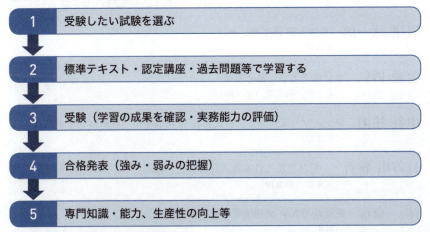

●試験に関するお問い合わせ先

実施機関	中央職業能力開発協会
お問い合わせ先	中央職業能力開発協会　能力開発支援部 ビジネス・キャリア試験課 〒160-8327 東京都新宿区西新宿7-5-25　西新宿プライムスクエア11階 TEL：03-6758-2836　FAX：03-3365-2716 E-mail：BCsikengyoumuka@javada.or.jp URL：https://www.javada.or.jp/jigyou/gino/business/index.html

ロジスティクス・オペレーション **2級**〔第4版〕
テキスト監修・執筆者一覧

監修者

苦瀬 博仁 東京海洋大学　名誉教授

坂　直登 坂技術士事務所　代表

岩尾 詠一郎 専修大学 商学部　教授

執筆者（五十音順）

青木 規明 生産ロジスティクス研究所　代表
…第2章、第4章、第5章、第7章（第1節・第2節・第4節）

岩尾 詠一郎 専修大学 商学部　教授
…第6章

苦瀬 博仁 東京海洋大学　名誉教授
…第1章、第7章（第3節）

中谷 祐治 ロジ・ソリューション株式会社 常務取締役　戦略コンサル部長
…第3章

長谷川 雅行 一般社団法人日本物流資格士会　顧問
…第9章（第2節）

林　克彦 流通経済大学 流通情報学部　教授
…第8章

北條　英 公益社団法人日本ロジスティクスシステム協会　理事
JILS総合研究所　所長
…第9章（第1節）

矢野 裕児 流通経済大学 流通情報学部　教授
…第9章（第3節）

（※1）所属は令和6年10月時点のもの
（※2）本書（第4版）は、初版、第2版及び第3版に発行後の時間の経過等により補訂を加えたものです。
　　　初版、第2版、第3版及び第4版の監修者・執筆者の各氏のご尽力に厚く御礼申し上げます。

ロジスティクス・オペレーション **2級**〔第3版〕
テキスト監修・執筆者一覧

監修者

苫瀬 博仁 流通経済大学 流通情報学部　教授

坂　直登 坂技術士事務所　代表

執筆者（五十音順）

齋藤 正宏 Ｓロジスティクス研究所　代表

遠嶋　淳 損害保険ジャパン日本興亜株式会社
　　　　　海上保険金サービス室 物流保険金サービス第二課　特命課長

長谷川 淳英 長谷川技術士事務所　所長

浜崎 章洋 大阪産業大学 経営学部　教授

林　克彦 流通経済大学 流通情報学部　教授

坂　直登 坂技術士事務所　代表

（※1）所属は平成29年4月時点のもの
（※2）本書（第3版）は、初版及び第2版に発行後の時間の経過等により補訂を加えたものです。
　　　初版、第2版及び第3版の監修者・執筆者の各氏のご尽力に厚く御礼申し上げます。

ロジスティクス・オペレーション **2級**〔第2版〕
テキスト監修・執筆者一覧

監修者

苦瀬 博仁　東京海洋大学 理事　副学長

坂　直登　坂技術士事務所　代表

執筆者（五十音順）

関　護　有限会社ロジスティクス総合研究所　代表取締役社長

遠嶋　淳　日本興亜損害保険株式会社
本店損害サービス部 マリン損害室 マリン損害サービスセンター
輸入チーム　マネージャー

浜崎 章洋　大阪産業大学 経営学部　特任教授

林　克彦　流通経済大学 流通情報学部　教授

坂　直登　坂技術士事務所　代表

本間 亜希　日本興亜損害保険株式会社
企業商品部 マリン保険室　マリングループ

（※1）所属は平成23年7月時点のもの
（※2）本書（第2版）は、初版に発行後の時間の経過等により補訂を加えたものです。
　　　初版及び第2版の監修者・執筆者の各氏のご尽力に厚く御礼申し上げます。

ロジスティクス・オペレーション 2級 〔初版〕
テキスト監修・執筆者一覧

監修者

苦瀬 博仁 東京海洋大学 海洋工学部 流通情報工学科長　教授

坂　直登 センコー株式会社 ロジスティクス・ソリューション事業部
副事業部長

執筆者 (五十音順)

新村 憲司 日本興亜損害保険株式会社 国際部 ロンドン駐在員事務所　課長代理

関　護 有限会社ロジスティクス総合研究所　代表取締役社長

遠嶋　淳 日本興亜損害保険株式会社 マリン損害サービス部
貨物グループ輸入チーム　チームリーダー

長谷川 淳英 元 株式会社日立物流 ロジスティクスソリューション統括本部
エンジニアリング開発本部 LE部　副技師長

浜崎 章洋 多摩大学大学院　客員准教授

林　克彦 流通経済大学 流通情報学部　教授

坂　直登 センコー株式会社 ロジスティクス・ソリューション事業部
副事業部長

(※1) 所属は平成19年9月時点のもの
(※2) 初版の監修者・執筆者の各氏のご尽力に厚く御礼申し上げます。

ビジネス・キャリア検定試験標準テキスト
ロジスティクス・オペレーション 2 級

平成19年10月13日　初　版　発行
平成23年 5 月31日　第 2 版　発行
平成29年 4 月27日　第 3 版　発行
令和 6 年10月31日　第 4 版　発行

編　著　**中央職業能力開発協会**

監　修　**苦瀬 博仁・坂 直登・岩尾 詠一郎**

発行所　**中央職業能力開発協会**
　　　　〒160-8327 東京都新宿区西新宿7-5-25 西新宿プライムスクエア11 階

発売元　**株式会社 社会保険研究所**
　　　　〒101-8522 東京都千代田区内神田2-15-9 The Kanda 282
　　　　電話：03-3252-7901（代表）

●本書の全部または一部を中央能力開発協会の承諾を得ずに複写複製することは、著作権法上
　での例外を除き、禁じられています。
●本書の記述内容に関する不備等のお問い合わせにつきましては、書名と該当頁を明記の上、
　中央職業能力開発協会ビジネス・キャリア試験課に電子メール（text2@javada.or.jp）にて
　お問い合わせ下さい。
●本書籍に関する訂正情報は、発売元ホームページ（https://www.shaho.co.jp）に掲載いた
　します。ご質問の前にこちらをご確認下さい。
●落丁、乱丁本は、お取替えいたしますので、発売元にご連絡下さい。

ISBN978-4-7894-9463-2 C2036 ¥3800E
©2024 中央職業能力開発協会 Printed in Japan